帝王将死

张建安／著

天地出版社 | TIANDI PRESS

图书在版编目（CIP）数据

帝王将死 / 张建安著 . —成都：天地出版社，2018.11

ISBN 978-7-5455-4063-5

Ⅰ . ①帝… Ⅱ . ①张… Ⅲ . ①帝王—遗嘱—研究—中国—古代 Ⅳ . ① K827=2

中国版本图书馆 CIP 数据核字（2018）第 152550 号

帝王将死

DIWANG JIANG SI

出品人	杨　政
著　者	张建安
责任编辑	张秋红　沈海霞
装帧设计	思想工社
责任印制	葛红梅
出版发行	天地出版社 （成都市槐树街2号　邮政编码：610014）
网　址	http://www.tiandiph.com http://www.天地出版社.com
电子邮箱	tiandicbs@vip.163.com
经　销	新华文轩出版传媒股份有限公司
印　刷	河北鹏润印刷有限公司
版　次	2018年11月第1版
印　次	2018年11月第1次印刷
成品尺寸	160mm×240mm　1/16
印　张	21
字　数	323千
定　价	48.00元
书　号	ISBN 978-7-5455-4063-5

咨询电话：（028）87734639（总编室）

购书热线：（010）67693207（市场部）

本版图书凡印刷、装订错误，可及时向我社发行部调换

小遗嘱与大趋势

这几年我一直琢磨着几个小故事。其中一个故事是由七个字引起的，还与一只由贫穷到富贵的“大老鼠”有关。这只“大老鼠”在位极人臣时，将他主人临终前留下的七个字篡改了，然后，天底下最强大的王朝便无比悲催地迅速垮掉。江河呜咽，天地失色，而那只“大老鼠”也最终不得好死，被处死前才长叹一声：“啊呀，真是后悔得不行！真不该蹚这个浑水，早知今日，还不如一直在老家牵着大黄狗玩耍——穷并快乐着呢！”

笔者生也愚笨，单是这么个小小的故事，就反复琢磨了几年时间而不得要领，后来总算有些收获，在中央电视台做了一个五集的讲座，又折腾观众朋友们跟我一起去想：

“大老鼠”的主人临终前的七个字为什么那么重要?

这七个字牵涉到哪些人的命运？为什么就被篡改了?

篡改者究竟有什么样的动机?

阴谋者为什么能够将完全不可能的事变成了可

能，还让天下人都跟着遭殃？

这里面除了阴谋诡计，还有没有思想路线、治国方针方面的深层斗争？

如果这七个字不被篡改，当时的天下将会是一个什么样子？

……

这样一来，小小的故事就像一小块涂料被水浸润，慢慢地扩散开来，成为一段非常复杂却更加真实可见的历史。

一个又一个的历史迷宫也由此“哗”地一下涌了出来，而我则必须找到引子和轨道，不断地去分析、判断、猜谜、解密……还要不时地想办法回到历史现场，还原历史真相，再探究真相背后的无形之手，乃至探讨更为深层次的思想、政治、军事、文化等各个方面的交锋……

行文至此，爱好历史的读者诸君想必已猜出了不少。是的，这个小故事正是讲述秦始皇遗嘱的。那只“大老鼠”其实就是秦朝宰相李斯，他的“主人”自然是秦始皇，他的主要对手则是赵高……而我呢，正是要讲述这样一些由帝王遗嘱引发的既有分别又有联系的故事。

在交稿以后，向晨兄又与我不断交流，费了很多心思，最后将此书定名为“帝王将死”。我欣然接受，并认为它反映了本书的特点：着眼于看似十分微小的帝王遗嘱，尽可能地往深处挖，看看究竟能挖出些什么样的源头活水，进而探讨历史的真相与规律。

提到遗嘱，《现代汉语词典》中的解释是：“人在生前或临死时对自己身后事如何处理用口头或书面形式所做的嘱咐。”在涉及法律时，遗嘱往往是与财产的继承相关的。可是，这本书涉及的帝王遗嘱，应属于政治的范畴。里面所涉及的内容，当然也有老帝王的丧事安排、财产分配等事宜，但更多的往往是指定新的帝王、安排王朝新的领导班子、指明王朝未来的发展方向……

它们往往是历史节点中最为重要的内容，触摸到了中国传统社会最敏感的地带，也就是至高权力与江山社稷、核心制度与核心思想……

它们将决定历史车轮的走向，其影响所及在改变当时历史的同时，也深远地影响着后世的格局。

比如说，周武王临终前选择周公主持朝政，便不可避免地引发了蔡叔、管叔与武庚的联合叛乱。而在平定叛乱后，周公重新制定的分封制、宗法制以及礼乐制度，极其深刻地影响了中国的历史与文明。

再如，汉武帝临终前的遗嘱，是他深思熟虑后的政治选择。为了防止太后专政，避免出现第二个吕后，汉武帝在选定年幼的儿子继承皇位后，竟残忍地将其生母杀掉。而汉武帝选择稳重的霍光而不是桑弘羊做第一辅政大臣，也意味着他希望未来的政权能继续实施他晚年的国策，与民休息，稳定发展，而不是穷兵黩武，与民争利。由此，汉武帝遗嘱成为昭宣中兴最开始和最重要的推动力。

这样一来，我们便可以看出，这些小小的“帝王遗嘱”确实如现代军事中的“原子弹”，体积不一定大，但对当时和后世都有极其巨大的影响力，值得很好地探究。

至于本书的写作，一方面，对帝王遗嘱这一“藏宝图”，我尽可能地运用“显微镜”、“放大镜”和“洛阳铲”等多种工具，从历史细节的蛛丝马迹中，探究与其相关的呈辐射状的各种现象，进而真正搞清楚那些幽深微妙的历史地带究竟发生了什么，是如何造成的。另一方面，我也试图尽可能地放宽视野，用“天文望远镜”纵览广袤的历史天空，由此看清中国历史的演变脉络、思想变迁、制度沿革……然后，再把 “微观”世界与 “宏观”世界结合起来，仔细分析研究，从而探索究竟有什么样的历史动力与历史规律在深层次地发挥作用，它对我们当下和未来还能有什么样的影响，能为我们当下要走的道路提供什么样的鉴戒与参考……希望能给读者朋友带来一些启发。

序末想要说明的是，本书最后一章文字，原拟按照万文兄的提议，再写两位皇帝的遗嘱，并将历史时期进一步延长。但在写作过程中，感到曹魏政权的几位皇帝与司马集团的几位篡夺者，他们的事情与恩怨纠缠在一起，如虎狼相争，回环往复，惊心动魄地演绎了一场场大剧，在政治、军事、谋略、人事、制度等诸多方面均深远地影响了历史的进程，很有特色，煞是好看。于是干脆将这些帝王的遗嘱与事情放在一起，一口气写了一篇五万多字的文章，标题为“谋取天下的虎狼——曹氏、司马氏的三世恩怨”。这段历史，英雄、奸雄辈出，本来是很多中国人都耳熟能详的，但观察视角和思考角度一变，仍会另有洞天，别有新意。读者诸君如若不信，不妨亲自一读！

目录

第五章 信义光环掩刀弩

——刘备之死与蜀汉风云

第六章 谋取天下的虎狼

——曹氏、司马氏的三世恩怨

第一章

—

“礼乐”即制度

——周武王之死与周公摄政

公元前 1046 年 周武王继承周文王遗志，举兵伐商，杀死商帝纣，建立周朝。

公元前 1043 年 由于操劳过度，周武王患上重病，开始考虑遗嘱和接班人的事情。病逝前，周武王立下遗嘱，安排身后事。

公元前 1042 年 姬诵即位，成为周成王。由于周成王年幼，朝政大事由周公全权负责，周朝进入周公辅政时期。

公元前 1041 年 武庚与管叔、蔡叔等人发动大规模的叛乱，这就是历史上的三监之乱。周公东征。

公元前1037年 周公东征结束，全面实施新的分封制和宗法制，并在天下中心洛邑营建新都城。

公元前 1036 年 周公制礼作乐。制礼作乐是周公多年来一直酝酿和准备的事情，这一年应该是集中时间将长期的准备转化为成果。

公元前 1035 年 成周建成，周公归政成王。

公元前771年 申侯联合缯、西夷犬戎攻打周幽王。周幽王被杀，西周灭亡。

公元前 770 年—公元前 256 年 东周时期。

灭商

这仿佛是一个神话，却真实地在历史上发生了。

公元前1046年，当周武王率领军队向商朝都城进发时，商朝的最高统帅商帝纣[1]只是轻蔑而残忍地一笑。

他甚至感到异常的兴奋。

这个变态狂，他甚至认为周武王的军队就好像上天送给他的一份大餐，他可以好好地欣赏这些忤逆之臣是如何受到上天的惩罚，如何一个个死无葬身之地的。

他确信，因为他是上天之子，天命眷顾于他，而周武王胆敢率兵反叛，那就是凡人忤逆上天，不会有任何好的结果！

如果读者诸君因此认为商帝纣是一个妄想症患者，那显然是按照我们现在的观念来看的。

毋庸讳言，在商朝，商帝纣的观念有着广泛的社会基础，甚至可以说，几乎所有的人都曾经虔诚地认为，商政权是天命所在，商王系上天之子。

---

[1] 商帝纣，就是我们常说的商纣王。因当时并没有商纣王的称呼，现以《史记》中“帝纣”的称呼为准。关于武王伐纣的时间，说法有数十种之多。1996年启动的夏商周断代工程，通过历史学、考古学、古文字学等多学科联合攻关，运用碳14等先进技术，最后确定武王伐纣的时间是公元前1046年。

这个观念有多深呢？

比太平洋最深处还深哩！

商朝统治了六百多年，这种天命观就根深蒂固地存在了六百多年，代代相传，深入人心。

所以当商帝纣成为商朝的最高统治者后，不仅他认为天命在我，而且世人也普遍虔诚地认为他就是上天的代表。

在这样的情况下，当周武王以异族小国向商朝大国发起挑战时，就远不止是武力的挑战，更是对已有的意识形态发动的前所未有的攻击！

这样的胆识，这样的使命，非周莫属！

周与商一样，都是遥远时代就存在的部落。商的始祖契，在尧舜禹时代曾主管教化，并曾跟随大禹治水。周的始祖后稷，在尧舜禹时代曾主管农耕，也曾跟随大禹治水。他们各自统领着一个部落，在与天灾的斗争中，他们成为并肩奋斗的战友。大禹治水成功后建立夏朝，商部落与周部落都成为他的部属，商与周互不统帅，力量相仿。

夏朝统治四百多年后，王位传到了夏桀。由于夏桀昏庸无道、大失人心，夏朝出现了致命的危机，商部落首领汤乘机发动革命，取而代之，建立了商朝，传十七世、三十一王，国力强盛，国家制度不断完备，经济、军事力量均大大增强，到商朝后期，与蛮夷部落作战时，商朝动用的士卒一次可达数万，可谓实力强大，战无不胜。

而更重要的是，从商朝遗留至今的甲骨文、金文记载中，我们可以知道，商朝各阶层的人普遍以占卜的结果作为行动指南。他们所信奉的神，不是今天网络语言中的“大神”“女神”，他们确信神的存在，并认为上天与鬼神正无所不在地掌握着凡世的命运。所以，无论是祭祀、战争、狩猎、出游、牺牲、商王的活动、来旬的健康、今夕的健康，还是告祖、灾祸、收获、日月食、出生、做梦、疾病、死亡、下雨、乞求好天气，人们都要占卜，都要听从占卜的结果，认为占卜的结果就是神的旨意。

既然人们信神的思想根深蒂固到这个地步，那么，对于六百年来一直天命所归的商王，臣民们哪敢不从？！

也正因为如此，在商帝纣统治的后期，他才敢于将残暴昏庸、荒淫好色演绎到极致，肆意地、无所顾忌地折腾世人，让越来越多的人生不如死。

他贪于女色，尤其宠信妲己，对其言听计从，命令乐师制作“淫声”，在宫中举办大型舞会，靡靡之乐昼夜不息。

他是个超级酒徒，凿了很多酒池，供数千人狂饮，酒池旁边挂起密密麻麻如同树林的熟肉，就是所谓的“酒池肉林”。

欲壑难填，美女淫声、酒池肉林都有了，商帝纣仍不满足，于是将商都向南扩展到朝歌，向北扩展至邯郸、商丘，大量建造宫殿园囿。最劳民伤财的是，他强迫无数民工日夜赶工，花费七年时间建造了三里见方、高逾百丈的鹿台，建成后又将各地搜刮来的金银财宝全部放置其中，以此展示他的富有与强大。这些行为的背后，是成千上万惨死的冤魂！

《史记·殷本纪》记载，商帝纣残忍到了令人发指的地步：

他设置炮烙之刑，用木炭烧铜柱，然后令罪犯在上面行走，罪犯自然会掉下去被活活烧死。

他创设了醢刑，烹制人肉酱，就连身份高贵的异族王也不放过。

当时商朝有三位最有名望的异族王，他们分别为西伯、九侯与鄂侯。九侯是鬼方族的首领，归顺商朝后，将美丽的女儿嫁给商帝纣，可是没料到，只因女儿不愿迎合商帝纣的淫欲，很快便被杀害，九侯本人则死得更惨，被商帝纣剁为肉酱。

另一位归顺者鄂侯，因为对商帝纣的做法非常不满，公开抗争，结果商帝纣不仅将其杀害，还把他的肉做成肉干。

周国的首领周文王听到这些事以后，一声叹息传到殷都，就差点被商帝纣酷刑处死。商帝纣首先把周文王囚禁起来，为了找个杀人的理由，商帝纣故意将周文王的长子伯邑考剁成肉酱，而且做成馅饼让周文王吃，想以此激怒周文王。周文王考虑到自己的使命，为了保全周国，最终忍辱负重，强忍食之，才免除更大的灾祸。

商帝纣还用剖刑处置比干。比干是有名的贤臣，面对商帝纣的暴行，决心以死劝谏。结果商帝纣大怒，说："我听说圣人的心有七窍，现在倒要看看是不是真的。"于是以剖刑处置比干，剖开其胸，挖出心脏来观看。如此酷刑，不一而足。

当商帝纣目空一切的时候，什么都不在话下了。

然而，就是在这样的背景下，世界在无形中出现了一些变化。尽管时代的主流文化仍是鬼神至上，尽管世人仍一直认为商政权是天命授予的政权，但是，当无数的人被逼到死路上或者生不如死时，再根深蒂固的天命观也会产生动摇。

这正是周国翻身的机会。

正如前文所述，周国原来是一个部落，与商部落平起平坐。只不过，在商部落一统天下之时，周部落却灾祸不断，一再迁徙，备受苦难。

为了生存，周部落一度从农耕社会退为游牧社会，迁徙到西部，成为"西部牛仔"，以打猎为生。

直到古公亶父担任部落首领后，因不堪野蛮人戎狄部落的侵扰，被迫从豳地迁到岐山脚下的周原，周部落才因祸得福，找到自己的福地，稳定了下来。《诗经》中的"古公亶父，来朝走马；率西水浒，至于岐下"[1]，说的就是这件事。

周原土地肥美，周部落又擅长农耕，在古公亶父的领导下，周部落开土种地，建造城郭，设立官吏机构，国号为周。他们与商王朝建立了更多的联系，成为商的诸侯国。

根据史书记载，古公亶父有太伯、虞仲、季历三个儿子，如果按照年龄，古公亶父之后，首领位置应该由太伯接任，然而，由于季历之子姬昌非常优秀，古公亶父认定姬昌将是带领周部落真正崛起的不二人选。在这种情况下，太伯和虞仲从周国的长远发展着眼，主动牺牲自己，假托为父

[1] 出自《诗经·绵》。

亲采药之名，跑到远离周原的荆蛮之地。如此一来，古公亶父死后，季历顺利继位，周国得以继续稳定地发展。

可是，新的矛盾又出现了。周国的发展给商王朝带来潜在的威胁，虽然季历带领着周国的军队，不断为商朝打工，跟随商朝军队四处征伐，并在与西落鬼戎、燕京之戎、余无之戎、始呼之戎等部落的战斗中立下汗马功劳，但最终还是被商王借故杀死。季历死后，他的儿子姬昌继位，他就是前面那个一声叹息便差点儿引来灾难的周文王。

别以为周文王只是个倒霉蛋，历史上对他的评价高着哩！

“周虽旧邦，其命维新”[1]，“文王受命，有此武功”[2]。按照经典中的话，在周文王时期，天命开始由商向周转移，周国真正兴起。他显然是个伟人！

在周文王的治理下，周国的实力突飞猛进，成为商朝西部最强大的王国。更重要的是，周文王赢得了人心。

“穆穆文王，于缉熙敬止”[3]，就是说，周文王为政以德，礼贤下士，与民同乐，不仅受到本国民众的爱戴，还受到周围诸侯国的拥护。他善待老人的养老政策收到了极好的成效，就连伯夷、叔齐这些本来隐居的贤人，也一同归附了他。

所以，当商帝纣统治的商王朝成为人间地狱的时候，周文王统治的周成为世人向往的圣地。它为商帝纣惨无人道统治下的人们，提供了新的活路和新的希望。

新的天命观也在逐渐萌生。这种天命观的大意就是，当不孝天子做得太过分的时候，天命会从他的身上转移到别人的身上。

但由于受实力和固有天命观的制约，周文王仍不敢轻举妄动，而是韬光养晦，事事低调，处处臣服商帝纣，以此赢得更大的发展空间。但即便如

[1] 出自《诗经·文王》，后被“四书”中的《大学》引用，广为流传。

[2] 出自《诗经·文王有声》。

[3] 出自《诗经·文王》，后被《大学》引用。

此，他还是像他父亲一样被商王拘禁，遭受难以想象的折磨。在他忍受地狱之苦勉强偷生时，在外面，拥护他的闳夭等人找来美女、良马以及各种珍贵之物，通过商帝纣的宠臣费仲呈献上去，以取悦商帝纣。商帝纣显然没有太将周文王和周国放在眼中，所以一高兴就释放了周文王，还委以征伐大权。

周文王从此如蛟龙出世，借着商帝纣赋予的名义，大兴武备，先是兵进西北，征服犬戎、密须、阮、共等方国，接着渡过黄河，向东发展，力量越来越大，渐渐就威胁到商朝的都城。他还到处笼络人才，把姜子牙等人请到自己的智囊团当中。

周文王的意图逐渐明显，他不仅要报商帝纣的杀父之仇，更想取代商朝，使周成为天命眷顾的新王朝。这显然正是历代周王都想完成的使命。

然而，周文王还是没有实现自己的理想，终其一生也未能完成克商大计，而且，即便周文王传位于周武王，周国的力量又有所增加，并且得到更多诸侯国的拥护，与“商之孙子，其丽不亿”[1]的大国商朝相比，仍然相差悬殊。

自作孽，不可活。周武王最终敢讨伐商帝纣，归根到底是商帝纣自己找死，使周武王终于有机会乘虚而入，最终率军攻入商都。

在商帝纣终于意识到上天不再保佑自己时，他那原本残忍而轻蔑的笑容也消失了，最终被迫自杀。

商朝灭亡，周朝建立。

以上文字，算是本章的一个引子。接下来我们才真正进入正文。而在正文之前，我想特别提醒诸位：

如果说周武王杀掉商帝纣后，商朝的力量就完全消失于历史舞台，周朝的长久统治便顺理成章地开始，那便大错特错了。

---

[1] 出自《诗经·文王》：“商之孙子，其丽不亿。上帝既命，侯于周服。”意思为：那些商朝的子孙非常多，上亿人都不止。可是上帝自有天命，他们最终臣服于周朝的天子。

比灭商更重要的事

我们先来分析一下当时的整体形势。

第一，周武王宣誓讨伐商朝时，强调的只是要除掉昏庸无道的商帝纣一人。即便攻克商都后，他也没有力量全面控制。

《逸周书》记载，周武王恪守信用，赦免了商帝纣手下的民众，而且立商帝纣的儿子武庚为商朝遗民的宗主，让武庚继续治理商都。[1]这其实是一种妥协。一方面说明商朝遗民的力量依然强大，另一方面则给新建立的周王朝埋下了巨大的隐患。

虽然周武王让他的几个弟弟管叔、蔡叔、霍叔等留下来监管武庚，形成所谓的“三监”，但隐患并不能就此消除。

第二，在决定商帝纣、周武王谁胜谁败的牧野之战中，商帝纣在军事指挥上犯了一个巨大的错误。他以大量的战俘作为先锋，并重用四方逃亡的罪囚。

重用各诸侯国逃亡的罪囚，不符合当时的“国际法”，最容易引起各诸侯国的不满和怨恨。而以大量的战俘做先锋也是不明智的，这些战俘并不是只知道执行命令的“僵尸”兵团，他们虽然被迫服从商纣的命令，但内心是不满乃至非常怨恨的，很容易临阵倒戈，从而迅速成为对方的

[1] 见《逸周书·武寤解》。

先导。果不其然，虽然在牧野之战中，商帝纣的军队铺天盖地，“其会如林”[1]，共七十万人，远远多于周武王率领的五万军队[2]，然而周武王以仁义之师、勇武之兵奋勇冲杀，并巧妙地运用了心理战，促使商帝纣的先锋队伍迅速倒戈，这成为商军大败的一大因素。

第三，周武王其实是选择了一个最佳的机会向商帝纣发动攻击的。

当时，商帝纣不仅杀掉了王子比干，囚禁了贤臣箕子，使得太师疵、少师疆纷纷逃到周国；而且在军事上，商帝纣已派出主力部队讨伐东夷，虽然经过一个多月的血战而最终胜利，但在周武王的军队到达商都时，商帝纣身边其实没有多少真正的军队。也就是说，周武王灭掉商朝以后，仍有大量的商朝军队在外面。尽管树倒猢狲散，再加上周武王的重用武庚、保留商地等怀柔政策，商朝的旧部不是被周兵击败就是迅速归附了周朝，但这种看似毫不费力的成果，实际上增加了周朝的隐患——因为这些原本强大的力量实际上由明处转向暗处，有可能更不好对付，对此，周武王怎能不知?

第四，就是前面反复提到、却很容易被读者所忽视的天命观，因为它无形无影，与我们现在的世界相去甚远。但在当时的世界，天命观确实无孔不入地深入每一个人的内心。尤其是商遗民，他们中的很多人虽然憎恨商帝纣，但商朝六百多年的统治，不能不使他们认定，商朝就是天命所在，是上天的指令，容不得转移。如果有人胆敢违背天命，则遭受天谴。

他们中的大多数人当然希望废除残暴的商帝纣，然而，他们又希望商王朝继续延续。

这其实是周武王最担心的事情。

---

[1] 《诗经·大明》：“殷商之旅，其会如林”。意思就是：殷商的军队非常多，他们的木石兵器都多如林木。

[2] 《史记·周本纪》记载：“（武王）遂率戎车三百乘，虎贲三千人，甲士四万五千人，以东伐纣。”“帝纣闻武王来，亦发兵七十万人距武王。”

综上所述，周武王虽然建立了周朝，但周朝远远没能安顿下来，相反，危险更大了。

大量错综复杂的矛盾由商帝纣转向了周武王。

而周武王虽为圣贤，也通过大量的分封等措施维持了周初政权的稳定，但不久他就面临一个无法克服的困难——那就是他的身体。

“武王末受命”[1]，也就是说，周武王接受天命成为西周天子的时候，他的生命也快走到了尽头。他的年龄已大，又强烈地意识到周朝面临的危机，所以非常忧虑，常常夜不能寐。

该怎样让商朝的旧族真正臣服？

又该怎样统治这一大片并不真正为自己掌控的广大国土？

周武王短时间内并没能拿出很好的办法。

长期的失眠使周武王的身体迅速恶化。他的弟弟周公旦劝兄长：“这样整夜整夜不睡觉，长久下去，谁也受不了呀。”对此，武王只有苦笑。

由于操劳过度，灭商后仅仅两年，周武王在镐京病重。他开始考虑自己的遗嘱。在遗嘱中，他将安排周王朝新的继位者和掌权者。

这件事可能比灭掉商朝更为重要，它决定着周朝的存亡。

面对自己都难以胜任的国事，周武王必须选择一个最能干的人来执政。这将是一个重大的抉择。

周武王必须有一个精准的选择，一点儿都不能差。

他心目中的接班人究竟是谁？

[1] 《中庸》：“武王末受命，周公成文武之德。”

谁来接班

周朝以前的历史，经过了禅让制到世袭制的变化。

在尧舜禹时代，最高权力的交接，实行的是禅让制。所谓禅让，就是最高领导人在普天之下选择最有治国品德和能力的贤者，将王位转交给他。尧禅让舜，舜禅让禹，都是这样的。这就是古代中国知识分子最为推崇的三代之风。

大禹之后，世袭制代替了禅让制。所谓世袭制，就是把王位传给自己子孙的传承制度。夏朝和商朝，都是实行世袭制。不过，世袭制中也有变化，商朝的早期大多采取兄终弟及的继承制度。就是兄长死了，从他的弟弟中选一人当新的天子。而到了商朝后期，世袭制多是父位子承。也就是父亲的位置由儿子继承，继承者又以嫡长子（国君正妻的长子）为先。所以，按照当时的观念，当周武王选择接班人的时候，他的选择范围是他的弟弟和儿子们。

周武王是周文王的嫡次子。周文王娶太姒为妻，儿子们依长幼排序，依次是伯邑考、武王发、管叔鲜、蔡侯（即蔡叔）、郕叔武、霍叔处、周公旦、曹叔振铎、康叔封、聃叔季载[1]。当年本来应该是伯邑考继承周文

[1] 《帝王世纪》："文王取太姒，生伯邑考、武王发，次管叔鲜，次蔡侯，次郕叔武，次霍叔处，次周公旦，次曹叔振铎，次康叔封，次聃叔季载。"（《诗·思齐》正义）

王的王位，可惜伯邑考被商帝纣所杀，于是王位依长幼次序落在了周武王手中。按照这一次序，并按兄终弟及的规则，周武王之后，应该是管叔。

不过，受到商朝后期的影响，在周武王时期，父位子承已渐渐深入人心，所以，周武王的嫡长子姬诵更是名正言顺的继位者。这样，周武王考虑接班人的时候，他考虑的人选应为管叔与姬诵二人。但事实上，周武王考虑的第一人选却另有其人，他就是周公旦。

在周武王的同胞弟弟当中，周公旦虽然排在管叔、蔡叔之后，但无论品德还是才干，周公旦都远在管、蔡之上，是周武王最重要的得力助手。

关于蔡叔，我没有看到过关于他早期言行的记载，而管叔则有一条。

当年周文王问太公姜子牙：“要不要对密须用兵？”

姜太公的意思是：“密须对我们有怀疑，我们应采取主动，抢先征伐。”

管叔却提出不同意见，认为密须的君王是明君，不可以讨伐。

在二者之间，周文王听取了姜太公的建议攻伐密须。结果，还没等周的军队打过去，密须的民众便把他们的君王捆绑起来，主动归顺了文王。[1]

这是周文王在西方建立权威的重要决策，然而，管叔扮演了相反的角色，密须的君王显然不是他所称道的明君，否则，民众不可能主动把自己的国王捆绑起来。

对于周公旦早期的言行，《逸周书》中就有不少记载，多是周武王与他的对话，由此我们可以了解周公旦，了解周武王对他的态度。

《逸周书·酆保解》记载：周文王接受天命的十三年庚子朔日，周武

[1] 《帝王世纪》：“文王问太公曰：‘吾用兵孰可？’太公曰：‘密须氏疑于我，我可先伐之。’管叔曰：‘不可。其君天下之明君，伐之不义。’太公曰：‘臣闻先王之伐也，伐逆不伐顺，伐险不伐易。’文王曰：‘善。’遂侵阮徂共，而伐密须。密须之人自缚其君而归文王。”（《诗·皇矣》正义）

王举办了一个大型的纪念活动。很多地方的诸侯纷纷到周地丰邑祝贺。那个时候，大家已经饱受商帝纣的欺辱，所以一致拥护周武王。

周武王就在后庭问弟弟周公旦："唉！诸侯们都饱受商王的苦役，我们该怎样保家守国，该怎样行动？"

虽然只有兄弟二人，但对于君臣之礼，周公旦不能忘。所以他先行礼，然后说："商王无道，没有德行，违背法度。他欺侮群臣，劳苦百姓，也残忍地对待诸侯。这样做，再大的福分都会丧失掉。所以，现在该我们周国上场了。王兄应该做的，就是要重视祭祀，彰显仁德，使礼仪纯正，诚信无二，以谦卑的态度、柔和的容颜、严正的声音来团结众诸侯。"

周武王一听大喜，马上命令三公九卿及众贵族："你们要恭敬、整洁，都来祭祀上天。"

一场隆重的祭祀活动完毕，从周武王开始，大家分享祭品。紧接着，周武王又举办了大型宴会，款待各国诸侯，礼遇他们的随从官吏。等诸侯们回去时，周武王亲自送到郊外，并立了一块石碑，正反刻上五祥、六卫、七厉、十败、四葛、四蠹、五落、六容、七恶等碑文，以此彰明仁德，贬斥邪恶。

周公旦看到碑文后非常高兴，向周武王作揖，说："好啊！王兄就要受到天下人的敬重了！要深刻地体察，反复地考虑啊。"

周武王对弟弟很满意，回答："好，就按你说的办！"

像这样的对话还有多处，让人感到周武王与周公旦非常默契，而且，虽然周公旦是弟弟，但好多事周武王都听从周公旦。尤其在灭商大事上，周武王视周公旦为主心骨。

《逸周书·大开武解》记载：武王元年（前1046）二月，周武王秘密找到周公旦，先叹了一口气，然后才说："啊呀！我日夜都想讨伐商王，现在都是秘密准备，并没有公开。这样下去，我们想真正行动的时候，谁会响应呢？我很担心，很着急。就像到了秋天收获的季节，如果我不去收割，庄稼的颗粒落地了怎么办？”周武王不愧是农耕部落的首领，即便打比喻，也忘不了农田里的庄稼。

周公旦显然胸有成竹，几句话就让武王的情绪稳定下来。

周公旦说：“现在就看您能不能敬重道德了。周的存在，是天命，您只要敬重天命、修好明德就没问题。”

见周武王认真地听，周公旦继续说：“远近诸侯都不得罪，已经和好的不要再失去。要勤修明德而不要贪图安逸，要是贪图安逸了，天命也将失去而不再返回。要想到先父文王克勤克俭、谨慎小心的美德，想想他敬重什么，喜好什么，厌恶什么，如果这些方面不去重视，那就危险了！”在史书中，周公旦的言行总是这么合乎圣贤之道。

听到周公旦这些话，周武王非常敬重，对弟弟行礼，说：“是啊！我听说治国有四戚、五和、七失、九因、十淫之说。我不是不敬重，而是不知道这些内容。你今天所讲的都是格言，我不会不听善言而自我封闭，我一定敬重你的明诫。”

作为国王和兄长，周武王能以这样的态度对待周公旦，非常难能可贵。

周公旦向武王行礼，然后说：“这样就顺从天意了。上天在程邑降梦，是因为商将亡。现在商庭果然生葛，这不正是上天保佑周的迹象吗？只要周王能采用《开和》中的言语，诸侯们谁敢不从？”

接着，周公旦就具体阐述了四戚、五和、七失、九因、十淫之说。

其中的“四戚、五和”是要努力做好的内容。例如，“五和”是指：“以道德得天助，以仁义得地助，以礼乐得同好，以哀痛得同恶，与远方人不争斗。”

而“七失、九因、十淫”则是应该避免和警戒的，例如，“九因”是指：“不祭祀神灵，不遵守道德，不任用贤能，不均等劳役，势均力敌者必争斗，富人背离，穷人逃匿，私欲得到满足，敌方胜利。”

诸如此类，都是治国时需要特别注意的。尤其是周与商的较量渐入关键时刻，周武王必须谨慎治国。

听了周公旦这些话之后，周武王再一次行礼，并说："你说得太好了。是呀！我只要日夜谨慎，何必惧怕会违背天道？又何必厌恶那些是非？如果不重视你说的这些，可就危险了！"

这样的对话当然不是兄弟间的家常话，更像是一代明君向自己贤良的宰相询问国策。

周武王是一个广纳嘉言的贤王，在《尚书》中，我们还可以看到他谦虚地向商帝纣的叔父箕子请教。[1]他必定也向姜子牙等人请教过，然而，影响他最深的有两人，一个是他的父亲周文王，另一个就是周公旦。

在史书的记载中，我们可以看到，在关键时刻或在周武王有心事的时候，他总是去找周公旦寻求良策，而周公旦也总是能开导武王，使武王能够定下心志，看到自己的不足。

武王伐商前，他还没有完全拿定主意，周公旦说"时机到了"[2]，武王因此坚定了意志，按原计划进行备战。

武王由于紧张，害怕伐商的计谋泄露而做了噩梦，也去找周公旦，又是周公旦稳定了武王的情绪，告诉他："惊梦是为了让王清醒。只要王顺应天命，能够明晓三德，不骄不吝，就会无敌于天下。"[3]

灭商后，周武王以分封制广封功臣，周公旦也受到分封，有了封地，被尊称为周公，但周武王并没有让他到自己的封地，而是把他留在身边，让他处理周朝最重要的事宜，让他陪伴自己巡视四方，祭祀山川百神。《史记》的记载是："武王即位，太公望为师，周公旦为辅，召公、毕公之徒左右王，师修文王绪业。"这里的太公望就是姜子牙，他在周文王时期就德高望重了，其次就是周公旦。由此可见周公旦的地位。

很快，周公便显示出非同寻常的治国能力，周武王曾专门向周公征求治国的准则，周公提出以"教德""和德""仁德""正德""归德"来

---

[1] 见《尚书·洪范》。

[2] 见《逸周书·酆谋解》。

[3] 见《逸周书·寤儆解》。

治理国家的大政方针，深得周武王敬重。周武王特地将周公之言刻在铜板上，放在府中，以便自己能经常看到。[1]

周公对周武王的感情至深。周武王病重期间，周公在祭场上筑了三座祭坛，祭坛上摆上玉璧，自己手捧着珪向太王、王季、文王三位先王祷告："你们的后人姬发，患上很厉害的疟疾，是不是你们三王在天上有了疾病，要子孙去担当服侍的责任呀？如果是这样，那就让我姬旦来替代姬发吧。我善于侍奉，巧于辞令，多才多艺，能事鬼神。而姬发不像我这样多才多艺，不会侍奉鬼神。你们在天庭接受了天命，拥有天下，保佑四方，所以一定也能在人间安定你们的子孙，四方之民没有敢不敬畏的。呜呼！只要上天所降的珍贵的生命不坠落，我的先王的神灵也就永远有所依皈。现在我用神龟占卜，如果你们同意我的请求，我就带着璧与珪，回去等待你们的命令。如果你们不同意我的请求，我就把璧和珪扔掉。"周公的意思很清楚，就是祷告用自己的命换周武王的命。

在当时人的心目中，这样的祭祷无疑是最虔诚的，也是会应验的，由此可见周公对武王的感情，或者说周公对周室天下的忠诚。

祷告完毕，史官在太王、王季、文王的神位前放置三片龟甲，开始占卜。占卜的方式，据说是灼烧龟甲，然后看龟甲上裂纹的走向。经过一番折腾，最后，占卜的人都说占卜结果是吉兆。周公非常高兴，赶紧去见武王，说："没事了！王没有危险了。我刚刚领受了三王的命令，让你图谋周朝的长治久安。"接着，周公返回，将拜祭祷告的策书装在金縢之柜中，叮嘱左右不要说出去。第二天，周武王的病果然大有好转。或许这只是回光返照，没过多久，他还是去世了。[2]

根据史料记载，周武王曾打算将王位传给周公，因为他认为只有周公才是最合适的人选，只有周公才能使新兴的周朝消除隐患，长久稳定地向

[1] 见《逸周书·大聚解》。

[2] 见《史记·鲁周公世家》。

前发展。

这是一个贤明帝王的正确选择，算得上周武王打算立的第一份政治遗嘱。他因此把周公召到身边，兄弟二人开始推心置腹地对话。

周武王当时最担心的就是商朝的遗民，所以首先对周公说："旦，上天不保佑殷朝，从我没有出生就开始了，到现在已经六十年了。那时候，东夷的牛羊出现在了牧野，遍地都是飞动的蝗虫。上天不眷顾殷朝[1]，所以才有我们今天的成就。当初上天建立殷朝，征用了三百六十名天民，虽然殷的后嗣不回报上天，但上天也没有马上把他们灭掉，还一直让他们延续到现在。唉！殷朝的灾难让我担心，随时随地都感到忧虑。我不能确定上天能否保佑周朝，又怎么能够安心睡觉？"

说完这些话以后，周武王换了一种口气，转而坚定地对周公说："旦，我能够得到上天的明命，能够确定上天保佑，要坚定地惩处我们共同厌恶的那些跟从商帝纣的恶徒与顽民，要日夜操劳以安定我们的西土，我真想趁现在威德方明的时候征服天下。"

周武王的这些话让我们清晰地感觉到周朝初年那种暗潮涌动的局面[2]，周武王虽然杀掉了商帝纣，但周朝与商朝的最后决战并没有结束。对此，病重的周武王显然力不从心了，所以，他打算将王位传给周公，并将对付商朝遗民的使命交给周公，他说："姬旦！你是我明达的弟弟，我有重要的使命交给你。你为了公务经常连摆好的饭都没有时间去吃，又哪有时间去顾及你的家室？这是上天有使命给你呀。现在天地二神给了我死期，我却没能安顿好国家。家族成员中，你虽然是我们兄弟中较为年幼的，但大有智慧，你能继承和彰显先皇的仁义，并将他们的期望告诉我。我就像农夫耕地，急于得到收获，可是我有不美好的行为，连累皇祖不能

[1] 商朝也被称为殷朝。

[2] 1976年，陕西扶风庄白的考古发现中，有一重要的礼器被称为"史墙盘"，从铭文中的记录可以看出：武王时不仅有商朝遗民的问题，还有北方狄人、东方夷人等问题。详细内容可参见许倬云所著《西周史》。

在上天那儿得到高位。你正当年，能够继承我的心愿，应该可以治理好我们广大的国土。这样我就可以安心了。”

这些话已把周武王的意图完全倒出，他要让周公接替他治理天下。

可是这件事太重大了，周武王免不了要多叮嘱几句，勉励周公全力治理好国家。他说：“如果你心里只是想着自己的妻儿，那么你的德行就赶不上先祖了，百姓也不会配合你，我也不能列位于高祖。如果上天不保佑，要降下灾难，你岂能消除呢？”

按照商朝以来的惯例，每逢大事，人们都要占卜来做出选择，何况是传位这样的大事。可是，此时周武王心意已决，说：“现在我们兄弟先后相继，我还用龟筮干什么？现在我就立你为我的继位者！”[1]

按照常理，周公听到周武王传位于自己这些话后应该很高兴。然而，事实上，周公不仅不高兴，还非常不安，哭泣着连连摆手。

有人可能认为周公这是在演戏，但从事态的发展可以看出，周武王和周公最终达成了一致的意见，以至于周武王真正立遗嘱时，周公已不再是继位者。

那么，周武王的遗嘱究竟是什么？

为什么会有这样的结果？

我们仍需要认真研究。

---

[1] 见《逸周书·度邑解》。

武王遗嘱的背后

《逸周书》对周武王的遗嘱有完整的记载，分别记录在《武儆解》和《五权解》两篇文章中。《武儆解》全文为：

惟十有二祀四月，王告梦。丙辰，出金枝郊宝，开和细书，命诏周公旦立后嗣。属小子诵文及宝典。

王曰："呜呼，敬之哉！汝勤之无盖。□周未知所周，不知商□无也。朕不敢望，敬守勿失。"以诏宥小子曰："允哉！汝夙夜勤心之无穷也。"

意译为现在的文字，大意就是：

十二年四月，武王宣告他做的梦。丙辰日，取出铸在铜板上的《郊宝》以及书写细密的《开和》，命周公旦为他立后嗣，为太子姬诵讲解，并讲到了《宝典》。

听完周公旦的讲解后，周武王说："啊呀，一定要重视呀！你要勤奋不懈。要知道该做什么，不该做什么。正因为做了不该做的事，商朝灭亡了。这是教训呀，我不敢忘记。你要谨慎地遵守这些宝典中的原则，千万不要违背。"接着，周武王又把《宝典》等交给太子："里面的话讲得好呀！你一定要夙夜勤奋，不断地学习、实践。”

《五权解》原文为：

维王不豫，于五日召周公旦曰：“呜呼，敬之哉！昔天初降命于周，维在文考，克致天之命。汝维敬哉，先后小子，勤在维政之失。政有三机五权，汝敬之哉。克中无苗，以保小子于位。三机：一、疑家；二、疑德；三、质士。疑家无授众，疑德无举士，质士无远齐。吁，敬之哉！天命无常，敬在三机。五权：一曰地，地以权民；二曰物，物以权官；三曰鄙，鄙以权庶；四曰刑，刑以权常；五曰食，食以权爵。不遵承括，食不宣，不宣授臣。极赏则淝，淝得不食。极刑则仇，仇至乃别。鄙庶则奴，奴乃不灭。国大则骄，骄乃不给。官庶则荷，荷至乃辛。物庶则爵，乃不和。地庶则荒，荒则聂。人庶则匮，匮乃匿。呜呼，敬之哉！汝慎和，称五权，维中是以，以长小子于位，实维永宁。”

不妨也将其意译为白话文：

武王病重，在初五那天召见周公旦，叮嘱道：“一定要重视呀！当初上天降天命于周，是在先父文王之时，所以文王能得到上天之命。你要敬守天命，认真辅佐太子，要勤察为政的失误。为政的要领是三机五权，你要慎重地对待。要能够持中不偏，抓住根本，以确保太子在位。三机就是：一、互相猜疑、违背家族；二、装模作样、违背道德；三、没有学问、不学无术。违背家族者不可以让他管理众人，违背道德者不可以举荐他处理公事，没有学问者不可以让他出外任事。这些原则，你一定要敬守呀！要知道天命无常，必须重视三机。再说五权。五权分别为：一、土地，土地用来支配民众；二、事务，事务用来调配官员；三、都邑，都邑用来聚集庶民；四、刑法，刑法用来赏功罚过；五、俸禄，俸禄用来供养爵位。如果不遵守法令，就不发俸禄。过度的赏赐会导致财用枯竭，财用枯竭就会连饭都供应不上。刑法极度严酷会导致仇恨，仇恨之后就有反叛。都邑外面的人作为奴婢，奴婢才可以不致灭绝。授予封国太大了容易使其骄傲，最后导致不来进贡。官员爵位太多，容易造成事务繁杂，事务繁杂了就不容易和谐。土地授予太多了，容易荒芜，土地荒芜了就会令人担心。人多了就会引发溃散，溃散又会引发逃亡。这些事情呀，你一定要重视。你慎重协调好这五权，用中正的态度对待，这样就可以很好地辅助太子在位，我们周朝的天下也会永远安宁。”

从这些文字中可以看出，周武王的遗嘱主要包含四个方面的内容：

其一是立儿子诵为继位者；

其二是告诫儿子要勤奋治国；

其三是将儿子诵完全托付给周公，周公因此成为摄政王；

其四是告诫周公要认真辅政，并将自己最重要的治国心得告诉周公，希望周朝能长久地可持续地发展。

把武王对周公的临终嘱托与当年周公对武王的进言进行对比，可以看出这兄弟二人的心意是何等紧密相连！表面看来，周武王以前似乎缺乏主见，都是听周公的，临终前却完全相反。而事实上，如果我们再深一步体察，两者并不矛盾。征伐商朝前，周武王的情绪不稳，此事何等重大！周武王如临深渊，他征询周公的意见，说明他对周公非常信任，由此也可以看出他的胸怀。而最终伐商灭商，则可以看出周武王的胆魄与智慧。临终前的遗嘱，周武王再次显示出一个伟大政治家的治国智慧，他所讲的“五权”当然与后来孙中山提出的“五权宪法”并不相同[1]，然而，由此我们

[1] 孙中山1906年提出“五权分立”的制宪原则。五权分别为：立法权、司法权、行政权、考选权、纠察权。

可以了解到他对国家治理方略的全面把握。

立下遗嘱后，周武王很快死去了。周武王之死是周朝历史的一个重要节点，虽然表面看起来远不及武王克商那么重要，但实际上牵涉周朝的生死存亡，牵涉周与商最后的较量。所以周武王的遗嘱也就显得尤其重要。

按照周武王的遗嘱，年幼的太子姬诵即位，他就是周成王。周公旦成为摄政王，全权处理朝政。这样的安排让人有点疑惑，为什么周武王起初想要传位于周公而周公并没有接受，如果周公直接成为新一代天子，他施政不就更加方便吗？为什么周武王与周公达成了共识，转而让太子当新皇帝而由周公摄政？这里面究竟藏着什么玄机？

我想，答案的核心还在于周王朝的大局和周武王、周公兄弟二人的政治智慧。

周武王之死，对于新兴的西周王朝显然非常不利，整个王朝顿时处于风雨飘摇之中。在东方，居于殷商旧地的商人根基尚存，他们仍旧聚集生活在一起，并有名正言顺的首领武庚。周武王之死，为他们创造了东山再起的最好时机。其他刚被征服的地区也是如此，这里面尤其包括一直得益于商政权的众多东方诸侯国。周武王灭商后，周的力量自然大增，但为了尽快稳定局面，他采取的分封制原则主要还是沿袭夏商时期的传统，众多诸侯国首领虽然由臣服商朝转为臣服周朝，但他们在本诸侯国内的地位和权力没有发生多大变化，所以，如果周朝不稳，他们随时可以形成对周朝的威胁。更重要的是，西周王朝内部也存在着种种隐患。周武王病重时，围绕王位的继承问题，周王室已出现一些分裂的兆头，特别是大权在握、又比周公年长的管叔和蔡叔，他们并不像太伯、虞仲那样肯自我牺牲。在这样的情况下，如果周武王传位于周公，势必会引发此二人的强烈不满甚至激烈行为，一旦处理不当，周朝的变乱就可能会导致更难化解的危机。这就是当时周王朝的大局。

面对如此局面，当然是稳定第一。无论是周武王还是周公，他们最后的选择是太子继位，周公辅政。这样做，显然名正言顺，也容易化解兄弟间的争夺。可是事实上，即便周公甘愿辅政，他仍然面临极为严重的怀疑和叛乱，周王室内部的主要矛盾还是没能得到化解。

周公东征

周公摄政的消息传到东部地区，管叔、蔡叔非常生气，武庚趁机挑拨，双方一拍即合，共同对付周公。于是流言四起：“周公将不利于年幼的周王。”管、蔡、武庚大量散布流言，这些流言从东部地区一直扩散到西部，王室成员、朝政大臣不免受到影响，周公处境非常艰难，最棘手的问题是，周成王也对周公产生了怀疑。

史书上都记载说当时的周成王年幼，有的甚至称周成王尚在襁褓中，那么他的年龄究竟有多大？李学勤在《由清华简〈金縢〉看周初史事》一文中曾专门研究过这个问题。他介绍了清华简中的记载：周武王死后，“成王犹幼在位”。但他也这样阐述：“这里必须指出，古代所说的‘幼’，其年龄概念与今天有很大不同，《礼记·曲礼上》：‘人生十年曰幼，学；二十曰弱，冠。’是说十岁到满二十行冠礼之前称为‘幼’，……《大戴礼记》中的《公符（冠字之误）》篇载有‘成王冠，周公使祝雍祝王’的祝辞，也见于《说苑·修文》和《孔子家语·冠颂》，表明成王的冠礼在继位以后。汉代古文《尚书》说正是根据这些，推断武王崩，成王年十三。虽然没有确切证据，但应说是合理的，可谓不中不远。”按照这一说法，周成王当时十三岁，已经懂得很多事情了。作为周朝天子，尽管他对治理国家还缺乏经验，但他必然接受了很多如何治国的教育。他即位之初，自然会按照周武王的遗嘱来办事，事事仰仗周公，然而，谣言影响着周成王，使他对周公有所怀疑。周成王是周王朝名正言顺的一把手，周公无法用推心置腹的谈话完全消除周成王的疑虑，这使他深感不安，甚至有辞去摄政王的想法。

可是，周王朝面临的危机越来越严重。散布大量谣言之后，管叔、蔡叔与武庚等商遗民势力联合，发动叛乱。起来响应的还有东方的徐、奄、淮夷等几十个大小方国，它们原本就同殷商关系密切。浩大的反叛声势遍及周朝的东部，这对刚刚建立三年多的周朝来说，是个异常沉重的打击。一旦处理不当，周朝就面临被颠覆的危险。

在这样的危急关头，周公不能再患得患失了，他果断地对姜太公与召公说："我之弗辟，我无以告我先王。"就是说："假如我不摄政，我将无法告慰刚刚去世的武王。"而且，他还果断地召集大军，亲自率军东征。

东征之前，周公做的最重要的事情就是统一大家的思想，让大家对周朝有信心，名正言顺地平定叛乱。

此时，天命与占卜仍是一件极其重要的事情，周公也非常重视。所以，对于武庚等人打着恢复商朝承受天命的旗号，周公在出征前对大家做总动员，告诉各诸侯王和大臣们：周成王用周文王留下的大宝龟占卜，卜问天命之所在和战事的吉凶，结果，卜兆全都吉利。这说明自周文王以来，周已经承受了天命，虽然讨伐叛乱是件艰难的事情，但天命可畏，上天将帮助我们完成伟大的东征。

周公还以文王兴邦、武王克商的大业来号召大家：建功立业的好机会来了。文王武王已经打好了根基，我们怎敢不最终完成他们伟大的使命？！[1]

此后，周公率大军东征，与武庚等率领的商军展开激战。这次战争持续的时间比武王克商还要长，虽然史书上并没有介绍详情，但清华简《金

[1] 出自《尚书·大诰》。

縢》上记载：“周公石东三年，祸人乃斯得。”就是说，经过三年的时间，叛乱才最终平定，由此可见战争的艰难。

根据西周铜器铭文中发现的一些关于东征之役的文字，许倬云得出结论：“周人的征伐战线拉得很长。北到梁山，南到淮上，由殷商王畿往东，张开一个扇形，包含了山东及其南北邻近地区。参加的人物，包括周公、召公及太公的儿子。这次战事，对周人的新王国是一个严峻的考验。”[1]

叛乱平定后，武庚被杀，管叔自杀，罪过较轻的蔡叔被流放，霍叔因为是被迫参与，没有被治罪。紧接着，周公又平定了徐、奄、淮等方国，周王朝重新归于一统。

不过，东征虽然胜利，在周公眼里，战争不过是稳定周王朝的第一步而已，更重要的事情还在后面，如果无法奠定坚实的根基，他依然无法完成周武王的遗命，周王朝依然无法长治久安。不仅如此，东征结束时，周公所面对的那个棘手的难题仍没有解决。周成王渐渐长大成人，自然是跃跃欲试地想要自己全权处理国事，但东征的胜利，使周公的声望空前提高，大家都尊崇他，将他视为王朝的最高首领。周成王对周公的疑虑与日俱增，周公必须想办法消除。[2]为此，在东征返回途中，周公特地作《鸱鸮》给周成王，表达自己的心情：

鸱鸮鸱鸮，鸱鸮呀鸱鸮，
既取我子，你已经夺取我的儿子，
无毁我室。不许你毁掉我的住室。
恩斯勤斯，抚育呀，辛勤呀，

[1] 见《西周史》。

[2] 《毛诗序》的《豳风》部分有记载，例如：《鸱鸮》：“周公救乱也。成王未知周公之志，公乃为诗以遗王，名之曰《鸱鸮》焉。”《东山》：“周公东征，三年而归……”《狼跋》“周公摄政，远则四国流言，近则王不知……”以上文字均转摘自李学勤的《由清华简〈金縢〉看周初史事》。

鬻子之闵斯！养育孩子费多少精神呀！

迨天之未阴雨，趁天还没阴雨的时候，
彻彼桑土，剥取桑树根皮，
绸缪牖户。细致地修好窗子门户。
今女下民，现在你们一般人，
或敢侮予？谁敢把我欺侮？

予手拮据，我的手爪时刻劳苦，
予所捋荼，我采摘好芦花，
予所蓄租，我垫好窠铺，
予口卒瘏，我的嘴十分疲惫，
曰予未有室家。为了我的家没有稳固。

予羽谯谯，我的羽毛枯焦，
予尾翛翛，我的尾巴干燥，
予室翘翘，我的屋舍很危险，
风雨所漂摇，它正在风雨中飘摇，
予维音哓哓！我为此大声号叫！[1]

这首诗并没能使周成王消除对周公的戒备。幸好，一件事情发生了。

这年秋天，稻谷长得很好，但还没有来得及收获。然而天有不测风云，忽然有一天电闪雷鸣，刮起大风，大批稻谷被风吹倒，有的大树甚至也被连根拔起，仿佛上天在降罪，周人非常恐慌。周成王和王公大臣赶紧做好准备，占卜吉凶，祈祷上天保佑。就在这个过程中，周成王看到了

[1] 出自《诗经·豳风》，采用姚奠中《诗经选译》中的译文。

一个用金线封固的匣子（也许是有人故意让他看到）。打开后，他发现在匣子里封存着一份周公的策书，这份策书就是当年周武王病重时，周公愿意代替武王去死的祈祷辞文。周成王十分意外，询问臣属究竟是怎么回事。臣属们讲出了事情的原委，并说：“周公命令我们保密，我们都不敢说。”周成王大受感动，终于理解了周公的恩德，感到自己太小家子气，流着泪说：“我们不用再占卜了。周公为周王朝这样操劳，我却全然不知，以致惊动了上天。如今上天发怒，彰显周公的德行。我要亲自迎接周公回来。”说来也奇怪，当周成王到郊外迎接周公的时候，天下起了雨，刮起了逆向的风，先前被吹倒的稻谷都重新立了起来。[1]

这是我们所见到的一些简单记载，推想起来，当时必定还有很多事情发生。周公必定想了很多办法，才使得周成王解除对自己的戒备。这件事对周公来说意义重大。因为只有如此，他才可以放开手脚全面深入地实施一系列重大改革。

[1] 出自《尚书·金縢》。

分封制与宗法制

经历过周朝颠覆商朝、武王之死、周朝又差点儿被颠覆等种种巨大变故后，周公已经非常成熟。他回顾并审视那场刚刚过去的、牺牲了成千上万名将士的叛乱，深深地感受到得天下难、守天下更难的道理。

天命无常，得民心者得天下，三千多年前的周公已经深切地体会到了。

周朝之前，中国人的信仰完全在天命和神的笼罩下，尤其是商朝人，他们完全相信天命，完全信奉鬼神，大事小事，天天占卜，并以此获得上天和神的指示，然后不折不扣地执行。从周武王灭商开始，中国人的视野逐渐转向了人间。周的人力、物力及文化水平远逊于商，却最终灭掉了一直以天命自居的商朝，这一意想不到的变化，使周人意识到：天命无常，能使国家兴起，也能使国家衰亡。因此，要永葆天命，必须以德配天，注意敬德保民。这样一来，原本神秘不可测的、完全主宰人间的天命，就与道德、民心紧密连在了一起。周公则要通过旧制度的革新、新制度的建立，通过礼乐文明的全面建立，使中国真正成为礼乐之邦。

制度的革新，主要围绕分封制进行。分封制在夏商时就已经存在。夏商时的分封制度，是在氏族方国的自然分化之下形成的，对旧有的方国氏族原地认定，将其纳入夏商王朝的统治之下。周武王克商之后，沿袭了这种做法。像封商帝纣之子武庚于殷，让其继续统率殷人，就是如此。虽然他分封管叔、蔡叔、霍叔为三监，以此防范以武庚为首的商朝遗民，但三监之乱证明这个办法并不成功。

东征胜利后，周公实施了与以往截然不同的大分封，方国氏族原地认定的分封被完全颠覆，“封建亲戚，以藩屏周”的原则被确定，移民政策被广泛使用。他以姬姓的王室裔亲和异姓的姻亲为主，立七十一国，姬姓独居五十三人。分封时采取“授民授疆土”的政策，受封的诸侯会同时得到土地和人民的封授。各封国的人民，既包括部分原住民，也包括众多移民。

对周公而言，最庞大的商朝遗民如何统治，仍然是一个巨大而又非常有挑战性的难题。对此，他主要采取了四项措施。

第一，周公将弟弟中最贤能的康叔分封于原来的商都所在地，令其统治“殷民七族”[1]（七个商民部族），成为卫国，目的就是在原来的商民核心区加强周人的统治。同时，他十分郑重地传授康叔治国要略，让他努力提高自己的仁德，遍求商代圣哲先王治理保护商民的办法，顺从常典、尚德慎罚、敬天爱民，以德政教化商民，不断完成文王以来周朝承续的天命。针对商民普遍嗜酒、商纣王酗酒误国等教训，周公特地命令康叔在卫国实施戒酒令。周公还具体规定了施用刑罚的原则与刑律的条目，期望康叔能经常听取自己的忠告，确保卫国能够世代和谐、长治久安。[2]

第二，大量的商朝遗民被迁离故地，被分散在宋国、鲁国等地。为了缓和商朝遗民的对抗心理，周公选择了商帝纣的庶兄微子，令其奉其先祀，在商朝先王的古都统治部分商朝遗民，并保留其原有的风俗，成为宋国。微子素有贤名，在商帝纣统治时期，微子见商帝纣酗酒残暴、不听劝谏、荒淫败国，于是隐居荒野，直到周武王灭商后才出来，主动归顺周室。周公很看重微子，通过成王的诰命，既肯定了商王室祖先汤的功德，

[1] 《左传·定公四年》记载：“殷民七族，陶氏、施氏、繁氏、锜氏、樊氏、饥氏、终葵氏。”

[2] 见《尚书·康诰》《尚书·酒诰》《尚书·梓材》。

赞扬了微子的德行，又要求微子慎重地执行政令，管束好宋国内的臣民，永远护卫好周王室。[1]

第三，除卫国、宋国外，鲁国也有六个部族[2]的商朝遗民。鲁国是周公长子伯禽的封国，其封地是商代重要的东夷属国奄国所在地。这里的民众，既有商朝遗民，也有伯禽所带的周人，还有原来的奄国人，相互间的交流由此增多，有助于民族间的团结。由于伯禽是自己的儿子，周公更是严格要求，他叮嘱伯禽治理鲁国时必须谦恭待士、以德治国。《诫伯禽书》被世人尊为中国古代十大经典家训之一，在这篇家训中，周公对儿子说："你到了鲁国之后，不要依仗自己是国君，就对士人傲慢。我是周文王的儿子，是周武王的弟弟，是当今周王的叔父，又辅佐天子治理天下，我的地位应该是不低了吧。可是我经常在洗头的时候，还因为怕怠慢来访的客人，多次握着湿头发去会见；在吃饭的时候，我也经常吐出口中的食物，赶紧去会见来客。即便这样，我仍然担心怠慢、失掉天下的贤士。"在这篇家训的末尾，周公又说："《易经》上说'谦卦亨通，君子最终吉祥'。《诗经》上说'商汤谦恭不怠慢，圣明敬重之德日益提升'。这都是足以借鉴的！你一定不要以国君地位骄傲地对待贤士！"[3]周公所说的贤士，大部分就是指商朝遗民中有德行、有见识的士人。这也是周公指导伯禽如何在鲁国治理商朝遗民的一大举措。

在实施以上三项措施时，周公的指导思想都是"启以商政，疆以周索"。这样做，不仅有利于收拢商朝遗民的民心，便于治理，而且能够使周人继承商朝六百年来积累的宝贵精神财富。

第四，周公在宋的西面安置了姒姓杞国、西南安置了妫姓陈国，并在北面安置了另外一些小国，使宋处在各诸侯国的包围之中，以期达到防范

---

[1] 见《尚书·微子之命》。

[2] 《左传·定公四年》记载："殷民六族，条氏、徐氏、萧氏、索氏、长勺氏、尾勺氏。"

[3] 见《说苑·敬慎》。

的目的。

其他诸侯国的分封，均采取自上而下、相互制衡的原则，起到既拱卫中央又控制四方、保卫疆土的作用。齐国是姜太公吕尚的封国，与鲁国相邻，彼此互相支持，加强了对东夷的控制。燕国是召公长子克的封国，紧邻北戎，因此燕国便兼有捍卫周朝北方领土的重任。其他诸侯国的分封，无不以此为原则。每一个受封的诸侯国都是周王室的地方代言人，他们必须忠诚于周王室，承担相应的义务，尤其在军事上形成对王朝的护卫。各诸侯国虽然享有相当的自治权力，然而，每一位新的诸侯国国君即位时，都必须得到周王的册命。诸侯国国君必须在固定的时候去朝见周王。除此之外，周王室通过任命诸侯国执政卿以及直接派遣官员监国等方式，实现对诸侯国的控制。

与分封制相辅相成的，是完备的宗法制度。周公试图将血缘亲疏关系引入政治领域，他以血缘关系为基础，由上而下、由近及远不断扩展，通过“大宗”“小宗”的从属关系，建成秩序井然、和谐共处的“家国一体”的政权。在同一宗族内部，以嫡长子为大宗，其余诸子为小宗，大宗和小宗之间是等级从属关系，这样层层下推，一再分宗，形成了一系列大宗和小宗。整个政权也由这个原则建构的。周王是唯一的，也是绝对的大宗，各地的诸侯为小宗。而诸侯国内部，又以诸侯为大宗，他们再次分封的子弟为小宗。这些子弟还可以再通过分封，分出大宗和小宗。大宗和小宗之间，既是血缘宗法上的嫡庶大小关系，又是政治上的君臣上下关系。如此，周王室同姓之间的关系被理顺。

与此同时，“同姓不婚”的原则被实施。周朝禁止同姓之间通婚，周王室必须和异姓的诸侯国通婚，由此建立起姻亲关系。各级贵族也是如此，必须和异姓的贵族通婚。通过联姻，异姓贵族被纳入了周人的宗法体系。这里面当然也包括商朝贵族。各地民众之间的关系也因此改变，民族间也多了亲戚血缘关系，以往对立的矛盾在情感的不断融合中得以消弭。

由此，周公建立了一整套由上到下、由近到远、由亲到疏，既有核心与重点，又遍及天下的治国体系，这在当时的世界，无疑是最为先进的。

分封制和宗法制的成功实施，消除了周武王在世时一直担心的问题，周朝政权最终稳固下来。普天之下，莫非王土；率土之滨，莫非王臣，分封制和宗法制也深深地影响着以后的中国。

也许，在我们现代人看来，分封制和宗法制都是落后的、封闭的。特别是宗法制，曾成为中国进入现代化国家的巨大障碍。然而，在商末周初，在当时的历史背景下，人们盲目地信仰鬼神，整个中国一盘散沙，民众多蒙昧野蛮、互相攻伐，抵御自然灾害的力量也很小，连基本的生存都无法保证，而周公所实施的宗法制使得人们的情感在人性的基础上得以有效融通，社会从无序走向有序，政权从分散走向统一，对抗自然灾害的能力大幅提高，所有这些无疑都是划时代的进步。

礼乐开启中国

在总设计师周公的策划与指挥下，周王朝已渐渐进入正轨，然而，还有一些重要的事情尚未完成。周公认为，要想长期稳固地统治各地，需要有一个稳固的中心。在古代中国人的心目中，天命只能降于处于天下中心——“中国”的王者。周朝原先的都城镐京（今陕西西安市长安区西北）显然有些偏西，周需要在中心地带另建一个都城。洛邑正是商周时期天下的中心，营建洛邑的巨大工程由此开始。

周武王在世时就希望能在洛邑（今河南洛阳市洛水北岸、瀍水东西）修建新都，可惜没能实现，这一希望在周公东征后终于成为现实。经过多次实地考察和占卜，周公将地址选定在洛水北岸。这里既离安置大部分殷民的卫国相距不远，同时又处在四方各国的中心，地势险要，交通便利，有利于管理。它将作为周朝的东都，与西部的都城镐京相呼应。

当周公决定开工后，举行了隆重的祭天仪式。此时用不着周公动员，各地诸侯就纷纷主动前来帮忙。周公召集诸侯与商朝遗民谈话，他没有忘记再次重申周朝立国的合理性，然后分配工作。

周公摄政的第五年，东都洛邑营建成功。其规模宏大，在大的王城的东边还建了一个稍小的城，又以方圆七十里的郛郭将两个城围在一起。洛邑建成后，周公把商朝的祭器、接受天命的象征物——九鼎迁到王城，使其正式成为天下政治的中心。他将曾经反对周朝的商民集中到这里，加以控制，周朝再无后顾之忧。直到此时，周公才认为，周朝算是真正建立起来了。所以，他将东都洛邑命名为成周，意思是周人的建国大业最终完成。当然，周公虽然摄政，但周王还是周成王，所以，周公都以周成王的名义来发布信息。

1965年，陕西省宝鸡县出土了一件西周早期的青铜器，我们称之为何尊。何尊造型古朴，工艺精美，尤其是一百二十二字的铭文，非常珍贵，记载了周成王继承武王之志、营建东都成周之事。其中写道："唯武王既克大邑商，则廷告于天，曰：余其宅兹中国，自兹乂民。"其意思是说："武王攻克商朝后，就祭告上天，将此地作为天下的中心，统治民众。"这也是古代第一次出现"中国"二字。武王的遗志最终在周成王时代由周公完成，不能不说是一件盛事。

接着，周公在成周洛邑举行了隆重的落成仪式。天下诸侯第一次被召集于洛邑，共同见证这一盛世之举，并以隆重的方式再次确认其封国。

洛邑南郊所设的"丘兆"，是用来祭祀上帝的，并以周的先祖后稷配享，以日月星辰和先王陪位。城内的太庙是祭祖先的庙，宗宫是专为文王立的庙，考宫是专为武王建的庙，路寝是王的住所。城内所立大社，是用来祭土谷神的。神坛用五色土筑成：东边青土，南边红土，西边白土，北边黑土，中央黄土。封诸侯的时候，诸侯就其所在的方位，凿一块土，放在自己国内的社上。所有这些，都让各方诸侯感受到成周洛邑的神圣不可侵犯，这里确确实实成了世人心目中的天下中心。然而，在所有的建筑中，周公最重视的还是明堂。

明堂呈亚字形，当中有五间内室，四周都是厅堂。外面有四方形的垣墙，东南西北各有一个大门。这里是发布命令和朝会诸侯的所在。洛邑建成后，周公大会诸侯，第一次宗祀文王，其仪式也是在明堂举行的。此前，周公已规定了祭祀的次序和祭品，制礼作乐。第一次在明堂宗祀文王，其意义显然不止于祭祀典礼本身，更重要的是让各诸侯了解礼、乐。

在周公看来，礼、乐才是能够维系王朝长久的最重要的力量。

国学家钱穆及其学生姚汉源这样描述周公在洛邑第一次大会诸侯的情形：诸侯都穿着礼服，供奉祭品，恭敬虔诚地来陪祭，看到那里宫室有一定的制度，衣服有一定的等级式样，牛羊等祭品有一定的规定，宰杀剖割有一定的样子，甚至扫除废物，厨房的烹饪和布置，都有一定的仪节。到了里面，感觉到既庄严又美观。诸侯都接到王朝颁布的命令，然后参加祭典，谒见文王、武王的神主。据说那时的一千七百七十几个诸侯，都恭敬屏息，弦歌奏乐，称美先王。参加的每个人都具有一种肃穆的神情和一种和畅的意绪，同时惆怅地追思文、武，情动于中，行动声音自然和仪节乐歌相合。孔子说：周公德行，上格天，下动人，远播于各国，使人内心钦服。海外的人都来进贡，他确能把父兄的文德武功发扬光大。[1]

周公所制的礼、乐，既集周历代先贤的传统，又从夏礼、商礼中汲取了丰富的营养，使得中国自远古而启的礼乐萌芽，经过数千年的发展，最终成熟繁茂，使中国真正成为礼乐之邦，这才是周公最为重要的贡献。

如果说礼的本质是在等级“差异”中维护社会秩序，那么，乐则是靠音乐激起人们“和同”的情感，促使人们团结合作。礼与乐，二者不可偏废，合在一起，共同形成礼乐文化。

因为周公距我们年代久远，当时也没有什么音像设备，我们自然无从亲眼看到或亲耳听到周公所作的礼乐。然而，我们可以通过《周礼》《仪礼》《礼记》等古代文献，去了解周公礼乐的基本内容。

《周礼》是一系列严格的君臣、父子、兄弟、亲疏、尊卑、贵贱的礼仪制度，将贵族分成不同的等级，实行等级爵位制。自天子以下，王朝贵族分为公卿、大夫、士三级，诸侯分为公、侯、伯、子、男五级，诸侯之臣又有卿、大夫、士的划分，各自适用不同的礼仪规定，不得逾越，以此来维持社会的秩序。

---

[1] 见《周公》。

《仪礼》则将周人的一生与王朝的一切全部纳人礼乐范畴，周人视野的重心便真正由巫到礼，从鬼神崇拜走向人间礼治。周公为各种礼仪注入了新的人文精神和道德内涵。比方说，周礼中的“士冠礼”，原本是氏族社会的成丁礼，并不受到重视。而在周礼中，这一礼仪十分庄重，通过一道又一道仪式，使原本是孩子的人意识到，他将从此成为成年人。祝词中特别强调德行，多次郑重地告诫和祝福：“不要忽视你外表的威仪，要好好慎养你内在的德行。亲戚们都在场，以成就你成人的美德。愿你长寿吉祥，广增洪福。”[1]这就是要告诉孩子，你会受到作为成年人而应得的尊重，但是也将承担更大的责任，只有注重品德，才可以福寿绵延。如此一来，周公之礼就不再只是周朝的典章制度、行为准则，它还将道德思想灌注其中。

在周公的礼乐世界里，既包括仪节、礼器、服饰、辞令、场所等和礼法相关的内容，同时每一个严格的礼法细节，无不寓有深远的人文内涵。这些礼义，重视天人和谐，重视民心所向，重视以德处世，规范人们的外在言行，更深入其内心，使其产生庄严、尊敬、责任、稳定、重德等意识，潜移默化消除自私、暴怒、浮躁、贪恋、怠慢等不良情绪，由此渗透于社会的方方面面，促成了一个和谐而稳定的社会。

《礼记》更是阐述了周公礼乐的指导思想和精神内涵，阐述了“致知、格物、正心、诚意、修身、齐家、治国、平天下”的大学之道，阐述了“喜怒哀乐之未发谓之中，发而皆中节谓之和”的中和之道、中庸之道，阐述了中国人所向往的“天下为公，选贤与能，讲信修睦”的大同世界。

虽然《周礼》《仪礼》《礼记》都非周公所作，但其源头却无不出于周公的礼乐制度，这些作品使我们间接地认识到周公礼乐的丰富与充盈。直到今天，当我们诵读这些古老的典籍时，仍然能感觉到周公的礼乐，尤其是其中的精神，仍然潜移默化地影响着我们的内心世界。

---

[1] 见《仪礼·士冠礼》。

圣贤之路

《尚书大传》中，称周公在摄政的七年里，“一年救乱，二年克殷，三年践奄，四年建侯卫，五年营成周，六年制礼作乐，七年致政成王”。周公最终完成了周武王的遗嘱。在这个过程中，周公将全部心力都用在公务上，连吃饭都要被迫多次中断。周公因此成为世人的楷模，“周公吐哺”的故事世代传播。

当周王朝已十分稳固的时候，周成王也长大成人，周公兑现诺言，还政于周成王。此时，周公的地位已稳如磐石，然而，他毅然放弃了世俗的最高权力，心甘情愿地做周成王的大臣。

这是很多世俗、功利的人无法理解的，也许只有周公自己才知道应该做什么不应该做什么。他最终还政于成王，不仅执行了周武王的临终遗嘱，更是完成自己最终的宏愿，使自己真正达到知行合一，最为彻底地贯彻了他自己制定的礼乐宗法制度，由此，他虽然不再是世俗之王，但成了万世景仰的圣贤。

杜维明如此评价周公还政于成王：“周公执政，在很多方面是不得已的，我想那时候武王已经很清楚，只有他（周公）才能继承王位，但是周公也知道，如果他继承王位，整个局势会有很大的变化，而且他也不一定能管理和控制好，所以他只能够摄政，但在这摄政过程中，他成为一个被怀疑的对象，包括成王本人。不管金縢事件是真还是假，至少我们想象它有这样一种可能，所以这样说来，周公的初心，是要为了周朝贡献他自己的力量，是为了公，不是为了个人的利益。那么还有应该注意的是，权力是会腐化的，绝对权威是绝对腐化，当你得到最大的权威，要放，太难了。就是在这样的阶段，他愿意放弃，愿意让成王执政，而自己居于臣的位置，这不要说在中国的历史上，就是从人类史来看，都是非常难得的。”“因为他的选择，我相信虽然在历史上是一个特例，对周代的国运，这样长久发展下去，起着极大的作用。在孔子看起来，这样的人物，就是典范和圣者。”[1]

退休后三年，周公重病而亡。临终前他立下这样的遗嘱：“我死后埋葬于成周。我始终是成王的大臣。”然而，周成王将周公和祖父周文王、父亲周武王葬在一起，表明自己不敢以周公为臣。周公的长子伯禽被分封在鲁国，周成王特别允许鲁国用“天子礼乐”来祭奠周公。

周公更受到历代中国人的尊崇，人们以建造凤鸣朝阳公庙来永远祭奠他，且习惯于将周公和孔子称为“周孔”，称他们为最伟大的圣贤。

---

[1] 这是 2015 年 4 月杜维明接受《中国通史》摄制组采访时所做的部分答复。

第二章

“刑法天下”能长久吗

——秦始皇之死与秦朝兴亡

公元前221年 秦王嬴政统一六国，建立大一统的王朝——秦朝。嬴政自称始皇帝。

公元前213年 秦始皇采用丞相李斯的建议，下令焚书。以郡县制为核心的中央集权制度在整个王朝全面实施。

公元前212年 坑杀四百六十余名方士、儒生，即历史上的坑儒事件。

公元前210年 秦始皇第五次外出巡游，途中死于沙丘。秦始皇遗嘱中定长子扶苏为接班人。李斯、赵高、胡亥合谋篡改秦始皇遗嘱。

公元前209年 陈胜、吴广起义。全国起义风潮汹涌而至，项羽、刘邦均加入起义军的行列。

公元前208年 李斯死，赵高完全掌控了秦王朝的实权。

公元前207年 秦二世胡亥自杀，赵高立子婴为秦王。

公元前206年 赵高被子婴杀死，赵高三族被全部杀尽。刘邦军队攻到霸上，秦王子婴投降，秦朝灭亡。项羽自立为西楚霸王，封刘邦为汉王，楚汉战争爆发。

奇怪的事越来越多

公元前210年，秦始皇在第五次外出巡游途中突然病倒。这本来是一件非常重大的事情，但是，消息被严密地封锁起来。

随行的大臣见秦始皇很多天都不露面，心里不免猜想：“皇帝怎么了？”但他们也只能心里想想，绝对不敢乱问，更不敢乱说。秦朝纪律森严，尤其是皇家的事，谁若敢乱打听，那准是不想活了。

秦始皇晚年将皇帝专制发展到了极点，他可以知道任何人的行踪，但他的行踪不准任何人知道。如果有人胆敢违抗，轻则杖刑，重则处死，甚至株连九族。秦始皇外出的时候曾受到刺客攻击，所以更是忌讳别人打听他的事情。

正因为如此，此次外出，大臣们虽然多天见不着皇帝，但什么话也不敢说。

可是，随着时间的推移，反常的事情越来越多。而且，秦始皇乘坐的辒辌车，竟发出阵阵难闻的恶臭。

辒辌车是古代一种可以躺卧的大车。1978年7月，新中国考古队员在秦始皇陵墓西侧约20米处发现的2号铜车，就是辒辌车。车马通长3.17米，通高1.06米，总重量1241千克。前驾为四匹马，整个车身分前后两部分，前半部分只有一个座位，供驾车人使用，除顶上有车盖可以挡风遮雨外，前、左、右没有任何遮挡。后半部分是秦始皇乘坐的地方，称得上是一个四面封闭、宽敞的小房子。后面为车门，前、左、右各有一窗，窗上有镂空的窗板，能随意开合，开则凉快，闭则暖和。外面还用绫罗绸缎围着，既可以美化车身，又可以在窗户打开时继续保持车内的隐蔽性。秦始皇的辒辌车当然是豪华、尊贵、宽敞的，车房里面可以放桌子，能办公，吃喝拉撒睡都可以解决。这是权贵的象征。[1]平日里，大家对它既敬畏羡慕又想接近。而现在，当它发出难闻的臭味时，周围的人都想捂鼻子，但是谁也不敢做出“失态”的行为。

有经验的人做出判断：这不就是死人的味道吗？

然后进一步猜想：是不是皇帝已经死了？

但仔细揣摩，又觉得不对。每天早晨、中午、晚上正常的开饭时间，宦官们照常将美味佳肴送到车里；大臣们向皇帝奏事时，也由宦官将皇帝的批复折子递出。皇帝既能吃饭，又能办公，这怎么可能是死了？

两种截然不同的现象令大家十分费解。正当大家疑惑时，又一件奇怪的事发生了。

丞相李斯传达了秦始皇的一个命令，让随行官员都在自己的车上放一大堆臭咸鱼。对此，大家只能无条件执行。于是，整个队伍就成为历史上空前绝后的最臭的队伍，可以载入吉尼斯世界纪录。臭气熏天，臭不可闻。

在这样的状况下，随行的人不仅感到身体不适，更感受到一种莫名的恐惧。秦始皇晚年，做过许多偏离正常的怪事，性格又暴戾，动不动就杀人，有时候甚至成百上千地杀，使得人人都怕他。但以前的事再奇怪，也比不了这一次。大家不由得忐忑不安起来，生怕祸事降临在自己头上。

他们哪里知道，秦始皇是真的死了。

其实，早在第五次巡游之前，秦帝国就或隐或显地流传着秦始皇要死的种种传闻。《史记·秦始皇本纪》记载了几件遥远而神秘的事情：

---

[1] 可参阅《秦兵马俑探秘》，袁仲一著。

第一件事情，是由占星官观察天象引起的。

秦始皇非常相信天命，特别重视天象，认为天空中星辰的变化昭示着人间形势的转变，所以专门设置了不少占星官员。

始皇三十六年，也就是公元前211年，占星官看到了“荧惑守心”的天象，慌慌张张地报告了秦始皇。

为什么慌张呢？因为在他们看来，这个天象最不吉利。所谓“荧惑”，就是我们现在所说的火星；“守”，可理解为侵入与长时间地停留；“心”指古代星象说中东宫的“心宿”。根据《史记·天官书》《汉书·天文志》的记载，中国古代的星象学将星空划分为五宫，分别是中宫、东宫、南宫、西宫和北宫。其中，东宫为苍龙，而“心宿”正好处在苍龙的心脏部位，昭示着天子的宫殿。而“荧惑”的主要作用是惩罚。既然火星长时间侵扰心宿，那不正昭示着皇帝会有很大的危险吗？皇帝有失去皇位、甚至死亡的危险。占星官员的报告，使秦始皇心里充满了挥之不去的忧虑。

第二件事情与陨石有关。

“荧惑守心”出现不久，天空中一颗巨大的陨石，坠落在秦帝国的东郡。

陨石坠地，在古人看来，本来就不是什么吉利的事情。更让秦始皇堵心的是，陨石上还刻了几个像毒咒一样的大字：“始皇帝死而地分。”这明显就是跟秦始皇对着干。

秦始皇一生的功业，莫过于在周朝之后建立了一个更为统一强大的秦朝。周武王建立的周朝历时近八百年。从公元前1046年到公元前771年，这段时期被称为西周，历时275年的时间，称得上一个统一的王朝。自东周开始，中国进入春秋战国的乱世，周王室渐渐名存实亡，各诸侯国纷纷逐鹿中国，最终天下大乱。秦始皇灭掉六国，又一次统一天下，而且实行高度集权的政治制度，就是要使秦朝的统治长于周朝，要使自己的江山千秋万代。“始皇帝死而地分”，则预示着秦始皇一死，秦朝也将迅速分崩离析。这自然是秦始皇最担心的。他马上派官员调查此事，看到底是什么人胆敢刻这些字。但调查来调查去，根本没有任何结果。秦始皇暴怒，将陨石烧毁，并残忍地将陨石附近的居民全部杀死。即便这样处理，秦始皇心里仍留下了重重的阴影。他疑神疑鬼，怀疑陨石坠落时本身就带着这些字，那就意味着天意要他死，而且在他死后秦帝国也将分裂。这是多么可怕的事情！

第三件事情，发生在始皇三十六年的秋天。

使者从关东返回秦朝京城咸阳，夜晚时分路过华阴平舒道。有人手持璧玉挡住他的去路，说："替我把这个交给滈池君。"使者很奇怪。滈池在咸阳附近，滈池君就是滈池之神。这个突然挡住他的人让他办这么一件奇怪的事情，他岂能不问个究竟。可是，无论使者怎么问，拦路人就是不回答。最后，拦路人只是阴森森地说了一句话："今年祖龙死。"然后就不见了，留在使者眼前的只有那块璧玉。

拦路人是人是鬼是神，使者搞不清楚，他赶紧回去禀报秦始皇。秦始皇沉默了很久，才说："山鬼固不过知一岁事也。"他认为那个拦路人是个山鬼。

退朝后，秦始皇仍在揣摩"今年祖龙死"那句话，自言自语地说："祖龙者，人之先也。"他觉得"祖"表示人中的首领，"龙"是指君王。这么一来，祖龙不就是指自己吗？

秦始皇更加闷闷不乐。他让御史查验使者带回来的璧玉，发现竟然是他在八年前渡江时所沉之物。此时，秦始皇多半相信这就是所谓的天意了。即便这一切是有人精心谋划的，他也必定能感到要置他于死地的人是极其可怕的。

一年中接连不断地发生倒霉的事情，对秦始皇来说，仿佛世界末日即将来临。为了摆脱这种要命的感觉，他找人占卜[1]，结果是："游徙

[1] 占卜活动在商朝时最为兴盛，当时王朝的任何措施在实施前都要先占卜，征询所谓鬼神的意见。周公制礼作乐后，世人虽然将重心放在人世的礼乐上，但占卜仍被视为神圣的，并一直存在。秦始皇也是如此。

吉。”意思就是：出游和迁徙，将会吉利。于是秦始皇下令，将三万户黔首，也就是让三万户百姓迁徙到北河、榆中地区定居，同时，他自己也开始了声势浩大的外出巡游。

不死的权柄

这是秦始皇统一天下后的第五次巡游，名义上是秦始皇“亲巡天下，周览远方”以稳定天下的壮举，实际上称得上秦始皇躲避灾难乃至死亡的一次外出。

这是一次非同寻常的巡游，也是一次改变中国历史命运的大事。

秦始皇一外出，王朝的最高领导班子也跟着外出，最主要的成员是左丞相李斯、廷尉蒙毅[1]、中车府令赵高，他们在巡游中随时协助皇帝处理朝政大事。秦始皇还带了小儿子，名叫胡亥，他们就是出去游山玩水的。右丞相冯去疾则留守京城。

公元前210年，也就是秦始皇三十七年十月初四[2]，巡游队伍由咸阳出发，向东南行进，十一月到达云梦，即现在的湖北、湖南交界处的长江两岸。在这里，秦始皇向着南方的九嶷山遥祭舜帝。传说，舜帝死于九嶷山，山上有舜帝陵墓。祭奠完毕，巡游队伍沿着长江向东，经过丹阳（即现在的安徽当涂县东北），然后到达了钱唐（即现在的浙江省杭州市）。

---

[1] 《史记》中并没有记载蒙毅的具体职务。根据他掌管司法又位列上卿，推定他担任“廷尉”一职。

[2] 此处年代为一关键。秦朝历法以夏历十月为岁首。也就是说，秦始皇第五次出巡与他的死亡都是在秦始皇三十七年。

再往前行走，到了钱塘江边，江水险恶，不易通过，于是他们向西绕行一百二十里，从江面狭窄的地方渡过。此后，秦始皇登上了会稽山。此山位于今绍兴市南面，传说大禹死后葬于此地，山上有大禹的陵墓。大禹乃是中华最重要的始祖之一，由于治水有功惠及万代，所以在世时被称为王，去世后被尊为神。秦始皇郑重地祭拜了大禹，并且遥祭南海神，还下令在会稽山上立下石碑。石碑上的文字是称颂秦始皇的，内容为：

皇帝休烈，平一宇内，德惠修长。三十有七年，亲巡天下，周览远方。遂登会稽，宣省习俗，黔首斋庄。群臣诵功，本原事迹，追首高明。秦圣临国，始定刑名，显陈旧章。初平法式，审别职任，以立恒常。六王专倍，贪戾慠猛，率众自强。暴虐恣行，负力而骄，数动甲兵。阴通间使，以事合从，行为辟方。内饰诈谋，外来侵边，遂起祸殃。义威诛之，殄熄暴悖，乱贼灭亡。圣德广密，六合之中，被泽无疆。皇帝并宇，兼听万事，远近毕清。运理群物，考验事实，各载其名。贵贱并通，善否陈前，靡有隐情。饰省宣义，有子而嫁，倍死不贞。防隔内外，禁止淫泆，男女洁诚。夫为寄豭，杀之无罪，男秉义程。妻为逃嫁，子不得母，咸化廉清。大治濯俗，天下承风，蒙被休经。皆遵度轨，和安敦勉，莫不顺令。黔首修洁，人乐同则，嘉保太平。后敬奉法，常治无极，舆舟不倾。从臣诵烈，请刻此石，光垂休铭。

此铭文由丞相李斯亲自撰写，从内容中可以看出，他和秦始皇对于秦法的重视，并认为这是秦朝的根本，只要后人敬奉此法，则“常治无极”。

当然，会稽山并不是秦始皇巡游的主要目的地，他此次最想见的是神秘的大海。

巡游队伍折而向北，走陆路，过水路，继续长途跋涉，一直到达琅邪。此时已到了五月，巡游队伍已经在外长达七个月了。在当时的情况下，并没有现代交通工具，只能靠步行或马匹拉车，不可谓不辛苦。秦始皇自然也免不了颠簸劳累、栉风沐雨之苦，但他继续前行，而且有亢奋之感。特别是到达琅邪后，秦始皇忍不住再一次浮想联翩。

为什么？因为以秦始皇的心气之高，他不仅要躲避死亡，更要追求长生不老！他一辈子进行过五次大规模的巡游，尽管都标榜是为了秦王朝的稳定，其实四次都与长生不死药有关。第五次巡游更是如此。琅邪这个地方，正是秦始皇追寻长生不老药的开始。

公元前219年的时候，秦始皇统一天下后第二次巡游，到达渤海岸边的琅邪，第一次看到了广阔无边的大海，甚至看到了海市蜃楼。神秘的大海引发了秦始皇的遐想，“大乐之，留三月”。他看到这里人口不多，当即下令，迁徙三万户黔首于琅邪台下，还令人刻石，歌颂自己“并一海内，以为郡县，天下和平”等功绩超过了古代的五帝三皇。他很是得意。可是，人在太得意自满的时候，倒霉的事情往往马上来临。

秦始皇那充满欲望的样子，被齐人徐福看在眼中，他觉得有机可乘，于是上书，说：“海中有三座神山，分别是蓬莱、方丈、瀛洲，神仙就在那里。为了皇上，我愿意赴汤蹈火，去找神仙，将长生不老药奉献给您——我伟大的皇帝。”秦始皇果然大喜，马上召见徐福，赏赐他大量的金银财宝，又物色了数千童男童女，让徐福带领，入海求仙。

秦始皇在琅邪停留三个月，其实是想等着徐福将仙丹带回，但左等右等都没有消息，只好怏怏不乐地离开。

徐福的事情迅速传开，天下方士、阴阳家之流纷纷以求仙献丹为名，骗取秦始皇的赏赐。这里面最有名的是燕国人卢生。他以求仙为名，忽悠了秦始皇很多赏赐。隔了一段时间，等秦始皇要他拿结果的时候，为了应付秦始皇，卢生讲了一套骗人的话，说：“神仙喜欢清静的地方。只有皇帝您的行踪、您居住的宫室不为外臣知道，神仙才会降临。”这是成心给秦始皇增加难度。当然，为了增强可信度，他又渲染了神仙的超凡本领，说神仙到了水里不会被浸湿，到了火里不会被烧着，能腾云驾雾，长生不老。这些鬼话，秦始皇竟然羡慕得不得了。他马上下令，将咸阳周围二百里内的二百七十座宫殿楼阁，全部用栈道、暗道连接起来，只要外界能看到的地方，都用高墙挡住。有一次，秦始皇在梁山宫，看见山下的丞相李斯车骑众多，心里不高兴，言谈中就显露出来。没多久，秦始皇再一次见到李斯的时候，李斯身边的车骑都撤去了。秦始皇马上意识到，一定是身边人泄露了自己说的话。他大发雷霆，立刻追查起来，但没有人承认。秦始皇干脆把那天跟随他的所有人都杀掉。此后，再没有臣子知道秦始皇的行踪。需要听秦始皇命令的时候，大家都到咸阳宫等候。

卢生听到这个消息，担心谎言被识破，免不了遭受酷刑而死。于是，他与另一位方士侯生一起携带财宝，逃到了深山老林。如此一来，秦始皇愤怒到了极点，找不着卢生，就将怒气发泄到周围的方士、儒生身上，一下子将四百六十多名书生活埋。这就是历史上有名的“坑儒”。

即便如此，秦始皇还是想求长生不老药。

那么，世上有长生不老之药吗?

当然没有。古今中外，几千年、几万年、几百万年，谁见过这种药?谁又见过长生不老的人?这些东西可以出现在神话故事里，但现实中怎么可能会有呢?这不就是一个再简单不过的常识吗?秦始皇怎么连这个常识都不知道?难道他是个傻子?

当然不是，他不是傻子，而是绝顶聪明的千古一帝。他结束了长达五百多年的战争，统一了六国，建立了中国历史上第一个中央集权的统一王朝，统一了文字，统一了度量衡，统一了货币，修起了万里长城，抵御了北方强悍的匈奴，他的一生，干了很多惊天动地的事业。这样的人，怎么可以说他是傻瓜呢?

世界上并不存在长生不老药，这是现代人的基本常识，而在秦始皇时代，许多人是真心相信有长生不老药的。而且，不只秦始皇时代如此，后来的唐太宗等人不也追求长生不老吗?从另一个角度来说，这是否也算人类对未知世界的探索呢?这种提法似乎有一定道理。关键是，秦始皇追寻长生不老药达到走火入魔的程度，而且因此伤及许多人的性命，自己也一再受骗。这当然不是科学的探索。所以，秦始皇仍然是有问题的。

那么，问题的根子出在哪儿了？也许他的人性中有什么缺陷吧。我们继续来探讨。

一般认为，秦始皇嬴政是秦庄襄王子楚的儿子。可是，直到现在，仍有很多人认为，他是吕不韦和赵姬的私生子。

公元前259年，子楚作为秦孝文王的一个儿子，被典押在赵国邯郸当人质。以国君的儿子当人质，是战国时一国对另一国表示和平的方式。倘若两国失和，重要的人质可以起到制约作用。从这一角度看，子楚是个和平使者，似乎很重要。可另一方面，却能看出子楚根本不被秦孝文王重视。秦孝文王的儿子众多，他派子楚当人质，很有可能会在秦国需要的时候将子楚作为牺牲品。在赵国，子楚生活非常窘迫，很少有人看得起他。商界巨子吕不韦却觉得子楚奇货可居，经过周密的考虑后，他决定不惜代价地进行政治投资，通过重金买通了秦孝文公宠爱的华阳公主，使其劝说秦孝文公立子楚为太子。对于子楚本人，吕不韦更是百般笼络，认识不久，就把自己的爱妾赵姬送给子楚。之后，嬴政就出生了。所以，嬴政到底是子楚的儿子还是吕不韦的儿子，很不好说。

嬴政三岁的时候，秦国和赵国交战，赵国想把子楚杀掉。吕不韦用黄金买通守城官吏，使子楚逃走。赵国又想杀子楚的家属，赵姬和嬴政同样得到吕不韦的关照，隐姓埋名躲藏起来，一躲就是五年。也就是说，嬴政刚出生刚懂事的时候，就遭遇了残酷的政治斗争，这必然会在他的心里留下深重的痕迹，更不用说后来更加残酷和血腥的政治斗争、军事斗争、宫廷斗争……可以想象，嬴政是在种种异常复杂的斗争中，一步步成为秦王、秦始皇的。他虽然智商极高，但内心深处非常冷漠、自私，是一个极度薄情寡义的角色。

早在战国时期，大梁人尉缭便经过近距离观察，得出这样的结论：“秦王这个人，高鼻、长目，胸长得像猛禽，说话的声音像豺狼，无情无义却有虎狼之心。这样的人，在他不得志的时候好相处，一旦得志，什么事都干得出来。如果秦王以后得了天下，天下人都将成为他的奴隶。这样的人，不可以和他长相处啊。”所以，秦王嬴政虽然待尉缭不薄，但尉缭却想离开他。

果然，嬴政统一六国后，自称始皇帝，还要把皇位传至千代万代。他的权势达到了人世的极限。与此同时，他的冷漠、自私、残暴、贪婪的性格也暴露无遗，他以暴政治国，不惜以全国之力满足他一个人的私欲。他将原先六国妃嫔宫女都霸为己有；为了一个阿房宫，他又动用七十万人；他的陵墓更是牺牲了无数人的生命。而当人世间的欲望都得到满足之后，更大的与现实完全脱节的欲望产生了，那就是追求长生不老。

我们通常讲无欲则刚。就是说，没有欲望，就可以很理智。正常的欲望当然也是无可厚非的。很多时候，正常的欲望还会产生激情和积极的因素。然而，若欲望大得没有边际，这个人又完全痴迷于此，成了欲望的奴隶，再聪明、再伟大的人也会变成傻瓜，也会受到别人的欺骗。

秦始皇就是这样。

而且随着年龄的增长，他更加迫切地想要长生不老，达到走火入魔的地步。所以，他就注定要受骗。

当秦始皇又来到琅邪后，九年前骗秦始皇的徐福，竟然胆敢再次行骗，够胆大的。因为他摸透了秦始皇追寻长生不老药的急迫心理，牢牢地抓住了秦始皇的软肋。他信誓旦旦地告诉秦始皇：“蓬莱的仙药早就可以得到了。只是多年来一直被海上的大鲛鱼挡着，无法前往。大鲛鱼是恶神，只有像皇帝您这样伟大的人物才能将其射死。”

秦始皇又一次相信了徐福，带领大队人马，水路并进，风雨兼程，几天后终于在芝罘射杀了一条大大的怪鱼，他很高兴。徐福马上对秦始皇说：“恭喜皇帝！我这就带着皇帝的厚礼去见神仙，把长生不老药拿回来！”

于是，秦始皇又给了徐福大量的财宝，派专人保护徐福出海。

然后，他再一次陷入等待状态中。

可是，徐福能回来吗？这一次，徐福是永远都不会回来了，他携带着大量的财物，找到一个适合人居住的岛屿住了下来，谁也找不着。直到明代，朱元璋还写诗感慨：“当年徐福求仙药，直到今日更不归。”

徐福走后不久，秦始皇在平原津病倒。几天后，四十九岁的秦始皇在沙丘平台死去。这是一个意料之外的死亡事件。

仔细分析，秦始皇生病和死亡的原因可能来自三个方面：

其一，秦始皇晚年一直养尊处优，但为了射死徐福所说的大恶鱼，连续数天作战，又劳累，又容易受风寒，导致他病倒。

其二，行程太远，经陕西、河南、湖北、湖南、安徽、浙江、江苏、山东达数万里，严寒和酷暑，水土不服、气候变化，均可能成为秦始皇病倒的原因。

其三，秦始皇一直在吃方士们所谓的仙丹妙药。这里面虽然不一定有什么三聚氰胺，但有铅汞等多种成分，免不了会有慢性毒素，这些毒素在人体中积累多了，一旦发作，很容易导致猝死。

关于秦始皇的死因，还有其他一些说法，我们放在后面分析。

总而言之，这次趋吉避凶的长途巡游，秦始皇是想达到长生不老的目的，但由于种种原因，导致了他猝死。

可是，为什么秦始皇已经死了，还会出现他能吃饭、能办公的怪事？

这都是丞相李斯的安排。李斯命一位宦官坐在秦始皇的辒辌车里，让他按照秦始皇的习惯正常吃饭，只是不露面，不说话，对大臣们的折子也不马上答复，等李斯处理过后再由宦官递出去。他以这种方式，制造了秦始皇未死的假象。

李斯为什么要这样做？

因为当时的形势非常严峻。秦始皇统一天下后，实施了高度集权的中央专制制度。全国大小权力集中在秦始皇一个人身上。秦始皇突然死去，但他死的地方不对，是在远离京城的巡游途中，不容易处理善后事宜；他死的时候也不对，因为还没有一个名正言顺的新皇帝来继承秦始皇的事业。整个王朝出现了最高权力的真空地带，这是非常可怕的。

当时的皇位继承制度是父死子袭，秦始皇一共有二十多个儿子，每一个都有机会成为皇位的继承人。秦始皇生前若立好了太子，他一旦驾崩，太子会顺理成章地成为新皇帝。但现在没有。所以，皇子们以及他们背后形形色色的权力集团，都在虎视眈眈地盯着这个皇帝宝座。一旦处置不当，马上就会引起血腥争斗乃至全国大乱，达到不可收拾的地步。这样，秦始皇一死，便给整个秦王朝带来前所未有的严重危机。为了维持暂时的稳定，作为总揽朝政的最高官员，李斯制造秦始皇未死的假象，是很正常的。

那么，秦始皇本人就没有意识到他死后秦王朝可能面临的危机吗？他意识到了，所以在临终前做了一件最重要的事情。

那就是立遗嘱，确定皇帝接班人！

真实的遗嘱

弥留之际，秦始皇意识到了秦王朝可能面临的巨大危机，所以他要进行补救，做一件最重要的事。那就是立遗嘱、确定皇位接班人。

想到这些，他赶紧把随行队伍中最重要的三个人叫到身边。他们分别是李斯、胡亥、赵高。

李斯是秦王朝的左丞相，一人之下，万人之上，辅助皇帝总揽朝政大权，位置当然是最重要的。他帮助秦始皇打下天下，定下秦制，也赢得了秦始皇的最大信任。

胡亥是秦始皇的第十八个儿子，深受秦始皇宠爱。秦始皇第五次巡游前，胡亥请求跟父皇出去开阔眼界，秦始皇答应了。其他的皇子都没有这个福气。于是，胡亥成为秦始皇临终前身边唯一的皇子。

第三个人是赵高。赵高是宦官头子，职务为中车府令。秦朝中央统治阶层的最高官职有三公九卿。三公分别为丞相、太尉、御史大夫。九卿比三公略低，分别是奉常、宗正、郎中令、卫尉、太仆、廷尉、典客、治粟内史、少府。这里面，丞相位列三公九卿之首。而中车府令连九卿都算不上，是太仆的属官，职位并不很高。

那么，为什么职位这么低的人，会成为秦始皇的托命之人？这显然与赵高所处的特殊位置有关。

第一，赵高负责掌管皇帝的车马和符印，处在一个十分关键的位置。皇帝的车马，当然是秦始皇的交通工具，对秦始皇的行踪与安全负有重大责任。符印中的“符”，即我们常说的兵符，秦朝时多为铜制的虎符，用来调度兵马。符印中的“印”，就是我们通常讲的皇帝的玉玺。皇帝的公文、圣旨要成为正式文书，一定要盖上印章。这道程序需要经过赵高之手。也就是说，别看赵高只是一个办事官员，但至关重要。

第二，由于深受秦始皇信任，赵高还经常代秦始皇书写公文，称得上秦始皇的机要秘书。

第三，由于受到秦始皇的重视，赵高还受命为秦始皇的儿子胡亥讲授法律文书，成为皇子的老师。

所有的这些，都使赵高成为一个特殊的人物，成为秦始皇临终前的一位托命之人。

那么，是不是赵高的权势就非常大呢？也不见得。我们应该客观地分析，无论处在多么关键的位置，赵高仍然只是一个履行职责的官员，充其量相当于一个局级干部。按照常理，不可能对皇帝的遗嘱产生什么重大影响。所以，当时谁也没料到赵高这个小人物会对始皇的遗嘱起到根本性的作用。

本来，还应该有蒙毅。他掌管国家法令，位列上卿，其职位在李斯之下，却在赵高之上。蒙毅同时称得上蒙氏家族在中央的代表。蒙氏家族，从蒙毅的爷爷蒙骜开始就为秦国立下汗马功劳。翻开《史记·秦本纪》和《史记·秦始皇本纪》，我们会发现，蒙骜在世时，秦国获得的大多数城池都是蒙骜攻下的。他的赫赫战功不仅为自己赢得了荣誉，被封为上卿，也使他的家族成为除皇族之外最显赫的家族。蒙毅的父亲蒙武同样是秦国不可多得的将才，曾作为副将，两次与王翦出征楚国，斩杀项燕，俘虏楚王，最终灭掉楚国。蒙毅的兄长蒙恬此时正受命统领秦王朝最精锐的部队，守卫边疆。蒙氏家族忠于秦王朝，深受秦始皇重用。蒙毅受到秦始皇非常特殊的待遇：“出则参乘，入则御前。”如此，蒙恬、蒙毅两兄弟，一个在外，一个在内，“虽诸将相莫敢与之争焉”。[1]

还有一点则很少有人注意。那就是，蒙毅与赵高有过节。有一次，赵高犯了大罪，秦始皇把他交给蒙毅处理。蒙毅秉公执法，按照条令要将赵高处死。然而，秦始皇想留赵高，便不管什么刑律了，赦免了赵高，还让他官复原职。从此，赵高虽然表面上尊崇蒙毅，但内心里恨透了他。而蒙毅也不是傻瓜，处处防着赵高。这样的状况，秦始皇心知肚明，但他总是把蒙毅和赵高同时带在自己身边，这未尝不是秦始皇的一种对大臣的制衡之术。

第五次巡游，蒙毅本来也是一直跟随在秦始皇身边的。但秦始皇到平原津病倒后，他想到的第一件事就是派蒙毅返回去祭拜山川。

在秦朝，祭拜天地山川是皇帝的政治特权，以此表明自己至高无上的权力是上天赐予的，同时以此来祈求风调雨顺、政权平安。秦始皇本人很热衷于这些事情。

然而，在琅邪的时候，由于听信了徐福的话，秦始皇急着去射杀海上的鲛鱼，没有来得及祭拜当地的山川。他病倒以后，就疑神疑鬼，觉得自己生病是由于对山川之神不敬而受到了惩罚。所以，他特地派重臣蒙毅代自己去祭拜山川。

蒙毅领命前往，而秦始皇很快就奄奄一息了。秦始皇临终前，蒙毅仍未返回。

所以，秦始皇临终前见到的重要人物只有三个。他想到自己无上的权威，想到这几人对自己的无限忠诚，所以很是放心。等三个人都来了之后，由秦始皇口述，李斯和胡亥监督，赵高执笔，代秦始皇给扶苏写信。这封信的内容就是秦始皇最后的遗嘱。

关于这份遗嘱，《史记·秦始皇本纪》和《资治通鉴》上的记载是一致的，都只有短短七个字：“与丧，会咸阳而葬。”

---

[1] 见《史记·蒙恬列传》。

《史记·李斯列传》中，在这七个字前面加了五个字，就是“以兵属蒙恬”。

意思就是，命令扶苏把兵权交给蒙恬，赶紧到首都咸阳，主持安葬秦始皇的事宜。

扶苏是什么人?

他是秦始皇的大儿子，懂儒学，讲仁义，曾多次直言劝谏秦始皇。方士卢生以求仙为名蒙骗了秦始皇大量的金钱后逃之夭夭，秦始皇愤怒得不得了。一时间抓不到卢生，就将愤怒发泄到其他的方士、儒生身上。一下子就要把四百六十多名方士、儒生活埋。这当然是荒唐的、残忍的。但是，鉴于秦始皇的淫威，没有人敢说半个不字。偏偏扶苏劝谏：“天下刚刚平定，远方的百姓还没有完全归附。儒生们都诵读诗书，效法孔子，现在皇上用重法制裁他们，儿臣我担心天下不安，影响国家社稷，恳请皇上明察。”秦始皇在气头上，一怒之下就把扶苏贬到北方上郡，去监督蒙恬的军队。还好，秦始皇在生命的最后时刻，原谅了扶苏。

秦始皇有二十多位皇子，却单单给长子扶苏写信，让他主持丧事，用意十分明显，就是要让扶苏当他的接班人。

有人可能会疑问，既然秦始皇立扶苏为接班人，为什么不直截了当地在遗嘱中体现呢?

关于这一点，史书上没有任何记载。也许，在快要死去的时候，即便秦始皇也身不由己，他或许只说了这句话，再想说些什么的时候，却已经说不出来了。也许，还有许多也许……但当时的现场，我们无论如何是无法完全复原的。那么，我们只能借助有限的史料，运用我们的思维，进行多方位的思考判断。

我们可以从正反两方面来探究历史真相。

设想做一道单项选择题，题目是：秦始皇要将皇位传给哪个皇子？选项是秦始皇所有的儿子。

做这道选择题，我们可以用排除法进行解答。因为没有任何人被立为太子，而除扶苏之外，其他皇子都与秦始皇的遗嘱没有任何的关联，所以很容易就把他们排除了。最后，剩下一个选项，那就是扶苏。

我们也可以正面分析秦始皇传位给扶苏的理由：

一、扶苏以皇长子身份继位，名正言顺，符合自商周以来一贯的宗法制度，符合世人的正常观念，可以极大地消除其他皇子对皇位的觊觎，有利于皇权平稳过渡。

二、扶苏是一个很有能力、文武双全的人。即便拥护其他皇子的大臣，例如胡亥的老师赵高，也不能不承认扶苏的能力。秦始皇喜欢的皇位继承人当然必须是有能力的。

三、扶苏有帝王气魄。秦始皇晚年的时候，听不得一点儿意见。所有的臣子，包括秦始皇的儿子们，都在他的淫威之下不敢直言。这种情况下，只有扶苏数次直谏，表达出相对独立的治国理念。秦始皇一怒之下，把他赶出京城。尽管如此，秦始皇在冷静时也许会想：这才是自己的儿子呢。倘若只是一个阿谀奉承的无能之辈，怎能放心把国家社稷的重任交付给他？

四、秦朝完全实行郡县制，皇子们不再分封土地和官爵。众多的皇子中，只有扶苏有重要职权。所以，秦始皇应该是把扶苏当作自己的接班人来培养的。

五、秦始皇将扶苏赶出京城，名义上是贬，但其实扶苏更有权了，而且到重要的基层岗位任职，未尝不是很好的锻炼机会。一个好的领导者，必定需要在基层工作的经验。有了更多的在基层工作的经验和能力，方能担任更重要的职务。

六、我们再来看看，秦始皇将扶苏赶出京城的时候，是派扶苏去监管边疆拥有三十万大军且在朝廷及军队中最有威信的蒙恬。蒙恬家族是对秦王朝最忠心的家族，除蒙恬在外带兵外，他的弟弟蒙毅在朝中也受到秦始皇特别优待。外有蒙恬，内有蒙毅，这是秦王朝最坚实的保障。蒙恬的功绩需要扶苏报到中央，这样，只要扶苏主动，很容易跟蒙恬相处好。如此，扶苏一旦继位，势必会得到蒙恬家族及其强大的政治、军事力量的支持，必能稳稳地把握住局面，从而避免出现秦始皇一死而朝野混乱的局面。

七、秦始皇与扶苏的政治主张有所不同。秦始皇重法轻儒，所以实施了焚书坑儒政策，而扶苏重视儒家，他认为治理国家光靠严刑峻法还不行，儒家伦理之学才可以使国家长治久安。也许，秦始皇在临终前对扶苏的主张有了一些认同。

总之，把扶苏定为接班人，是秦始皇遗嘱的真正意思，这个决定称得上秦始皇晚年最明智的决定。

让我们继续回到秦始皇临终前的历史现场。《史记 · 李斯列传》记载：“书已封，未授使者，始皇崩。”也就是说，这份最重要的遗嘱写好后，郑重地用玉玺盖上印章，密封起来，下一道程序就应该是交付使者，发送出去。如果是这样，遗嘱将到达扶苏手中，整个秦王朝的命运将会没有那么多悬念。

但是，偏偏就不是这样，这里面出现了问题。

由于写得太晚了，还没等书信发出去，秦始皇便一命呜呼了。而秦始皇恐怕做梦也不会想到，自己刚刚死去，最有权威的遗诏便有被篡改的可能，梦想传万世的王朝也面临土崩瓦解的危险。

那么，究竟是谁胆敢篡改秦始皇的遗嘱？让我们继续探讨。

秦始皇之死，如山陵崩塌，势必会影响整个秦王朝的稳定。他又死于远离都城的沙丘平台，知道他死亡情况的只有李斯、赵高、胡亥以及身边两三位宦官。他们该怎么办？

在这个关键时刻，丞相李斯理所当然地担当起主持大事的职责，为了稳定局面，他将皇帝的死迅严密地封锁起来，还制造了秦始皇未死的假象。这些做法，是特殊时期的特殊举措，是无可厚非的。

问题是，李斯万万没想到，他的非常合适的举措，却给了赵高一个很好的机会。赵高要在遗嘱上大做文章。

那么，赵高究竟是个什么样的人呢?

赵高本是六国中赵国贵族的后代。他的父母迁移到秦国后，都犯了重罪，受到严惩，赵高兄弟受到牵连，小时候就被阉割成为宦官，地位卑贱。什么是宦官?大体而言，所谓宦官，就是指那些失去性功能并在古代宫廷中侍奉皇帝及其家族的男性奴仆。宦官最早出现在夏商时期，地位非常卑贱，在宫廷中干一些最下等的体力活。后来，由于皇帝将一些权力赋予其宠幸的宦官，使宦官内部出现了阶层分化，有的依然地位卑贱，有的则权势很大，甚至可以反过来支配皇帝。像唐朝的高力士、仇士良，明朝的魏忠贤，清朝的李莲英，都是臭名昭著的宦官头子。封建王朝中第一个最有名的宦官就是赵高。

赵高虽然出身低贱，但很有力气，也很有才华。他精通法律，擅长书法。许慎的《说文解字》序中说：战国时期，七国分立，言语异声，文字异形。秦始皇统一六国后，采纳李斯的建议，将六国的文字废除，命令使用秦国一直沿用的文字——史籀大篆书写，由李斯作《仓颉篇》，赵高作《爰历篇》，胡毋敬作《博学篇》，作为全国通用的文字教科书。书写过程中能简化的字就进行简化修改，定型为小篆。由此可见，赵高的书法水平一定很高，他也称得上中国文字史上的一个重要人物。这样的人才，在宦官圈子里肯定是凤毛麟角。秦始皇听说后，把赵高留用在身边，经过一段时间的观察，发现赵高果然能干。同时，赵高很善于拍马屁，秦始皇很受用，便任命他为中车府令。赵高受命当了皇子胡亥的老师后，更是把这个小皇子哄骗得团团转，使胡亥对他言听计从。

同时，赵高暗地里不断培植自己的力量——主要就是内廷中宦官的力量。

秦始皇嬴政本来对宦官是有提防的，因为他吃过宦官的亏。

当年，嬴政的父亲秦庄襄王死去时，嬴政虽然成为秦王，但由于年轻，朝政大权掌握在太后和丞相的手中。太后就是原来的赵姬，她与丞相吕不韦有着暧昧关系。随着嬴政一天天长大，吕不韦觉得不能再和太后发生关系了。为了脱身，他推荐了一个非常健壮的男子嫪毐。为了让嫪毐进入宫中，吕不韦把嫪毐的胡子都拔光，然后做手脚，使嫪毐以宦官的名义进入秦宫，成为太后的情夫。这个嫪毐，很能够满足太后的情欲，两人关系非常密切，甚至有了两个私生子。嫪毐还很有野心，不断钻营，竟被封侯。这样地位就非常高了。要知道，作为大臣，即便立有很多的战功，就像蒙骜、王翦那样的将军，也不敢奢望被封侯。但嫪毐竟通过太后，成为长信侯，还被赏赐了大片封地，拥有家僮数千人。嫪毐明里暗里培植自己的势力，一批地位显赫的文臣武将聚集在他身边，成为一个权力集团。到最后，嫪毐野心勃勃，甚至与太后约定：如果秦王死去，将立自己的儿子为继承人。这才引发了一场叛乱。

公元前238年，当嬴政抵达雍这个地方的时候，住在蕲年宫里。嫪毐乘机作乱，冒用秦王以及太后大印调集人马，攻打蕲年宫。秦王嬴政虽然处境危险，但他沉着应对，令相国昌平君、昌文君调集军队参加战斗，很快取得胜利。嫪毐兵败后逃跑，嬴政对其恨之入骨，向全国发出悬赏令：“谁能活捉嫪毐，赏钱百万；谁能杀死嫪毐，赏钱五十万。”最后，嫪毐及其同伙全部落网。嫪毐被处以酷刑——车裂而死，他的三族被诛灭，他与太后的两个私生子被杀死。太后也受到牵连，被自己的儿子迁居出去，就像被打入冷宫。很多人因此劝谏嬴政，从大政方针考虑，也不能对太后这样，但嬴政根本听不进去，先后处死劝谏者达二十七人之多。后来，茅焦冒死进谏，告诉嬴政：“如果你坚持这样以不孝行为对待你的母亲，天下人知道了，秦国恐怕要灭亡，陛下您就危险了。”嬴政这才幡然醒悟。

这件事还牵连到吕不韦，因为嫪毐祸乱宫廷得力于吕不韦的举荐。嬴政因此首先撤销吕不韦的官职，后来又逼迫吕不韦自杀。由此可见，宫廷斗争有多惨烈。嫪毐虽然是假宦官，但这件事发生后，我们不难想到，秦始皇对宦官及身边的人会有怎样的戒备。然而，即便如此，赵高还是赢得了秦始皇的信任，可见赵高心机有多深。

作为深具政治手腕的秦始皇，虽然也以蒙毅来制约赵高，但仍然给了赵高太多的权力。

秦始皇死时，制约赵高的蒙毅并不在场。而赵高掌管着皇帝的符玺并代替始皇写信、监督信件的发送，这些权力，使他有机会在皇权更迭的特殊时期里兴风作浪。

那么，赵高为什么要篡改遗嘱呢？也就是说，赵高的作案动机是什么？据我分析，可能有以下两方面的直接原因：

第一，秦始皇之死，一下子就把他的机要秘书赵高推到了一个异常危险的处境。我们前面提到，赵高犯过不可饶恕的死罪，究竟是什么死罪，史书上没有记载，也许是杀人，也许是其他什么罪行，总之，这件事不小，而且当时是众人皆知的，按照法律，赵高其实早就应该死了。最后，是地位比法律还高的秦始皇赦免了赵高。秦始皇因此成为死刑犯赵高的保护伞。那么，当秦始皇死去后，赵高还能逍遥法外吗？很悬！

第二，秦始皇临终前的遗嘱更是让赵高处在一个生死的边缘。按照秦始皇的遗嘱，扶苏势必要成为新皇帝。以扶苏的思想和性格，赵高绝对不会受到重用。更重要的是，蒙恬、蒙毅兄弟势必掌权，而蒙毅对赵高的犯罪细节一清二楚。于公于私，蒙毅都很难放过赵高。如果算起老账，对赵高极为不利。起码，从赵高的心理角度分析，他不能不提防蒙毅。

从上述两方面的因素看，秦始皇死时，他身边的赵高同样感受到了死亡的威胁。为了保命，他岂能不拼死一搏？

那么反过来，如果秦始皇生前能给赵高安排一个合适的退路，或许他就不会这样恐怖不安。所以，归根结底，作为高度集权的王朝统治者秦始皇，他理应在生前安排好他的身后事，理应对他死后的王朝有一个妥善的安排，但他基本上什么也没做。可以说，他的死是不负责任的，给秦王朝留下了致命的威胁。说来也奇怪，这个威胁竟然首先落在了后来祸害秦朝最大的赵高身上。

赵高想要篡改遗嘱，除了直接原因外，还应该有间接原因：

第一，赵高的父母都因为犯秦法而受到重刑甚至被处死，他和他的兄弟从小就被阉割，处境肯定异常艰难，这些背景容易让他对秦王朝产生仇恨。秦朝宦官的来源主要有两个：一是战争中的俘虏及其亲属，二是犯罪人员及其家属。也许，大多数的宦官由于已成为特殊人群，注定只能做皇家的家奴，他们在外面是无法生存的，所以也就认命了。但赵高和大多数宦官不同，他是赵国贵族的后代，而且通晓法律和书法，有超强的能力，他有可能已经处心积虑多年，要寻找机会进行报复。

第二，赵高如何在非常卑贱的情况下学到法律和书法，而且达到了很高的水平，我们无从得知，但他一定是受过种种磨炼和屈辱的。他能在钩心斗角的宫廷中一步步脱颖而出，说明他有很强的发奋意识。在历史上，宦官的发奋意识往往出现两种截然不同的结果。第一种会出现像蔡伦、郑和之类令世人景仰的伟人，但这种情况非常稀少。第二种则是普遍现象。由于宦官身心惨遭伤害的原因，也由于他们身处宫廷的政治环境，他们的发奋意识更容易导致他们极端的权力欲。为了这个权力欲，他们可以无所不用其极，可以完全置伦理道德于不顾，可以极无耻、极变态、极隐秘地实施自己的行为。这种欲望，跟宦官本身的处境和地位有关。而赵高就属于这一种。他是一个有才能的小人，他能够以宦官身份得到秦始皇极大的信任，说明他非常不简单。他总是强烈地想往高处爬，总是窥伺着周围一切人，特别是一些重要人物，他对他们的事情了如指掌。在没有机会的时候，他可以对他们卑躬屈膝，而一旦机会出现，他就要毫不留情地施展自己的手段。这种人，我们可以称之为阴人，是极其可怕和可恶的。

有人因此更进一步地提出一种观点：秦始皇是赵高害死的。

首先，从秦始皇的角度分析，秦始皇嬴政没那么容易被害死。他在童年的时候，就在赵国境内受到通缉，跟着母亲东躲西藏；当了秦王以后，发生过弟弟长平君的反叛，发生过嫪毐的叛乱，他还遭遇过荆轲等人的刺杀；即便当了始皇帝，他仍然遭受过张良等人的行刺。在这些复杂的经历之后，秦始皇的自我保护意识非常强，防范手段也非常高明，不容易被害死。

其次，从赵高的利害角度分析，秦始皇一死，赵高的处境其实是最危险的，他当时并没有什么强有力的外援，他不会傻到害死自己的保护伞而把自己置于死地。至于后来的种种阴谋，每一步实施起来其实都是非常危险的。

第三，从史书记载的规律分析，如果秦始皇有被害死的可能，对于这样一件惊天事件，当时不可能没有一点儿传闻，像《史记》《资治通鉴》这样的史书不可能没有记载。所以，我认为，秦始皇的死跟赵高没有关系。然而，赵高篡改秦始皇的遗嘱却是千真万确的。

既有直接原因，又有间接原因，秦始皇一死，严重的危机和千载难逢的机会同时出现，赵高一定要千方百计、铤而走险地篡改遗嘱。

那么，赵高究竟要篡改成什么样的遗嘱？

他又怎样像走钢丝一样实施自己的阴谋？

他的面前会有哪些障碍？

在重重障碍面前，赵高将采取哪些手段？

他到底能否得逞？

黑色诱惑

秦始皇的遗嘱还未发出，这就为赵高提供了机会。赵高负责监督秦始皇书信的发送，所以他首先利用职权，将秦始皇的遗嘱扣留下来。然后开始实施他的阴谋。

当时的状况非常明了，因为知道秦始皇遗嘱的关键人物只有胡亥与李斯，其他两三位宦官则唯赵高马首是瞻。

这两个关键人物当中，胡亥是跟随秦始皇出来的唯一皇子。他虽然只是因为贪玩出来的，但外界并不知情，鉴于秦始皇已将扶苏贬出京城，有人猜测，胡亥有可能继承秦始皇的皇位。李斯则总理朝政，有执行遗嘱的权威和能力。那么，只要争取到胡亥与李斯，赵高的阴谋就可以得逞。

对于李斯和胡亥，赵高首先从哪个人开始着手呢？他首先想到的是胡亥。

关于胡亥的早年经历，《史记》和《资治通鉴》中都没有多少介绍。倒是汉初思想家贾谊在《新书》中记载了一则故事：胡亥小的时候，有一次受皇帝赏赐，与弟兄数人一起在大殿吃饭。与此同时，皇帝还置办酒席款待群臣。按照当时的礼节，臣子们入殿吃饭，要把鞋脱掉，放置在殿外特定的位置。也许皇子们吃得快吧，他们首先吃完，然后就离开了。这件事本来可以就这样结束。但胡亥却非常顽皮，他出了殿堂之后，看见大臣们放置的鞋子，马上就有了一个坏主意。他专门挑那些摆放整齐的鞋子，肆意踩踏，直到鞋子面目全非才离开。大臣们知道这件事后，都哭笑不得，叹息不已，觉得这样的皇子如果当了皇帝，天下一定会抛弃他。这当然是当时人的观点。如果我们现在客观地分析，这件事只能看作胡亥小时候的一次胡闹，并不能因此就断定胡亥以后就是昏庸的皇帝。他后来之所以昏庸，主要还与他所受的教育有关，而这又与赵高有很大的关系。

秦始皇临终前，外界对胡亥的了解并不多，但有三点非常明确：

第一，胡亥很年轻。根据《史记·秦始皇本纪》记载，公元前209年，胡亥是二十一岁。那么，秦始皇临终前，胡亥刚刚年满二十岁。

第二，他很受秦始皇的宠爱。

第三，他是赵高的学生。秦朝的制度是“以吏为师”，赵高教给胡亥的多是与严刑峻法有关的东西，使胡亥内心变得很冷酷；另一方面，赵高更多的是迎合胡亥自私、享受的需要，使其成为一个地地道道的极端自私的享乐主义者。

胡亥很相信赵高，而赵高则完全摸透了胡亥。所以，当赵高想要篡改秦始皇遗嘱时，他马上认定自己可以说服胡亥，于是便首先去找胡亥。

他首先试探性地对胡亥说：“皇上驾崩，没有留下遗诏分封各位皇子却唯独赐长子扶苏书信，用意是很明显的。如果扶苏到达咸阳，马上就会被立为新皇帝，而公子您就惨了，连一寸分封的土地都没有，您可怎么办呀？”

赵高为什么要这样说？

他将扶苏和胡亥放在一起对比，明显有挑拨的味道。但是，他的这些话也是有一定现实基础的。因为秦始皇废除了分封制，皇子们不再像周朝那样被分封土地，被封为王侯，他们甚至没有什么政治实权。在这样的情况下，扶苏一旦成为皇帝，他马上就会拥有天下，胡亥与扶苏将有天壤之别。所以，赵高用“公子您就惨了”这样的话，来刺激胡亥。

当然，赵高本来是要实现自己的阴谋，但他一点儿不说是为他自己，而是做出一副完全为胡亥着想的样子。这是他说话的技巧。

胡亥还是个毛头小子，他虽然得到秦始皇的宠爱，但前面毕竟有十七位兄长，皇位怎么轮也轮不到他身上，所以从来没动过这个心思。他也没有多想赵高暗含的意思，顺口就说：“扶苏继承皇位，这不是很正常吗？我听说，圣明的君主最了解臣子，开明的父亲最了解自己的儿子。既然父皇临终前没有分封诸子，我听命就是，还有什么可说的！”

赵高见胡亥对自己的暗示没有回应，不但没有泄气，心里反而更有底了。为什么？因为如果胡亥早有这么大的谋略，说明他不是个只会享受的平庸之辈，那样，以后反而不好控制。

时间在这个时候非常重要。

事不宜迟，赵高干脆挑明了。他大声说：“不然。现在天下的大权，天下人的存亡，操纵在公子与我赵高，还有丞相手中，公子你可要为自己的前程好好考虑呀。你是想做主人还是想做臣子，你是要做人上人，还是要做人下人，是驾驭人还是被人驾驭，这两种滋味可差得很远呀！”

赵高的这些话如此露骨，胡亥再傻，也能明白他的意思，他的内心不由得震了一下。最诱人的美味突然间摆在了自己面前，说不想吃那是假的，但他还有点儿胆怯，不敢随便下手。他害怕这美味会烫着自己，本能地退缩了一下，用冠冕堂皇的话回绝：“废兄而立弟，这是不义；不奉父皇遗诏而畏死，这是不孝；才能浅薄，勉强依靠别人的帮助而登位，这是无能；这三者都是大逆不道的，如果做了，天下人一定不服，我自己的性命可忧，国家社稷也会非常危险。”

看来，胡亥还是有自知之明的。他现在还有一些理智，能看到比较长远一些的结果，那就是：如果做了这件事，不仅我自己性命难保，整个国家也会非常危险。

这是他内心理智的判断。但是，眼前的饵实在太诱人了，胡亥显得很犹豫。

赵高看透了胡亥的心思，说：“历史上的商汤、周武，都把他们的主子杀死了，天下人还称颂他们，而不说他们不忠。公子呀，干大事就不要拘泥于小节，有些事是不能辞让的。”

赵高找到的理由真是莫名其妙。我们来看看他举的两个例子。商汤，是指商朝的开国皇帝汤。夏朝的末代皇帝桀非常残暴，整个国家民不聊生，怨声载道，人人都想推翻夏王朝。这个时候，汤顺应民意，率领军队，灭了夏朝，转而实行对民有利的国策，所以世人都称颂他，认为他杀死自己原来的主子是义举。周武，是指周朝的开国皇帝周武王。商朝末代皇帝纣王荼毒生灵，天下怨恨，周武王因此杀了纣王，改朝换代，同时采取了与民休息的国策。老百姓日子好了，对周武王铲除旧主子的做法当然也是非常支持的。这与篡改秦始皇的遗嘱完全是两码事。因为篡改秦始皇的遗嘱，就是要阴谋杀死仁义的扶苏，还有能够支撑秦王朝统一的大臣，赵高完全是为了自己的私利而不择手段，性质当然与商汤、周武的行为截然不同。人家是顺天而行，他这是阴谋诡计，但似乎所有的阴谋家都是这样，一定要为自己的卑鄙行为戴上冠冕堂皇的帽子。

胡亥没有意识到这一点，非常认真地听着。

赵高继续劝说：“公子呀，你如果有所顾忌，以后必然会遭受大的祸害。你如果犹犹豫豫，以后必定后悔。”

他的眼睛紧紧地盯着胡亥，瞳孔都放大了，慷慨激昂地怂恿道：“只要果断而勇敢地行动，即便鬼神也会畏惧而躲避！你就肯定能成功！公子你一定要按照我说的做，咱们共举大事！”

胡亥的心理防线终于被赵高突破，他放弃了最后的道德底线和理智底线，喟然长叹道：“现在父皇的丧礼还没有办呢，怎么适合用这样的事情干扰丞相呢？”

这句话表明胡亥已经同意了，但还担心丞相李斯的阻挠。

赵高大喜，说：“时乎时乎，间不及谋！嬴粮跃马，唯恐后时！”

赵高的意思就是说，时机稍纵即逝，好东西就在前面，要赶紧抓住！

见胡亥点头，赵高马上去找丞相李斯。

李斯是什么人？他可是中国历史上一位了不起的人物。他具有非凡的政治手腕，地位和权力远远高于赵高，他能被赵高蛊惑吗？

说起李斯，他称得上封建王朝的第一位铁血宰相。

李斯是楚国上蔡人，出生于公元前280年左右，身份低微。年轻时，李斯在楚国基层部门当小公务员。有一次，他见到公共厕所的老鼠，吃的是肮脏的东西，看见人和狗，赶紧害怕地躲起来。而粮仓里的老鼠，吃的是好粮食，住的是大房子，整天优哉游哉，安闲自在，根本不受人与狗的干扰。同样是老鼠，但由于所处环境不同，生活状况也截然不同。李斯因此发出感慨：“一个人有没有出息，其实就像这老鼠一样，主要看自己能不能找到一个好的环境和高的平台。”他决心为自己找一个更高的平台，从此，开始了自己的奋斗史。

从一位名不见经传的小吏变成秦王朝的丞相，李斯经过了一次次华丽的转身，成就了一个非常具有传奇色彩的人生。在他的奋斗史或者说升职记中，体现出了一些成功经验：

第一，要想有大作为，首先必须自己有能力。这是基础。

李斯强烈地意识到光靠当小公务员时的小聪明，是远远不够的，所以他需要找名师求学。李斯找的是闻名天下的大学者荀子，学习帝王之术。

第二，积极进取，定位准确。

要想发挥自己的能力，必须找一个合适的大环境，否则能力再强也是白搭。打个比方，现在的大学生毕业后势必根据自己的实际情况做选择，是在北京、上海这样的一线城市还是回到小城镇，这个选择非常重要，将很大程度上决定一个人的生活方式和发展方向。李斯学成帝王术之后，没回自己的故乡楚国，因为他知道楚王没什么大能耐。他将目标明确地定位在最强大的秦国，他要游说秦王，建功立业！

第三，高平台，低起点。

李斯到秦国时，秦王嬴政只有十二岁，朝政大权由太后和吕不韦把控。李斯赶紧投靠吕不韦，成为吕不韦的舍人。舍人不是什么官职，只相当于吕不韦的私人参谋。但李斯看重的是吕不韦的平台，起点低没关系，只要对未来的发展有好处就可以。果然，李斯的才华被吕不韦发现后，马上提拔他为郎。郎，是国王的侍从官。

第四，长期准备，适时出击。

李斯虽然只是个侍从官，但他密切关注国内国际形势，对秦国的历史、历代秦王的得失也是了如指掌。历代秦王一直致力于不断增强秦国的力量，向外扩张。自秦孝公让商鞅实施变法以后，秦国更是成为超级大国，有吞并天下之意。而其他六国则采取过合纵的方法，联合起来对付秦国，秦国对外战争有胜有败，但整体而言，其吞并天下的势头一天比一天强。吕不韦执政时期，仍然采取对外扩张政策。这一时期，对外作战的总统领一直是蒙骜。秦王政六年，楚、赵、魏、韩、卫五国组成最后一次联合军队攻打秦国，结果被秦国打败。按照常理，秦国应该乘势追击，但事实上，在此后的两三年时间里，秦国对外征战的步伐明显减慢。这是为什么呢？

一、秦国内部出现了严重的政治斗争。太后的情夫嫪毐已具备与吕不韦抗衡的强大势力，魏国为避免秦军的进一步攻击，便重金贿赂嫪毐，减缓了秦军步伐。

二、秦军一直以来的主将蒙骜于秦王政七年死去。第二年，秦国仍派部队攻打赵国，不料军队统领竟然在半路上造反。这势必也会影响秦国的对外政策。

三、早在几年前，韩国就派出水利工程师郑国，到秦国帮助其兴建大型水利工程，希望使秦国的力量集中在国内建设上。这一举措显然也起了一定的作用。

也许还有其他的原因。所有这一切，都使得包括嬴政、吕不韦在内的秦国决策者把目光转向国内。殊不知，这个时候正是其他各国最虚弱的时候，是秦国大规模出征六国的最佳时机，这个时机一旦失去，给已经经营了数百年的其他六国以喘息的机会，秦国可能再也无法统一六国了。在这样的情况下，李斯的机会到了。

在一个合适的时间，李斯慷慨激昂地向秦王阐述了自己的观点。他谈古论今，向秦王点明：“以秦国的强大，大王的贤明，足以在短时间内一统天下。现在正是万世难逢的机会。倘若懈怠了，等诸侯重新强大后再联合起来，即便黄帝再世，也无法吞并它们了。”这些话是在特定的政治环境下，有针对性地对秦王说的，体现出李斯相当高明的政治眼光，受到秦王嬴政的赏识。而秦国日后能够很快地统一六国，与李斯的这番建议应是有一定联系的。李斯因此被提拔为长史。

第五，有效的、多方位的手段。

李斯向秦王献策：“请秦王秘密派遣谋士，带重金到各国游说、收买各国大臣。如果能被金钱收买，就继续贿赂之。如果收买不了，就刺杀之。等这个离间六国君臣的办法奏效后，再派良将率兵出征，平定天下！”李斯的这个计谋，有层次、有步骤，秦王予以采纳。

秦军大举攻打赵国时，一而再、再而三地被赵国大将李牧击退。在这样的情况下，李斯等人的计谋起了决定性的作用。秦始皇派谋士重金贿赂赵国权臣郭开，不断诋毁李牧，说他企图造反，致使赵王撤换甚至杀死李牧。李牧一死，赵国军心涣散，秦军势如破竹，灭了赵国。

攻打魏国时，秦军也曾被魏国的上将军信陵君打得大败。秦始皇用离间计，一方面派谋士贿赂魏国的权臣，一方面到处为信陵君造谣，使魏王不再信任信陵君，信陵君苦恼而死。信陵君一死，秦军长驱直入，迅速灭掉魏国。

由此可见，李斯离间列国君臣的计谋是非常有效的。李斯也因为贡献这一计策，被提拔为客卿。

第六，抗危机能力，有预见性和思想深度，能拨开迷雾，变不利为有利。

公元前238年，秦王嬴政举行了表示已经成年的加冠礼，开始亲政，势必要收回吕不韦、嫪毐等人掌握的重要权力。王权与臣权间发生了激烈的冲突。秦王一举粉碎了嫪毐的叛乱，并罢免了吕不韦的丞相职位。嫪毐和吕不韦都不是秦国人，他们长期掌握权柄，受到秦国本国权贵的嫉恨。一年后，也就是公元前237年，秦国又发生了郑国事件。郑国是一个人名，他以帮助秦国修建超大型水利工程的名义，让秦国的人力物力耗在国内建设上，从而延缓其对东方诸侯国的侵犯。当郑国的企图被秦国的宗室大臣发现后，这些人就对秦王说："外国人到秦国为官，大多是为他们自己国家的主子办事，请把所有的外国人逐出秦国。"秦王刚刚亲政，就接二连三地发生了这么多的事情，每一件对他不利的事似乎都与外国人有关。这显然影响着他的决策。再加上秦国本土势力的包围，嬴政很不明智地下了逐客令，驱赶一切在秦国的外国人。

在非常糟糕的处境下，李斯表现出顽强的斗志。他没有做那些求情之类的事情，而是埋头写了一篇文章，它就是著名的《谏逐客书》。这篇文章切中要害，从三个角度论述"逐客令"的不当和对秦国的危害：

一、历代秦王重用了像百里奚、商鞅、张仪等各国的精英，这些精英使秦国从一个边远的小国发展成为现在的世界强国，他们有什么对不起秦国的地方？

二、秦国现在所用的宝剑、良马乃至后宫的美女，都是从各国来的。用物如此，用人不也应该如此吗？

三、泰山不让土壤，故能成其大；河海不择细流，故能就其深。王者只有不抛弃众多的百姓，才更能彰显他伟大的德行。如今的逐客之举，是抛弃了百姓来帮助敌对的国家，排斥宾客而使他们为其他诸侯国建功立业，这只会对其他国家有利。

在这里，李斯成了秦王的思想导师，帮助他在最关键的时候认清方向，这对嬴政乃至秦国都是至关重要的。秦王嬴政因此改变了国策。李斯则不仅留了下来，而且被提拔为九卿之一的廷尉。

第七，与时俱进，雄才伟略。

秦王朝建立后，究竟是实行传统的分封制还是新的郡县制，李斯在这个问题上的态度使他登上了丞相宝座。

那是公元前221年的事情。秦始皇统一六国，丞相王绾等人提议：“诸侯刚刚被打败，燕国、齐国、楚国地处偏远，不给它们设王，无法镇抚那里，请分封众皇子为王。”秦始皇一开始没有发表意见，将这个建议发下去让大臣们讨论，大臣们都认为这样做很对。唯有廷尉李斯，不怕得罪丞相王绾等大臣，不怕得罪众皇子，力排众议：“周文王和周武王分封了很多的子弟和同姓亲属，可是他们的后代渐渐疏远，互相攻击，如同仇人一般；诸侯间彼此征战，连周天子也无法禁止。如今天下依赖皇帝您的神威得以统一，将其划分为郡县，对于皇子功臣，用公家的赋税重重赏赐，这样就很容易控制了。只有这样，天下人才没有异议。这样才是安定社稷的好办法呀！设置诸侯国是没有什么好处的。”李斯的话最合秦始皇心意。秦始皇顺势说道：“天下人都苦于连年战争，就是因为有那些诸侯王。现在我仰仗宗庙神灵，天下初定，如果重新设立诸侯国，这不是又要挑起战争吗？如此而想求太平，岂不难哉！还是廷尉说的对。”于是秦始皇做出决定：不再分封土地给皇子和功臣，而代替以郡县制，将天下分为三十六郡，每郡都设守、尉、监。收天下兵器，统一法令、度量衡标准和文字。从分封制到郡县制，是中国历史制度具有里程碑意义的重大改变，无论好与坏，郡县制都客观地成为中国两千多年封建王朝的核心制度之一。单从这一点来说，李斯就称得上一个伟大的政治家。李斯也因此由廷尉升为一人之下、万人之上的丞相，事业达到了巅峰！之后，李斯又进一步辅助秦始皇建立了一整套非常严密的中央集权制度，成为千古一相。

李斯身上闪耀着巨大的光环。而在这光环下面，长期观察李斯这个人，会发现他不为人知的另一面。

第一，非常功利。

他当年跟随大儒荀子学习时，荀子虽然也讲“性恶”“重法”，但更讲“隆礼尊贤”，认为礼重于法，试图将儒家道德与刑罚奖赏相结合，进而形成好的制度，但李斯学习时不重视儒家道德，而学习实用的帝王术。等学业有成后，他也没想着去报效自己的祖国——楚国，而是选择了秦国。告别荀子前，他对老师说：“今秦王欲吞天下，称帝而治，此布衣驰骛之时而游说者之秋也。”就是说，现在呢，秦国强盛，秦王想吞并天下，这正是有志向的平民大展宏图的好机会，我想要到西方去游说秦王。他还很赤裸裸地告诉老师：“人活一辈子，最糟糕的莫过于卑贱和穷困，我一定要成就一番功业！”李斯的志向显然很大，他要帮助秦王统一天下。他显然也是一个狂热地追求金钱和权力的功利主义者，很容易堕落为一个不择手段的投机者。

第二，内心冷酷。

有一年，秦王嬴政读到了两本奇书，一为《孤愤》，一为《五蠹》，都是一位韩国人所写。秦王感慨地说：“我要是能见到这个人，死也无憾了！”李斯赶紧告诉秦王：“这个人就是我的同学韩非！”秦王马上攻打韩国，就是为了得到韩非。等公元前233年韩非到了秦国以后，秦王高兴得不得了，待为上宾。李斯本应该也很高兴，毕竟都是荀子的高徒，但事实并非如此，李斯了解韩非的才能，他突然害怕韩非会妨害自己的仕途，于是马上诋毁韩非，对秦王说：“韩非是韩国的贵族公子。他终究要为韩国办事而不为秦国办事，这是人之常情。您若长期留他，势必会产生祸害。不如杀掉他，免除后患。”李斯已成为利益获得者，他此时的话多像前些年秦国宗室大臣要求驱逐外国人的言论，只不过他更毒辣。秦王竟听信了李斯的话，虽然没有立即杀掉韩非，但把韩非关了起来。李斯等不及了，他派人给韩非送去毒药，逼着韩非自杀。韩非想要见秦王，但李斯怎么允许呢。不久之后，秦王想起韩非，觉得不应该关押他，要赦免韩非，但韩非已死，秦王只能后悔。李斯这种行为，历来受到世人的鄙视。

秦始皇三十四年，也就是公元前213年，秦始皇在咸阳宫摆设酒宴，七十位博士为他祝寿。仆射周青臣进颂祝寿词，说：“以前秦国土地不过千里，仰仗陛下神灵明圣，平定海内，放逐蛮夷，日月所照，莫不宾服。

以诸侯为郡县，人人自安乐，无战争之患，传之万世。自上古不及陛下威德。”秦始皇听得很高兴。

齐人淳于越听不下去了，觉得周青臣当面拍马屁拍得太肉麻，忍不住进谏道：“我听说殷朝、周朝统治天下达一千多年，分封子弟功臣，让他们辅佐自己。如今陛下拥有天下，而陛下的子弟却没有得到分封，一旦出现像齐国田常、晋国六卿之臣谋杀君主的事情，如何来救援呢？事不师法古人而能长久的，我还没有听说过。现在周青臣又当面阿谀奉承，这是在增添陛下的过失，不是忠臣！”

秦始皇听了，也没有马上下结论，而是把他的意见交给群臣讨论。丞相李斯说：“五帝的制度不是代代重复，夏、商、周的制度也不是一直沿袭，都是按照自己的制度治理，这并不是他们故意要不一样，而是时代变了，情况就跟着不同。如今陛下开创大业，建立起万世之功，这本来就不是愚陋的儒生所能理解的。而淳于越所说的是夏、商、周三代之事，如何足以取法？从前诸侯纷争，大量招揽游说之士。如今天下已定，法令出自陛下一人，百姓应该致力于农工，士子们则应该学习法令。如今儒生们不学习今天的法令，却要效法古代，以此诽谤当世，惑乱人心。这是非常严重的。”

说到这里，李斯更加激动了，提高嗓门儿，说：“臣李斯冒死进言，古时天下大乱，没有人能够统一，所以诸侯并起，都称道古人而指责当今，矫饰虚言而故意扰乱实际情况，人人都推崇自己所学的知识，反对当政者建立的制度。如今皇帝一统天下而为至尊。可是私学者一起非议法教，人们一听说有命令下达，就各自根据所学妄加议论，入朝时在心里不满，出朝后就去街巷乱说，他们在主子面前炫耀自己以成就其功名，提出异端邪说来抬高自己，率领下面的众人专行诽谤之事。如果还不禁止，那么君主的威势就会受到影响，而下面朋党的势力就会越来越大。所以，必须严厉惩处！”

李斯由此提出臭名昭著的“焚书”建议：一、命令史官，凡不是秦国的史书，全部焚毁。二、除博士官署所掌管的，天下人所收藏的《诗》《书》和诸子百家的著作，全部都要烧掉。三、谁若敢提《诗》《书》，处死刑并示众。谁如果借古代之事非议当今，满门抄斩。官吏如果知道却不予举报，以同罪惩处。四、命令下达三十天后仍然不烧书的，脸上刺字，发配边疆服劳役。五、那些医药、占卜、种植之类的书籍，可以不必取缔。六、如有人想学习法令，以官吏为师。[1]秦始皇采纳了他的建议，实行了更为独裁的统治。这是对文化的独裁！

李斯此举，体现了他一贯的思想，从现实出发加强秦朝的统治，但这种饮鸩止渴的做法，是对文化的最大荼毒，可谓罪大恶极！同时，这也体现了李斯异常冷酷的一面！

第三，极有城府，明哲保身。

秦始皇非常欣赏李斯，皇帝丞相配合默契。为了奖赏李斯，秦始皇不仅让李斯权倾朝野，而且把李斯的大儿子李由安排到非常重要的职位上，让他当三川郡守。李斯的儿子都娶了秦国的公主，成为驸马；李斯的女儿嫁的都是秦国的皇族子弟，其荣耀可谓达到极点。对于这些，李斯自然很是得意，但他毕竟是一个了不起的政治家和思想家，其内心深处有着极大的担忧。

有一年，儿子李由请探亲假回到咸阳，李斯在家里大摆酒宴。举朝官员都到他家为他祝贺，门庭车骑以千数。别人都非常羡慕，而李斯却喟然叹道："嗟乎！吾闻之荀卿曰'物禁大盛'。夫斯乃上蔡布衣，闾巷之黔首，上不知其驽下，遂擢至此。当今人臣之位无居臣上者，可谓富贵极矣。物极则衰，吾未知所税驾也！"他对自己的未来深为忧虑。

在李斯意识到秦始皇的权威不可侵犯后，他总是小心翼翼地把自己置于秦始皇的阴影之中。他时时处处揣摩着秦始皇的心思，在秦始皇需要建立伟业的时候，他就竭力为其出主意，显示自己的卓越才华。而在秦始皇

---

[1] 见《史记·秦始皇本纪》和《史记·李斯列传》。

晚年有点老糊涂并做出很多荒唐事情的时候，李斯本应该直言劝谏，但他不管对错，多采取明哲保身、一味迎合的态度，为的是让自己的位置坐得更稳。

综上所述，李斯此人既有雄才，又有手腕，既有实权，又有城府……像这样的人，一定是非常难对付的。还有，秦始皇给了李斯最高的荣耀，他对李斯是放心的。而李斯也自认为对秦始皇忠贞不贰，能够坚决地执行好皇帝最后的遗嘱。所以，赵高想要说服李斯，势必会有很大的难度。

一场近身搏击马上就要开始了。赵高会采取哪些软硬兼施的手段，李斯又会怎样回应，他们之间的较量究竟会如何？

致命缺陷

据《史记》记载，赵高见了李斯，也不兜弯子，单刀直入："皇上赐长子扶苏书信，让他到咸阳迎接灵柩，处理丧事，然后立他为接班人。现在书信还没发出，没有人知道这件事。所赐长子书信及符玺都在胡亥手中，究竟立谁为太子，全在你我一句话。你看该怎么办？"

李斯很吃惊，没想到秦始皇刚死，平日点头哈腰的赵高就敢说出这样大逆不道的话。

李斯端着领导架子，斥责道："你怎敢说这样大逆不道的话！这不是人臣所应当议论的！"

赵高早料到李斯会这样说，所以毫不在意。他紧紧抓住李斯的要害，多管齐下，与李斯展开了激烈的较量。

概括起来，赵高主要用三种方法对付李斯：

第一种，点出和夸大李斯可能面临的政治风险。

赵高首先质问李斯："君侯你自己想想，你的才能比得过蒙恬吗？你的功劳比得了蒙恬吗？你的智谋比得了蒙恬吗？你的人缘有蒙恬好吗？你与长子扶苏的交情比得过蒙恬吗？"

赵高一连质问了五个问题，拿李斯和扶苏身边的蒙恬相比。

蒙恬当然是秦王朝数一数二的人物。他因为大破齐国军队而崭露头角，后被任命为内史。秦朝统一后，面临的外部强敌主要是北方的匈奴，秦始皇派蒙恬率三十万大军对抗匈奴。经过十余年大大小小的战役，蒙恬硬是将强悍的匈奴驱逐到黄河以北，为此他赢得了极大的荣誉。后来，他又受命修建长城，受到秦始皇的特别宠信。蒙恬在军队上的威信也是没有人能比的。

虽然蒙恬这么能干，但他和李斯，一为武将一为文臣，在才能、功劳等方面是不好比较的，如果硬要比较，从李斯所处的百官之长的位置看，李斯当胜过蒙恬。当然，蒙恬的人缘可能比李斯好，他与扶苏的交情也要比李斯好。然而，赵高口里说出来的那些话，再加上他的口气，分明给李斯一种心理暗示，所有这些，特别是跟扶苏的交情，李斯是比不了蒙恬的。

李斯内心当然不觉得自己的才能、功劳逊于蒙恬，但认同“自己跟扶苏的交情比不了蒙恬”，他明知道赵高是故意把这一点放在最后来给自己施加压力的，但也不愿意辩解，而是厌烦地回应：“此五者皆不及蒙恬，不过，你又何必说这些呢？”

赵高马上进一步点明李斯的危险：“既然如此，文武双全的扶苏当了新皇帝后，蒙恬必然成为新丞相，你李斯还不得靠边站吗？据我这么多年的观察，被罢免的丞相功臣最终都被诛杀，无法保全自己。”

赵高的这些话刺激着李斯。很明显，李斯虽然与扶苏、蒙恬没什么恩怨，但他与扶苏的政治主张截然不同，他是法家，对儒家采取的是完全打压的做法，扶苏则侧重于儒家。扶苏继位，必然不会重用李斯，而且确实有可能以蒙恬为相。再看看秦国的历史，像商鞅、吕不韦那些曾经的秦国丞相，一旦被撤去官职，商鞅很快遭受五马分尸的酷刑，而吕不韦则被迫自杀。这些例子李斯非常清楚，他不能不在心里考量。

不过，李斯毕竟是一代名相，岂能就此服输？当赵高提出篡改秦始皇遗嘱将胡亥作为皇帝接班人时，李斯从一国丞相的角度，从一个国家利害的角度，认为这样做绝对不可以，所以马上翻脸对赵高说：“你想造反吗？我李斯奉皇上遗诏，听天之命，照着执行就可以了，有什么可考虑的！”

这是第一回合的较量。

赵高对付李斯的第二种方法是：威胁和压制。

以赵高本人的权力和地位，是无法威胁和压制到李斯的。所以他搬出了皇子胡亥，威胁道：“如今，皇帝身边的皇子只有胡亥一人，天下的权力和命运都掌握在胡亥手中，我赵高能猜出他的心志。如果有人想从外部来制服内部，那就是逆乱；胆敢从下面制服上面，那就是贼！您是个聪明人，不会连这些也看不清楚吧？”

赵高为什么这么说？因为无论李斯是多么显赫的大臣，在家天下的封建王朝，李斯毕竟不是皇家的人，是外臣；同时，即便李斯在处理朝政上的作用仅次于秦始皇，但从等级上看，相对于皇子，他仍然是处在下面的位置。

这是李斯的软肋。由于蒙毅不在场，胡亥与赵高联盟后，李斯虽为丞相，但一个人显得有点势单力薄，不占优势。而胡亥毕竟是秦始皇临终前身边的唯一皇子，秦始皇的遗嘱又完全掌握在胡亥和赵高手中，这使李斯很被动。在这种情况下，如果李斯是一个可以舍生取义的人，他当然不必畏惧赵高和胡亥，到最后，鹿死谁手还很难说。考虑到秦始皇对他和他们一家的恩德，考虑到秦始皇把王朝的重任托付给他，他无论如何都应该执行秦始皇的命令。但李斯偏偏是一个最明利害的人，在赵高的诱导下，他马上考虑到扶苏即位后自己可能面临的尴尬处境。基于这些，他的内心已动摇，但毕竟不愿意做这种见不得人的勾当，勉强反驳：“始皇帝对我和我们家的恩德那么大，临终前又把王朝托付给我。我李斯怎能和你们一起作乱？”

说这些话的时候，李斯明显底气不足。说到底，他还是最顾及自己及子孙的安危。多年来，李斯总是毫无条件地把保全自己放在第一位。这种极端的利己主义固然在大多数情况下能为他牟利，但在关键时候也可能导致短视，让他无法看得更远更全面，最后反而害了自己。

在第二回合的较量中，赵高已经占了上风。

赵高采用的第三种办法是利诱和威逼。

他对李斯说：“善者因祸为福。”就是说，善于处世的人能把坏事转化为好事。他接着说：“您如果听从我的计策，我保您世代封侯。”这是利诱。在利诱之后的下一句话就是威逼了，赵高摆出一副咄咄逼人、鱼死网破的架势，阴森森地告诉李斯：“如果你放弃这次机会不跟我干，立刻就要祸及你的子孙，其结果会很令人寒心。”这句话令李斯毛骨悚然。最后，赵高总结道：“您是聪明人，一定会把祸事转化为好事。现在就看您怎么办了？”

李斯的防线终于被彻底突破，他垂泪叹息道：“唉，我怎么处在这么一个变乱的时候！既然不能以死尽忠，又怎么值得皇帝您把王朝托付给我呢！”带着对秦始皇的愧疚，李斯顺从了赵高。

赵高怀着亢奋的心情，返回去告诉胡亥：“我已奉太子的命令通知丞相，丞相哪敢不奉令！”

就这样，李斯和赵高、胡亥走到了同一条船上。他们为了达到目的，势必要铲除扶苏。当时的扶苏，是具有很高声誉的皇长子，他又拥有实权，正与蒙恬一起，掌控着秦王朝最精锐的部队。可以说，扶苏的力量是强大的，单靠赵高他们自己的力量，怎么可能想铲除就铲除呢？这会不会导致一场更激烈的拼杀乃至引起整个王朝的动荡？

秦始皇临终前托付遗嘱的三个人全部背叛了他，并形成一个阴谋集团，要获取秦王朝的最高权力。根据当时的情况，这件事应该是很不容易的。所以，他们需要精心策划。怎么策划呢？已经死去的秦始皇再一次发挥了无法替代的作用。秦始皇虽死，但外界并不知道，所以，秦始皇的命令仍然是至高无上的。赵高他们就假借秦始皇的名义，发布假圣旨，以此来除掉扶苏以及蒙恬。诏令中的内容，既要有命令扶苏、蒙恬自杀的文字，又要模仿秦始皇的口气编出合理的不让人生疑的理由，这需要一定的技巧。

《史记 · 李斯列传》中记载了这道写给扶苏的假圣旨。主要有以下三方面的内容。

第一，简述秦始皇自己的“情况”，称：“朕巡天下，祈祷祭祀名山诸神，以延长寿命。”

第二，以秦始皇的口气斥责扶苏和蒙恬所谓的“罪过”。说：“扶苏与将军蒙恬率领数十万军队驻扎边疆，有十几年时间了，不能开拓疆土而士卒多耗，没有尺寸之功。在没有任何功劳的情况下，扶苏你反而数次上书，直言诽谤我的作为，因为不能返回京城当太子，日夜怨恨不满。扶苏你作为人子，是不孝的。”基于这些原因，假圣旨命令扶苏“用剑自裁”。

第三，给蒙恬安上“莫须有”的罪名，称：“将军蒙恬与扶苏一起居外，即便不能匡正，也应该知道扶苏的阴谋。你作为人臣，这是不忠于朝廷，也赐你自尽，把你的兵权交给副将王离。”

这份假圣旨由胡亥的一个门客作为使者，带到上郡，交给扶苏。

那么，扶苏会相信这份假圣旨吗?

很多人一定会觉得扶苏不会轻易上当。因为按照前面的介绍，扶苏是一个很有头脑的人。他怎么可能轻易相信呢?

然而，事实正好相反，扶苏相信了。

为什么会有这样的结果?

我们也可以从三个方面进行分析:

从诏书的角度分析。秦始皇生前，赵高就常常代写公文，很容易模仿秦始皇的笔迹，并达到以假乱真的程度。他又掌握着皇帝印章。所以，伪造一份秦始皇的正式命令非常容易。就诏书本身而言，扶苏不可能看出任何破绽。

从秦始皇的角度分析。晚年的秦始皇与扶苏没有进行很好的沟通，就像我们前面所讲，秦始皇将扶苏贬出京城，看似贬，实则给了扶苏更大的实权，是把扶苏当接班人培养的。但所有的这些，秦始皇根本没与扶苏沟通，不仅外界，而且扶苏本人也认为秦始皇发怒后已经彻底地疏远了他。秦始皇晚年十分荒唐与无情，什么事情都可以干得出来，他要杀死扶苏似乎也能说通。晚年的秦始皇专权、霸道到了极点，他下达的命令必须马上执行，不容解释。否则，扶苏大可以直接询问他的父皇。

从扶苏的角度分析。作为倾向于儒家思想的扶苏，始终把“孝”放在首位，这是他做人的准则。但在情感上，屡被斥责的扶苏对秦始皇产生了很大的误解。假诏令中提到秦始皇认为扶苏不孝的两个方面：一是多次上书诽谤，二是因为当不了太子日夜怨恨。这两个方面，从扶苏的角度，完全可以认为是秦始皇内心所想的。因为扶苏多次上书是真实的，上书以后不被秦始皇认同甚至被斥责也是真实的。既然被斥责，那么上升一步，秦始皇完全有可能认为扶苏的那些逆耳忠言就是诽谤。同时，扶苏本来就应该是太子，却偏偏被贬出京城，产生埋怨心理不也是正常的吗？而诏书完全就是秦始皇平日的口吻。

所有这些，都成为扶苏轻易受骗的重要原因。

根据《史记》记载：扶苏看了假圣旨，顿时泪如泉涌，进入内舍，马上便要自杀。倒是老将蒙恬，阅历丰富，赶紧阻止扶苏，说：“陛下巡游在外，未曾立下太子。令我率三十万大军守卫边疆，又派公子前来监管，这是天下的重任。现在只是一个使者前来，您就自杀，这怎么能行？我们怎么知道他不是欺诈呢？请您再请示一下，问明白了再死，也不晚呀。”

这个提醒使扶苏暂时冷静了一点儿，于是再去询问使者。

使者是胡亥派来的，多次催促扶苏自裁。

扶苏失望到了极点，对蒙恬说：“父亲赐儿子死，还用得着再请示吗？”说完马上自尽了。明朝思想家李贽这样评论：“使扶苏嗣之，虽四三皇、六五帝，何所不可。”就是说，扶苏是有可能成为一个好皇帝的，如果他继承了秦始皇的皇位，秦王朝就可能长久地延续下去。但是，扶苏就这样死了，令人叹息。

蒙恬虽然不知道秦始皇已死，但怀疑其中有诈，坚持要亲自向皇帝请示。使者立即假借秦始皇的名义，将其关押在阳周（今陕西子长县西北）

的监狱中。

这个时候，赵高他们正焦急地等待着使者的消息。他们一边严密封锁秦始皇死亡的消息，一边继续进行所谓的巡游。他们没有急着抄近道向西南方赶回咸阳，而是继续北上，一直到达上郡北部的九原郡，也就是现在的包头一带。这样做的目的就是为了以秦始皇的权威稳定北方局势，以免蒙恬等人反抗。结果，赵高自己都没有想到，扶苏竟然这么轻易就自杀了。当使者把这个消息告诉他们时，三个人高兴得不得了，马上返回咸阳。

等秦始皇的灵车回到京城后，胡亥、李斯、赵高这才公布了秦始皇已驾崩的消息。

按照事先的阴谋，由李斯出面，发布了秦始皇的假遗嘱，立胡亥为新皇帝。

《史记 · 李斯列传》明确记载：秦始皇刚死，赵高他们就实施阴谋，“诈为受始皇诏丞相，立子胡亥为太子”。

也就是说，早在秦始皇刚刚死去的时候，赵高他们就利用秦始皇的名义将胡亥立为太子了。

现在胡亥已经是太子，那么，他登基做皇帝便成了天经地义的事情。胡亥成为秦二世，获取了天下的最高权力。

这个时候，我们不免又要问：为什么会如此顺利？难道没有人怀疑吗？

肯定有人怀疑，但不敢明说。大致有三方面的原因：

首先，李斯是丞相，多年来一直发号秦始皇的命令，在朝臣中拥有高度的权威，也拥有长期形成的密集的权力网。秦始皇死后，在没有新皇帝产生以前，李斯即成为秦始皇的代言人。他说秦始皇立胡亥为新皇帝，谁敢贸然反对？

其次，赵高拿出假造的遗诏，字迹、皇帝印章都无可挑剔，进一步证明胡亥即位的合法性。

再次，扶苏已死，蒙恬被关，最大的障碍已排除。事发突然，其他的权力集团不可能在短时间拿出强有力的对策。秦始皇的其他儿子，虽然可能有潜在的支持力量，但由于秦始皇的强势统治和郡县制度，皇子们都没什么实际权力，他们本是最有发言权的，但在这种情况下，在没有强有力的证据和支持下，他们怎敢贸然出头?

如此，秦王朝的天下被阴谋集团完全掌控。

秦始皇遗嘱篡改事件，三名主谋，一为皇子，一为权臣，一为权宦。这种模式成为后代许多篡位事件的典范，在历史上一次次重演。

儒法之争

至此，秦始皇遗嘱的风波暂时告一段落，这一事件由赵高一力促成，李斯是个被动的角色。然而，如果再深一层思考，我们会知道，在秦始皇死后，李斯才是最核心的人物。与其说他是被赵高所逼，还不如说赵高只是一个引子，勾起了他与扶苏的尖锐的斗争。李斯与扶苏的斗争，称得上秦朝最后一次儒法之争。而秦国自商鞅变法以来一贯的国策成为李斯最大的支持，这也是扶苏死、李斯胜的深层原因。

在春秋战国时期，秦国本来是一个比较弱的诸侯国，生产力落后，极受东方诸侯国的歧视。秦穆公是一个明君，在他的统治下，秦国重用百里奚、蹇叔等贤臣，第一次将疆域东扩至黄河以西，而且大败西戎，巩固了本国的统治。然而，秦穆公并没有给秦国一套先进的制度，所以，秦穆公一死便出现了人亡政息的局面，秦国重新陷入长期混乱，国力再次衰微，到公元前361年，年轻有为的秦孝公即位时，秦国正面临被东方强国瓜分的危险。秦孝公急需要富国强兵，于是向天下招募英才。商鞅因此来到秦国，并将一套制度带到秦国。

商鞅自幼喜欢刑法功名之学，他曾在最早实行变法的魏国学习《法经》，希望能大展宏图。但他没有得到魏王的青睐，所以得知秦孝公的求贤令后，便毅然携带《法经》来到秦国。

史载，商鞅见到孝公后，先阐述“帝道”“王道”，即实行仁政，以德化民。这样的治国措施需要很好的基础，需要数代人的努力，而在弱肉强食的战国，务实的秦孝公急需改变秦国的命运，实现强国理想，所以对“帝道”“王道”并不感兴趣。第三次见面，商鞅转而讲述以“霸道”为核心的“强国之术”，就是通过废除旧的礼制、强力实施改革变法，使秦国迅速走上强国之路。这一次，秦孝公被深深地吸引了，“语数日不厌”。商鞅变法由此在秦国全面实施。

商鞅强调以重法治国，极度排斥儒家，只重实际功效，不讲圣贤仁德。为了使秦国迅速强大，商鞅将举国之力集中到农耕和军事上，贯彻严格的奖惩机制。他说：“民众认为农耕是最劳苦的事情，作战是最危险的事情，都不会心甘情愿地去做。既然这样，驱使民众农耕和作战，就必须用重法，要使他们逃避农耕作战比前去农耕作战还要痛苦。”他又说：“欲使民众勇于出战，必以重法。奖赏必须多，刑法必须严，让那些能言善道的人无法显贵，让那些游走求官的人得不到任命，让儒家学说得不到显扬。奖赏多又刑罚重，民众见到作战后很多的奖赏，就容易忘记死亡的危险，见到不参加作战而受到的侮辱，就害怕那样活着。如此一来，奖赏使他们忘死，严刑使他们苦生，这样的民众一旦迎战敌人，哪有不胜利的道理？这样的国家，就可以称王天下了。”

儒家虽然讲等级制度，但同时讲“民为贵”，讲究以仁义治国，而商鞅的思想是，只要富国强国，一切手段都可以使用，可以“以刑去刑”“以战去战”，民众皆可为草芥，不许读书，不许娱乐，不许穿好衣服听靡靡之音，不许旅游，不许大吃大喝，不许有流动人口……总之，秦国民众只能集中精力于农耕和作战上。为了更强硬地管理民众，商鞅还率先实施连坐法，就是一人犯法，全家遭殃！为了达到富国强国的目的，贵族也可以成为牺牲品。商鞅规定：“有军功者，各以率受上爵。”如果没有军功，宗室也将被剥夺爵位。

商鞅又进一步通过实行郡县制、统一度量衡的手段，使秦国成为一个高度中央集权的国家。依靠商鞅制定的制度法令，秦国从地方官员到普通百姓，如同一个个齿轮，严密而精准地运行在整个国家机器中。商鞅之法虽然严苛，但客观地讲，秦国的办事效率因此极大地提高，整个国家就像一个组织严密的军团，全民皆兵，形成最有战斗力的虎狼之师。秦国一跃而成为强国。商鞅虽然因得罪人太多，最后被秦孝公的儿子车裂，但商鞅制定的制度被一直沿用，成为秦朝制度的基础，被秦国执政者深深认同。像秦始皇、李斯所实施的统一度量衡、统一文字、实施郡县制等，其实都是对商鞅时期政策的一种扩展。而李斯的治国理念本质上与商鞅并没有什么差别，这也是他之所以能够在秦国成功并成为秦朝丞相的一个深层原因。

从秦始皇讲到李斯，再从商鞅讲到李斯，我们可以更清楚地看到李斯内心深处的东西，也可以更好地看清楚秦国这个国家的特质。可以说，就是依靠这个特质，秦国最终统一了天下，这似乎是它的根基所在。可是，当秦国由一个诸侯国变为统一天下的大国后，它的这个特质要不要有所变化？作为这个大国的丞相，李斯本人要不要有所变化？秦始皇遗嘱篡改事件的成功，证明无论秦朝还是李斯，都没有变。这无疑影响着秦朝的兴亡。

李斯的老师荀子是一位大儒，他曾到过秦国，对秦国的评价是："城堡关口险要，地势有利，山林川谷秀美，天然资源丰富，客观条件非常优越。进入秦国境内，观其风俗，则百姓朴实，声乐不流污，服装不轻佻。百姓敬畏官吏，十分顺从，符合古风。到了都邑官府，官吏们无不严肃认真、恭俭敦敬，是符合古风的官吏。再到秦国的国都，观察那些士大夫，他们走出自家的大门，就进入公家的大门，出了公家门，很快就回到自己家，没有徇私之事。官员们不相互勾结，不结党营私，与他国的官员相比，他们更公正通达。朝廷处理各种政务从无遗留，官员们安闲得好像没有什么需要做一样。这是具有古风的朝廷。正因为如此，秦国保持优胜，绝非侥幸，而是符合理数的。所以说，安逸而能治理，不劳烦而能有功，这是治理国家最高的境界。秦国差不多就是这样了。不过，它还是令人有所担忧的。与称王天下的王者的功绩名声相比，秦王还远远不如。”有人因此问荀子：“为什么？”荀子一语中的：“大概是缺乏儒者的缘故吧！实施儒家礼义来治理国家而成功的，是称王于天下；没有实施儒家礼义来治理国家而成功的，是称霸于天下。秦国所短缺的，是儒家的礼义！”[1]当年商鞅变法，秦国只是用法家的“霸道”成就了霸业，却没有运用儒家的“帝道”“王道”来成就帝王大业。因此，秦国虽然统一了天下，其制度也十分完备，但仍使用“霸道”治理天下，这是存在很大问题的，而李斯没能看到这一点，甚至一错再错。当他焚书坑儒的时候，他背弃了他的老师，也使自己完全成为儒家的仇人。也许，秦始皇遗嘱中让他立扶苏为接班人，就是他可以调整自己、调整国策的最后机会，但他没有这个意识。

《荀子》中记载了李斯和荀子的一段对话：

李斯问荀子：“秦国四世有胜，兵强海内，威行诸侯，不是行仁义造成的，而只是顺着便利的形势做事而已。”

荀子回答：“这不是你所能理解的。你所说的便利，其实是不便利。我所说的仁义，才是真正的大便利。仁义，是把政事治理好的关键。政事治理好了，百姓自然会亲近和喜欢他们的君王，可以毫不犹豫地为他们的君王而死。秦国虽然四代保持强盛，但总是害怕天下人合起来对付它，这是所谓的末世之兵，没有抓住根本。当年商汤能战败夏桀，武王能诛杀商纣，都是长期施行仁义的结果，他们是真正的仁义之兵。你现在羡慕秦国的便利，是不求之于根本，而索之以末端，本末倒置，这也是世道太乱的原因。”[2]

荀子也许没有料到秦军可以统一天下，然而，他说秦军非仁义之兵，是末世之兵，却是非常正确的判断。自秦始皇遗嘱被篡改后，秦军迅速面

---

[1] 参阅《荀子·强国》。
[2] 参阅《荀子·议兵》。

临瓦解的危机，而李斯也自此走上了他的不归之路。

篡改遗嘱的阴谋得逞后，李斯仍旧当他的丞相。

赵高平步青云，成为上卿之一的郎中令，并在宫廷中服侍皇帝，掌握大权。不过，此时的赵高很有危机感，特别是蒙恬、蒙毅兄弟的存在，令赵高非常担心。

前面已经提到，蒙恬已经被关押起来。那么，蒙毅的情况如何？他不是被秦始皇派去祭奠山川了吗？但他总有返回队伍的时候。当他返回时，他同样不知道秦始皇已死的消息，想见皇帝也不被允许。这时胡亥已被立为太子。

胡亥对蒙毅倒没有什么成见，说不定初见面时还很亲热。但赵高一定要置蒙毅于死地，他要想办法挑拨胡亥与蒙毅的关系。怎么挑拨呢？赵高装出一副向胡亥尽忠献策的模样，对胡亥说："臣听说先帝早就打算按照贤德的标准，立您为太子，但蒙毅屡次阻挡，劝谏说'不可以'。他明知道您贤德却故意拖延不让立太子，这是不忠而迷惑主子呀。以臣愚意，不如杀掉他。"赵高擅长无中生有。但胡亥这位皇二代，竟然完全相信了赵高的话，蹦了起来："原来有这样的事！"赵高的话触到了胡亥的痛处。

为什么？胡亥再傻，也知道阴谋篡位是很危险的事情。赵高蛊惑胡亥篡改秦始皇遗嘱时，胡亥一开始是不答应的。他曾说："扶苏当皇帝不是很正常的吗？我听父皇的命令就是了，没什么可说的。"又说："废兄而立弟，这是不义；不奉父皇遗诏而畏死，这是不孝；才能浅薄，勉强依靠别人的帮助而登位，这是无能。这三者都是大逆不道的，如果做了，天下人一定不服，我自己的性命可忧，国家社稷也会非常危险。"只不过，他经受不住赵高以皇权诱惑他，很快就答应了。

但无论如何，胡亥篡位夺权，必然承受着巨大的心理压力。如果是正常继位，怎会有这些烦恼？

所以，胡亥一听赵高说蒙毅曾经阻挠自己当太子，马上以假为真，恨上了蒙毅。他当即下令，将蒙毅扣压在代县（今河北蔚县东北）狱中。

不过，胡亥虽然将蒙氏兄弟关在狱中，并没有打算杀掉他们。《史记·蒙恬列传》记载，当扶苏自杀后，胡亥是打算释放蒙恬的，但受到了赵高的阻挠。赵高深知，蒙氏兄弟的势力强大，又与自己水火不容，一旦被释放并再次执掌权柄，自己可能死无葬身之地。所以，他仗着胡亥的宠信，到处搜罗蒙氏的罪过，日夜在胡亥面前进言诽谤，一定要致蒙氏兄弟于死地。胡亥最终同意杀掉蒙毅。李斯既然已经上了赵高的贼船，所以也有这个意思。

很快，特派御史来到关押蒙毅的地方，向蒙毅传达新皇帝的命令，说：“先主打算立太子，你却阻拦。现在丞相认为你不忠，罪过牵连到你的家族。朕不忍心，只是赐你死，应该是很幸运的了。你自己考虑吧！”

蒙毅觉得自己很冤，还想辩解，但都是白磨嘴皮子。按照胡亥的命令，御使将蒙毅就地处死。

蒙毅死后，秦二世胡亥又令蒙恬自尽。蒙恬临终前所说的一段话很值得回味。他说：“自吾先人，及至子孙，积功信于秦三世矣。今臣将兵三十余万，身虽囚系，其势足以倍畔，然自知必死而守义者，不敢辱先人之教，以不忘先主也。”大意就是，蒙恬虽然被关押，但以他的实力，足以登高一呼，率领他强大的军团与秦政权对抗。但他不这样选择，他宁愿死也要守住信义，不愿意失去对秦始皇的忠诚。由此可见，在秦始皇时代，他经营多年的强大军队还是有凝聚力和公信力的！然而，蒙毅和蒙恬被杀，这种凝聚力和公信力便遭到了巨大的打击。

蒙毅和蒙恬被杀，影响巨大而深远。蒙毅在中央朝政中一直发挥着举足轻重的作用，他无辜被杀，势必使其他朝臣心有不安。蒙恬一直是军队中的首领，又直接统领着最精锐的部队。他在秦军中的位置，就像战国时赵国名将李牧的位置。李牧也是一直对抗着匈奴，当年秦军大举攻打赵国，赵国有灭国的危险。在关键时刻，赵王将李牧调回来对抗秦军。结果，军心大振，强大的秦军竟被李牧打得一败再败。没办法在战争中打败李牧，秦王嬴政这才使用反间计，让赵王自己杀掉李牧。李牧一死，赵国军队根本抵御不住秦军，赵国被灭。同样，蒙恬一死，军心涣散，秦军的战斗力大打折扣。秦军一统天下，其战斗力之强本来是空前的。这强大的战斗力又主要来自于蒙恬所率领的军团。正如贾谊在《过秦论》中所讲：秦始皇统一天下后，“乃使蒙恬北筑长城而守藩篱，却匈奴七百余里。胡人不敢南下而牧马，士不敢弯弓而报怨”。现在蒙恬就这样死去，绝对相当于秦王朝自毁长城。蒙恬的职务由王离代替，王离也称得上有名的秦军将领，又统领着强大的北方军团，理应在后来的战争中发挥作用，但恰恰相反，他竟被项羽俘虏。所以，蒙毅、蒙恬之死，是秦王朝迈向灭亡的又一个里程碑。

此时，胡亥和赵高的手上已沾满血迹，但残酷的杀戮才刚刚开始。

自蒙毅和蒙恬被杀后，赵高的主要政敌其实就不存在了。

在这种情况下，他是不是就可以高枕无忧了？

不是的。篡位夺权的阴影一直笼罩在赵高的内心，他感到心虚，感到害怕。他害怕自己的阴谋泄露将不得好死，所以他虽然高升了，但更敏感了，似乎周围所有的人都在用怀疑的眼光审视着他，他战战兢兢。胡亥也是一样。

《史记·李斯列传》记载，有一天，胡亥把赵高叫到身边，说：“我现在虽然是皇帝了，但是大臣们不服，官吏的力量还很强大，我的那些兄弟们肯定还要跟我争夺皇位，我该怎么办？”

赵高深有同感，说：“是呀。沙丘之谋，诸公子及大臣都有怀疑，公子们都是皇帝您的兄长，大臣也都是先帝安排的。现在陛下您刚刚即位，这些人都很不服气，恐怕会发生变乱。”

胡亥感到六神无主：“这可怎么办呀？”

赵高马上出馊主意，说：“不必担心。只要用严刑峻法，让有罪的人互相牵连，直到灭他们全族。”

秦二世一听，立刻高兴地采纳了赵高的建议，他更改法律，把执行权交给了赵高。

杀戮的矛头首先对准秦始皇的儿女们。很短的时间内，秦始皇的十二个儿子被拉到咸阳街头斩首示众。

将闾兄弟三人似乎跟胡亥的关系还算好一点儿，但也被抓捕关押起来。秦二世派使者对将闾说：“你们不尽臣道，当处死刑。”将闾回答：“宫廷的礼节，我从来不敢不听，我也从来没有说过错话，怎么能说不尽臣道呢？希望能知道罪名后再死。”使者说：“我只是奉命行事。”将闾兄弟流着眼泪拔剑自杀了。

秦始皇另一个儿子公子高想逃跑，但又怕自己的家族被灭。迫不得已，他主动上书，可怜巴巴地说：“先帝健在的时候，我一进宫先帝就赏赐好吃的东西，出宫时还让我乘车。皇帝内府中的衣服，先帝赏赐我；宫廷中的宝马，先帝也赐予我。先帝对我这么好，我本该与先帝一起死去，可惜没做到，这是我做人子的不孝，做人臣的不忠。我这不忠之人，是没有理由再活在世上的，所以，我希望跟随先帝死去，埋葬在骊山脚下。只求皇上哀怜，一定要答应我！”胡亥见公子高主动请死，非常高兴，赵高则得意地说：“这就对了。当大臣们都来不及担心自己性命的时候，他们就没有工夫图谋造反了！”他们不仅批准了公子高的请求，还赏赐了十万钱厚葬公子高。

秦始皇的十个女儿更惨。秦始皇生前，她们是高贵的公主，而秦始皇刚死，她们就在杜县被分尸处死。与此同时，被牵连的人不可胜数。

秦始皇究竟有多少儿女？史书上没有明确记载。又有多少儿女惨遭毒手，也没有明确记载。要进一步解开这些谜团，我们需要借助考古界的不断发现。

秦始皇陵的正式考古工作是从20世纪60年代开始的。通过长期的考古发现，以陵墓为核心，周围还环绕着内外两重城垣。秦始皇陵区内发现的陪葬及修陵人的墓葬有五百余座。陪葬墓已发现四处：一处位于秦始皇陵墓封土的西北角，是一甲字形大墓，据考古学者分析，估计就是秦始皇儿子公子高的墓。因为他是主动陪葬的，规格很高。在外城垣的东侧有十七座陪葬墓，考古队员试掘了其中的八座。除一座墓内没有见到人骨外，其余七座墓内埋着五男二女，年龄在十八到三十岁之间。其中一名女性是被绳子勒死的，另外六名均是被肢解而死，所以身首分离。据考古学者初步推断，这就是被胡亥及赵高杀死的秦始皇的诸公子、公主。埋葬时给予了一定的礼遇，都有棺椁，并有一定数量的陪葬品。[1]

胡亥和赵高干的这些事，是我们现代人无法想象的。为什么会这样？在批准公子高自杀时，赵高有句话透露了他们的动机。赵高说："人臣当忧死而不暇，何变之得谋！"意思就是，当那些臣子们来不及担心自己性命的时候，又哪有时间谋反呢？他们只相信强权，不相信伦理道德，他们相信强权可以征服一切，所以他们要利用手中的权力铲除一切对他们不利的人，包括胡亥的兄弟！

整个王朝变成了人间地狱。秦王朝面临着前所未有的危机。

在这样的情况下，人们不禁要问，阴谋集团中不是还有一位重要成员李斯吗？他不是还在当丞相吗？他不是具备治理国家的雄才伟略吗？面对胡亥、赵高的肆无忌惮、自毁秦王朝的做法，李斯会是什么态度？他与赵高之间难道还能亲密合作吗？

---

[1] 参阅《秦兵马俑探秘》。

小人权谋

整个秦王朝陷入白色恐怖当中，在不断的杀戮中，赵高的权力不断膨胀，甚至要超越丞相李斯。

那么，赵高究竟是怎样有步骤地做到这些的呢？

根据史书记载，我们会发现，在秦王朝新的领导班子刚成立时，赵高并没有马上冲锋陷阵，发号施令。杀死蒙毅、蒙恬兄弟，他虽然是主谋，但下达命令的却是胡亥。赵高其实还是小心翼翼地把自己藏在胡亥和李斯的背后的。

赵高为什么会有这样的举措？

首先，以赵高的官职，还没有那么大的权力去直接下令杀戮重臣。

其次，赵高比不得李斯，他没有李斯长期主持朝政所拥有的权威和权力网。

还有，新政权的职能部门主要还是掌握在秦始皇时期的旧臣手中，而这些人对赵高是有巨大威胁的。

基于这些原因，赵高不得不暂时把尾巴夹起来，他必然还是把李斯当作亲密的合作者加以笼络。他把更多的精力和时间，放在迎合和观察新皇帝胡亥上。为什么？因为胡亥成为新皇帝后，他就拥有了至高无上的权力，对任何人都有生杀予夺的大权。赵高要想达到自己不可告人的目的，就必须借助于胡亥。他又非常擅长揣摩人的心理，他深知，胡亥毕竟是成年人，有他自己的想法，自己要想完全掌控胡亥，势必需要一番周折。第一步，除了让胡亥进一步信任自己以外，更重要的是让胡亥觉得离不开自己。怎样才能让胡亥觉得离不开自己呢？那就是，每当遇到胡亥解决不了的事情时，赵高都能以符合胡亥心意的做法摆平。这是需要时间和机会的。

《史记 · 秦始皇本纪》记载，胡亥当上皇帝后，主要办了以下四件事情：

一、将秦始皇葬于骊山陵墓中。这个陵墓就是闻名世界的始皇陵。陵墓从秦始皇初即位时便开始兴建，动用了七十多万劳力，将陵墓修成一个令人无法想象的地下世界。里面有无数的奇珍异宝，而且机关重重，是人类史上的奇迹。

二、把秦始皇安葬以后，胡亥一声令下，让后宫中那些没有子女的秦始皇妃嫔都为秦始皇殉葬。胡亥又担心修筑始皇陵的工匠会泄露机密，在丧礼完毕后，下令把墓地最外面的一道门放下来，工匠们全部被关在里边，没有一个能活着出来。

三、胡亥下诏，增加始皇寝庙中用来祭祀的牲畜，完备祭拜山川等各种祭祀的礼仪，并命令大臣们讨论如何进一步尊崇始皇庙。大臣都跪着说："如今始皇庙的规格已到了极限了，天下人都要供奉，礼仪也到了最完备的程度，没法再加了。"大臣们的这些话令胡亥很不满意。

四、胡亥说："朕年少，初即位，百姓还不顺从。先帝巡行郡县，威服海内，我现在如果不去巡游，显得我无能，不能治理天下。"所以，胡亥也学着秦始皇进行了长途巡游。

五、胡亥继续不惜工本，举全国之力，劳民伤财地兴建秦始皇还没有建成的阿房宫。

这些事情反映出胡亥的一些特点：

第一，这个人自私没人性，心里面只有自己，不把别人当人，所以杀了那么多的人。当然，这似乎也符合法家一贯的严酷做法。

第二，这个人心虚，爱搞形象工程，他刻意表现出自己对死去的秦始皇的无限尊崇。这其实是他篡位后极端心虚的表现，他无所不用其极地标榜与秦始皇的亲情，试图以此掩盖自己的罪行。

第三，这个人没头脑，他不像扶苏，以前从未想过治理国家的事。他并不了解秦王朝所面临的真正问题，所以也不去考虑怎样安抚百姓，而是想着作威作福。他没有秦始皇的权威，却硬要仿效他老子的做法，巡游天下，要靠摆出来的权威治理国家。

第四，疑心太重。秦始皇时代的多数大臣已经有了不同的意见。胡亥的许多主张明显不利于秦朝统治，负责任的大臣免不了委婉地劝谏，但胡亥认为大臣们不服自己。

在这样的状况下，胡亥虽然当了皇帝，却与他原来想象中的完全不同。首先，他担心自己篡位的阴谋被泄露，所以很自然地感到心虚甚至有些恐惧。尤其是那么多的兄长都靠边站，他感到他们是不服气的，对他有很大的威胁；其次，他是个不折不扣的享乐主义者，当皇帝也是为了得到最大的享受，没想到当了皇帝后却有许多事情需要处理，他反而比以前劳累了。

当胡亥出现这些心理的时候，正是赵高机会成熟的时候。

有一天，胡亥把赵高叫到身边，说：“人生在世，就如同驾着六匹快马从缝隙穿过一样短暂。我如今既然已君临天下了，就该满足自己的全部欲望，享受自己所想要的一切，这样就能使社稷安定，百姓幸福，江山永固，以享天年。你说，我的这种想法能行得通吗？”按照胡亥的奇怪逻辑，只要他享尽一切荣华富贵，天下百姓就会跟着他一样幸福安康，他的穷奢极欲就是国家安定的基础。

对于这样无耻无知的想法，赵高马上奉承道：“这是必须的。这是贤明君主所能做到的，却是昏乱君主所应禁忌的。”

赵高为什么要这样做？他是要迎合、取悦胡亥，让胡亥更加相信自己，从而让自己变得更有权势。这些话果然让胡亥很受用，所以他进一步敞开心扉，问赵高，该如何对付那些大臣。

赵高马上回答："只要把这些大臣全部杀掉，换上陛下您的亲信，让贫困的人富起来，让卑贱的人尊贵起来。这样他们得到陛下您的恩泽，就会全力拥护您。您就可以高枕无忧了。"[1]

秦二世高兴地同意了，把执行权交给了赵高。赵高于是利用胡亥的名义，肆意妄为起来。赵高报私仇杀人太多，害怕大臣们在胡亥面前揭发他，就哄骗胡亥说："天子之所以尊贵，就在于他只能让人听见他的声音，而见不到他的面孔，这样，人们就会对他有敬畏之心。您的岁数不大，许多事务未必精通，如果您在朝廷上处置问题不当，就会被臣子们看不起，就无法显示您的神圣英明。所以，陛下应该深居宫中，与我和几位通晓法令的侍中在一起，等待臣子们奏事上来。一旦有奏折，我们一起商量后再做批示。如此，大臣们就不敢报不真实的情况了，天下人都会称您为圣主。"

胡亥不学无术，本来就害怕在朝堂上出丑，听赵高这么一说，正合心意，从此深居宫禁，成了权位最高的"宅男"。遇到事情时，也只是把赵高叫到宫中商量。

这样一来，赵高成了皇帝的代言人，渐渐把持了朝政，继续实行恐怖政策。

举朝恐慌。大臣们只要进谏，就被判刑。

对有地位的人这样冷酷，对老百姓当然更加残酷了。当百姓们活不下去的时候，起义就必然爆发。秦二世元年，也就是公元前209年9月，爆发了著名的陈胜、吴广起义。此后，反秦潮流汹涌而起，秦王朝岌岌可危。

值得注意的是，撼动秦王朝大厦的陈胜、吴广起义，在发动时也利用

[1] 见《史记·李斯列传》。

了秦始皇的遗嘱事件。陈胜对吴广说：“我听说秦二世是秦始皇的小儿子，不应当成为新皇帝。当新皇帝的应该是公子扶苏。扶苏因为数次劝谏的缘故，秦始皇命他到外面统领军队。扶苏本来无罪，却被秦二世杀害。百姓们多听说扶苏贤明，却不知道扶苏已经死去。还有楚将项燕，有人以为他死了，有人则说他逃亡在外。如果我们对外自称是公子扶苏和项燕，天下响应的人一定很多。”陈胜、吴广便以扶苏等人的名义号召天下，起义军队伍迅速壮大。

“合伙人”之死

这种情况下，作为篡改秦始皇遗嘱的另一位重要人物，李斯的日子也很快不好过了。李斯仍是百官之长，他虽然明哲保身，不去阻拦胡亥和赵高的暴行，但明显地感受到了这些暴行可能给秦王朝带来的致命打击。如果秦王朝垮了，李斯势必也会完蛋。出于这层考虑，李斯对胡亥有过一些劝谏。但秦二世不听，反过来责备李斯：“我如果连自己的欲望都满足不了，又如何能治理天下！”对于这些歪理，李斯竟没有去理会。因为他很快就受到了外界的攻击。这是由他的儿子三川郡守李由引起的。

吴广率领的军队强大起来以后，攻到李由镇守的地方，李由无法阻挡。后来，秦将章邯率领军队将吴广军队击败以后，李由的处境就更难了。被派去调查李由的使者一个接着一个，大家还纷纷责备他的父亲李斯。李斯非常害怕。为了保身，他写了一篇臭名昭著的文章，以取悦秦二世。他无耻地说：“贤明的君主，必定能够全面地严厉督责臣子。监督惩罚得越严厉，臣子们就越不敢不全力为君主效命。这样，君主才能专制天下而不受任何制约，才能够享尽荣华富贵。”李斯这篇文章的祸害比那些只会高呼“万岁万万岁”的人大多了，硬是从理论上将黑的说成白的，为秦二世的暴政提供了强有力的理论支持。

李斯做这样违心的事，无非是希望以此来躲避灾难，但是，他能做到吗？赵高在权力越来越大的时候，还能把李斯作为合作伙伴吗？

表面上看，阴谋集团的三位主谋仍然是团结的，实际上，随着利益的重新分配，他们正面临着巨大的分裂！其中赵高仍然起着最重要的作用！

赵高把持朝政后，欲望更加膨胀，郎中令的官职已满足不了他。这个时候，李斯不仅没有了利用价值，而且转变为赵高往上爬的一个主要障碍。由于李斯总理朝政多年，关系盘根错节，同时又是拥立秦二世的所谓功臣，所以，赵高没有轻率地硬碰硬，而是老奸巨猾地设置了一个个阴险的圈套对付李斯。

怎么对付呢？《史记·李斯列传》中有详细的介绍。

赵高采取三种手段，将李斯从丞相变为阶下囚。

他采取的第一种手段是引诱。

赵高知道李斯曾劝谏胡亥，了解李斯的想法。为了实施自己的阴谋，他主动去找李斯，态度非常谦和，说："函谷关以东的强盗团伙越来越多，长此下去，国家危险。可是，如今皇上却加紧征调劳役修建阿房宫，四处搜集狗马这些无用的玩物。这怎么能行呀？我想要劝谏，但我的地位卑贱，这实在是君侯您的正事，您为何不劝谏呢？"

赵高这些话正说到了李斯的心坎里。为什么？因为胡亥被赵高哄骗至深宫不再理政后，秦王朝已变得更加危险了。

胡亥当了皇帝后，虽然干了无数的坏事，但面临起义队伍的威胁，他还是能做一些靠谱的事情的。秦二世二年（前208）冬季，陈胜手下的周章率领数十万起义军攻打到戏这个地方，离首都咸阳已经不远了。消息传来，胡亥大惊，和朝臣们商议："怎么办？"在关键时候，少府章邯建议："对方强大，现在靠征集附近的军队已无法抵抗了。骊山有很多罪犯，请皇上赦免他们，让他们参加军队，对抗贼兵。"胡亥听从了这个建议，大赦天下，并派章邯出征，一举打败起义军，杀死了周章。此后，胡亥继续派出司马欣等人出征，重挫起义军。可以说，秦军此时的力量还是比较强大的，在胡亥的命令下是可以及时对抗起义军的，某种程度上可以缓解秦王朝的危机。然而，赵高公报私仇，完全从自己的利益考虑，将胡亥骗入深宫以后，秦王朝的危机迅速凸显出来。为什么？因为秦王朝是皇帝高度集权的王朝，王朝的大小权力集中在皇帝一个人手中。在这种制度下，朝臣们见不到皇帝，便无法得到皇帝的指令，而没有皇帝的命令，很多事情是不可以去做的。比方说，如果没有皇帝发话，章邯是不敢征用罪犯去镇压起义军的。所以，胡亥不出朝理政的影响是非常严重的。秦王朝处在群龙无首的边缘。这种情况使各地起义军得以迅速壮大，尤其是胡亥劳民伤财地大举修建阿房宫，使得敌对力量突飞猛进地发展，秦王朝已非常危险了。在这样危险的情况下，李斯当然急切地希望劝谏胡亥，所以马上对赵高说："确实如此，我早就想劝谏了。但皇上不上朝听政，总是在深宫之中，我虽然想和他说话，但没有机会见到他。"

赵高立即接过话题，说："这有什么难的。我每天都能见到皇上。丞相果然能劝谏皇上，我愿意替您打听，一有机会，就通知您！"赵高显得非常诚恳，李斯完全相信了赵高。

李斯怎么就这么容易相信赵高呢？

原因很简单。在赵高设下陷阱的时候，李斯仍然把赵高当作合作伙伴。为什么会这样？那只能说明赵高进行种种残酷杀戮的时候，仍打着胡亥的旗帜，仍然把自己隐藏起来。而对李斯，在他还有利用价值的时候，赵高一定会表现出对李斯的无限尊敬，使李斯对他放下戒备或者说不大戒备。这样赵高就有可乘之机。

那么，赵高究竟是一副什么样的面孔？

我觉得，赵高此时的面孔就像鲁迅先生所提到的包围猛人的亲信。

鲁迅先生在《猛人的命运》中写道：

在中国，凡是猛人，都有这种命运。

无论是何等样人，一成为猛人，则不问其猛之大小，我觉得他的身边便总有几个包围他的人，围得水泄不通。那结果，在内，是使该猛人逐渐变成昏庸，有近乎傀儡的趋势。在外，是使别人所看见的并非该猛人的真相而是经过了包围者的曲折而显现的幻形……

我们在外面看见的一个猛人的亲信，谬妄骄恣，很容易以为该猛人所爱的是这样的人物。殊不知其实是大谬不然的。猛人所看见的他是娇嫩老实，非常可爱，简直说话会口吃，谈天要脸红。

从这些话里，我们很容易意识到，胡亥其实就是鲁迅先生所说的猛人。赵高借着胡亥的命令在外面肆意妄为，外界都以为赵高的所作所为是奉胡亥的命令。赵高本人在胡亥乃至在可以利用的李斯面前，也一定表现得"娇嫩老实，非常可爱"。这种伪装的假象，在阴谋铲除李斯时派上了大用场。

两人谈妥以后，赵高果然很快就多次通知李斯去见秦二世，李斯每次得到消息，都赶紧去劝谏。他怎么也想不到，这为他引来了杀身大祸。

因为赵高马上实施了第二种手段——极尽挑拨之能事。

李斯毕竟是秦朝几十年的丞相，又是胡亥成为皇帝的功臣，所以，即便胡亥不听李斯的劝谏，但仍然重用着李斯。

赵高要做的就是挑拨胡亥、李斯间的君臣关系。李斯不是想要见胡亥吗？赵高就专门在秦二世和宫女们纵欲娱乐的时候，让手下的宦官告诉李斯："现在皇上有空，可以奏事。"李斯于是总在最不合适的时候找胡亥。几次下来，胡亥大怒，对赵高说："我平常有很多空闲的时间，丞相不来。为什么总是我享乐、休息的时候，他就来干扰？他是不是觉得我年轻，就瞧不起我？"

赵高趁机诬害李斯，说："皇上您这样说话就很危险了！"

这句话让胡亥很意外，他吃惊地看着赵高。

赵高马上栽赃李斯，说："在沙丘篡改先皇遗嘱，丞相是参与者。现在陛下您已立为皇帝，而丞相的地位却没有提高，他当然不乐意，想要割地封王呀！这样的事情，如果不是皇帝您问我，我根本不敢说。"按照赵高的这种说法，李斯犯的可是很大的罪。他一出手就要置李斯于死地。

为了证实他所说的是事实，赵高又摆出了证据，说：“丞相的大儿子李由担任三川郡守，楚地强盗陈胜等人都是丞相家乡邻县的人，仗着丞相的庇护，陈胜他们才敢公开横行。他们路过三川时，李由故意不去攻打。我听说他们之间有书信往来，但因为没有调查清楚，所以没敢向您汇报。更何况，丞相在外面的权力比陛下您的还要大呢。”

秦二世一听，这还了得，马上就要抓捕李斯，但转念一想，担心情况不属实，于是派人调查三川郡守是否与盗贼勾结。

在这样的情况下，李斯处境已很危险了，势必会拼了老命反击。赵高也开始实施他的第三种手段。

什么手段呢？我归纳其为：“处心积虑，上纲上线。”

李斯意识到赵高在对付他，非常恐慌。他赶紧上书揭发赵高，说：“田常当齐简公的臣子时，爵位高到举国无敌，私家财富能与公家相比，到处施舍恩惠，在下面得到了老百姓的拥护，在上面得到了群臣的支持，最后阴谋窃取了齐国的权柄，并杀掉宰予，在朝廷弑杀简公，于是得到齐国。这件事是天下人都知道的。如今，赵高有邪恶逆上的志向，有危险叛乱的行为，就像当年的田常对付齐简公一样，他已窃取了您的信任，陛下如果不早对付他，臣恐他将来要叛变。”此时，李斯和赵高已经狗咬狗了。我们客观地分析，赵高当时确实有危险叛乱的可能，而他日后也确实背叛了胡亥。

但是，在当时的情况下，赵高预谋在先，已取得秦二世的绝对信任，李斯输就输在自己在打一场没准备的仗，是自己出事后才临时反击的，非常仓促，只能说些大道理，却抓不到赵高实际的罪证，很容易让人感到他是为了保全自己而对举报者实施打击报复。

秦二世非常反感，主动为赵高辩护，说：“你这是什么话？我年纪不大就失去先人，没有多少知识；你呢，也已经老了。那么，我不倚靠赵高倚靠谁？赵先生精明能干，为国家社稷尽心尽力，下知民情，上顺我心。

请你不要怀疑。”

李斯不甘心，因为他意识到自己现在不扳倒赵高，恐怕就晚了，所以脸红耳赤地反驳胡亥：“绝不是这样的。赵高从前是卑贱的人，不懂道理，贪得无厌，地位权势仅次于陛下，欲望无穷无尽，这样的人是非常危险的。”

李斯的举动必定是很夸张的。这使得秦二世都感到了异常，他生怕李斯将赵高杀死，便暗中把李斯的话转告给赵高。

如此，对李斯就更不利了。

赵高乘机诋毁李斯：“丞相所忌惮的只有我赵高，我一死，丞相马上就可以像田常那样弑杀君主了。”

胡亥完全相信赵高的话，觉得李斯已威胁到自己，他终于发话，说：“朕把李斯交给你这个郎中令去查办吧！”

赵高一听，大喜，马上将李斯抓捕起来，关进牢房。

李斯这个时候才真正后悔了，他仰天长叹：“多么可悲，这样无道的昏君，我竟然为他出谋划策！天下百姓早已不愿意服从朝廷，造反的人已占天下人的一半了，秦二世还没有醒悟，居然还让赵高辅佐，我一定能见到首都被攻陷、朝廷被摧毁的情形。”

后悔已经晚了。他的家族成员也全部被关押起来。

李斯被赵高整得很惨，显赫无比的丞相转眼间成为了阶下囚。那么，赵高会就此收手吗？他不是还承诺过要保李斯世代封侯吗？

当然不会收手。相反，他会以更加毒辣的手段对付李斯。

关于李斯被胡亥下令逮捕的起因和过程，《史记 · 秦始皇本纪》与《史记 · 李斯列传》的记载有所同，有所不同。相同之处是，都是李斯上了赵高的当，劝谏胡亥重视民生，不要再做劳民伤财建阿房宫之类的事。不同之处是，《史记 · 秦始皇本纪》中没有记载赵高诬陷李斯的过程，只是说，李斯的劝谏惹恼了胡亥，胡亥说：“我当皇帝两年了。出现了那么多的强盗，你不能够禁止，反而想着废除先帝的英明举措。你既不能报效先帝，又不能为我尽忠效力，你还当什么丞相？”然后，就把李斯逮捕下狱。

当时与李斯一起被逮捕的还有右丞相冯去疾、将军冯劫。这两个人不愿意受辱，没等审讯，就自杀身亡。李斯还存在侥幸心理，他还希望仗着自己这么多年的功劳以及对胡亥的恩德而得到赦免，所以，他没有自杀，打算继续与赵高进行斗争。

他能斗得过赵高吗?

在这个时候，赵高也没有放松任何警惕，继续采取多种手段对付李斯。他是一定要置李斯于死地的，所以采取了三种非常规手段:

第一种是无休止地侮辱和毒打李斯。

李斯被抓捕后，赵高派人日夜不停地审讯，查问李斯和儿子李由想要谋反的事情。李斯当然不会承认。但赵高有的是整人的办法，不仅想方设法地羞辱李斯，还百般拷打李斯，李斯忍受不了这种折磨，屈打成招。

屈打成招后，赵高针对李斯又实施了第二种手段，就是控制并切断李斯与胡亥的联系。

李斯虽然被屈打成招，但还抱着一线希望，认为只要自己能保住性命见到胡亥，靠自己的口才，肯定能说服胡亥，保住自己和家族。所以，他在狱中给胡亥写信，叙述自己对秦王朝的巨大功勋，表明自己绝没有背叛谋反之心。但这样的信，赵高随手就扔到一边，说：“囚犯怎么能上书？”

赵高见李斯还不甘心，于是实施更狡诈更毒辣的第三种手段，就是诈骗与摧残。

赵高命令自己手底下的人，诈称是皇帝派来的御史审讯李斯。李斯像抓住救命稻草一样，赶紧讲述自己的实情，好让皇帝知道。这些人见李斯这么说，就狠命地拷打他。连续这么十几次后，李斯被打怕了，再也不敢说实话了。等秦二世派出的真御史去审讯李斯时，李斯根本辨不清真假，只能承认自己和家族确实是想谋反。

既然犯的是谋反大罪，即便是当朝丞相，那也是死罪。秦二世因此感慨地说：“要不是有赵高，我几乎被李斯出卖。”

秦二世二年，赵高先让李斯饱尝刺字、断腿、去势之类的酷刑，然后以腰斩处死于咸阳的街市。

《史记·李斯列传》记载，李斯是与他的儿子一起被押解出狱的，看到儿子受牵连，李斯哭丧着脸说道：

我想和你再次牵着黄狗，一起去上蔡东门捕猎兔子，还能办得到吗？

这一刻，李斯再没有对权势的向往，他只想远离权力与阴谋，回老家上蔡当一个无忧无虑的老百姓，但这已经是痴心妄想了。李斯的三族全部被赵高杀光。

李斯一死，赵高完全掌控了秦王朝的实权，他成了一人之下万人之上的中丞相，这恐怕是他以前从没有想到的，也是任何一个宦官无法想象的。那么，赵高是不是会就此满足？胡亥会不会还一如既往地相信赵高？秦王朝又会出现怎样的危机？

三“鹿”事件

李斯一死，胡亥的皇位是不是就安全了？当然不是，相反，更危险了。因为李斯活着的时候，不管怎样，还可以整体把握和调动秦政权的力量。李斯一死，秦王朝其实是真正地散架了。李斯一死，赵高被提拔为中丞相，更加为所欲为。赵高这个人，在阴谋诡计上可称得上举世无双，但在治理国家上完全是个外行。他只会提拔那些趋炎附势之人，并不知道国家机器要想正常运转，是需要一些有能力的人来操作的。他不仅不知道这个道理，还继续肆意妄为，只要是看不顺眼的人，他就要将其铲除，才不管对整个局势有什么影响。在这种情况下，秦王朝就危在旦夕了。

很有意思的是，这时候发生的三件影响秦王朝命运的历史事件，都与“鹿”有关。

哪三件事呢?

第一件事，就是我们耳熟能详的成语“逐鹿中原”所指之事。

这个成语出自《史记·淮阴侯列传》。秦末汉初的历史人物蒯通曾描述当时情形：“秦失其鹿，天下共逐之。”这里的“鹿”，本义是被围捕的猎物，引申义为秦政权。就是说，在秦王朝法度败坏、政权瓦解的时候，天下豪杰并起，争夺天下。虽然陈胜、吴广起义已经失败，但他们之后的项梁更加强大，项梁死后，马上又冒出了刘邦、项羽，这两个人才是真正要秦王朝命的人。

第二件事是一场战争，也就是“巨鹿之战”。“巨鹿”位于现在的河北平乡县西南。前面讲到，章邯临危受命，率领秦军打败了拥有数十万大军的周章，局面因此有了转变，特别是把项梁率领的最强大的楚军打败后，秦军声势大增。章邯率大军折而向北，与王离等人率领的北方军团一道，围攻起义军占领的军事重镇巨鹿。巨鹿危急！各路起义军倾力来救，秦军与起义军展开了秦末历史上最关键的大决战。项羽破釜沉舟，打败并俘虏了王离。紧接着，起义军要对付的就是更为强大的章邯。双方呈相持态势。

鉴于起义军势头正猛，章邯没有主动出战，而是采取稳步撤退的措施。当时项羽的军队虽然打了胜仗，但正面临长期作战缺乏军粮的困境，所以，章邯的举措是很明智的，只要按计划进行，极有可能出现两种情况：第一，项羽军队被迫撤退，秦军转败为胜；第二，双方停战，各自保持力量，以后再战。这样，对秦军还是比较有利的。但战争的胜败往往并不取决于战场，而是取决于战场之外。为什么？因为不懂军事的秦二世胡亥屡次派人责备章邯，问他为什么退却。这使得章邯很恐慌。他生怕皇帝误解，所以赶紧派司马欣到京城请示。没想到，事情更糟糕了。不通过赵高，司马欣根本无法见到皇帝。不仅如此，司马欣甚至连赵高的面都见不到。他在宫外司马门滞留了三天，而赵高根本不接见他，显然有不信任之意。如此一来，司马欣害怕了，他深知赵高歹毒，所以返回军队时不敢走来时的路。果然，赵高得知司马欣离开京城后，马上派人追赶，但没能赶上。等司马欣见到章邯后，如实报告，说：“赵高专权。”然后分析了两种结果：一，如果打败楚军，将军您会因赵高嫉妒而被杀；二，如果失败了，同样会遭受厄运。章邯进退两难。最终，章邯率大军投降了项羽。如此，秦王朝已是不可救药了。

那么，在这样危急的关头，赵高和胡亥正在做什么事情呢？

这就涉及第三件与“鹿”有关的大事了。那就是非常荒唐的“指鹿为马”事件。

秦二世三年（前207）八月，赵高的权力欲已经膨胀到想要自己当皇帝的地步。这就意味着他要取代胡亥的位置。一个宦官要靠阴谋和权术当皇帝，这已经不只是置伦理道德制度于不顾的事情，而是明目张胆地要将天下人玩弄于股掌之间了。这件事的危险程度无以复加，但赵高就敢这么干。

《史记·秦始皇本纪》记载：赵高想要作乱，但害怕朝臣们不同意，于是先进行试探。他把一头鹿牵到大殿，当着群臣的面献给秦二世，说：“这匹马献给皇帝。”秦二世笑了，说：“丞相你怎么把鹿说成马呢？”赵高仍然坚持说这当然是马。胡亥很疑惑，就问朝臣。朝臣们有的不说话；有的实事求是地说这就是鹿；有的则奉承赵高，说这是马。事后，赵高迅速收拾了那些敢实事求是的大臣。从此，朝臣们更加害怕赵高，整个朝廷被恐怖氛围笼罩。而起义大军节节胜利，尤其是刘邦率领的军队已逼近咸阳。

这个时候，赵高依然以“关东盗贼不会有什么危险”的鬼话欺骗胡亥。这件事会令我们很奇怪，难道赵高就不怕起义军灭了秦王朝后他也会跟着被消灭吗?

其实，赵高已经为自己找了退路——他已经和刘邦搭上线，试图与刘邦做交易，以杀掉胡亥、灭掉秦室为条件，使刘邦答应他割地封王。对于赵高这个交易，已经攻占武关要塞并逼近咸阳的刘邦并没有马上答复。

关于赵高与起义军的交易，《史记·秦始皇本纪》中只有两句话提到此事。

一句是：“沛公将数万人已屠武关，使人私于高。”就是说刘邦曾主动派人联系过赵高。

另一句是借子婴之口说出来的，他说：“我闻赵高乃与楚约，灭秦宗室而王关中。”也就是说，有人已经听说赵高与起义军联系，打算灭掉秦室在关中称王了。

有了这些信息，我们就不难理解赵高为什么敢自毁秦王朝的长城了。

有人甚至因此推测，作为赵国贵族的后代，赵高的一切行为就是为了颠覆秦王朝，恢复赵国。

这样的推测合理吗?

以下是我的看法:

首先，赵高的一切行为都是自私自利的，都是投机和阴谋，谈不上有什么颠覆秦王朝的雄心壮志。

其次，赵高何曾有什么恢复赵国的行为? 他所实施的那些措施，那些比秦始皇时代更加残酷的苛政，受害人当中又怎会没有众多以前属于赵国的民众呢?

从客观上讲，赵高无意中成为毁灭秦王朝的所谓功臣，但他本人是以魔鬼的手段谋取邪恶的力量的。当起义军越来越逼近咸阳的时候，赵高和胡亥这对最亲密的师生、最亲密的合作伙伴也要进行你死我活的斗争了。

赵高与刘邦联系后，害怕胡亥知道此事会杀掉他，所以请病假不去朝见。胡亥有所察觉，派使者就盗贼之事责备赵高。赵高恐惧了，决定先下手为强。

前面提到，赵高已经完全操纵了秦王朝的大权，胡亥成了一个傀儡。在这样的情况下，赵高是不是就能明目张胆地杀掉胡亥呢?

也不见得。为什么? 因为制度的制约。只要秦王朝还没有垮，胡亥作为皇帝，就有最终的决定权，国家机器还是要听从他的意志。胡亥仍然可以一句话要了赵高的命。所以，赵高想要杀死胡亥，仍然需要阴谋策划。

他采取了三个步骤:

第一个步骤是策动。他与已经当了咸阳令的女婿阎乐和弟弟赵成密谋，说:“现在情况非常紧急，皇上要归罪于我们。我打算把皇帝换成子婴。”

怎么赵高还有个当咸阳令的女婿，难道他不是宦官? 事实上，宦官养女的丈夫也可以是他的女婿，宦官干女儿的丈夫也可以是他的女婿。历史上，宦官有养女有干女儿不是什么稀奇的事情。

赵高采取的第二个步骤就是行动前进行准备了。皇宫里有他的内应，是郎中令，皇宫外则是阎乐率领的部队。但赵高这个时候并不完全信任阎乐，所以在发兵前首先扣下了阎乐的母亲。意思很明白：阎乐你只要不听我的话，我首先要你母亲的命。赵高对自己最亲近的人尚且如此，何况别人？

第三个步骤，就是阎乐的行动了。他诈称胡亥当时所在的望夷宫出现了大贼，以捉贼为名，率领一千多人杀了进去，逼迫胡亥自杀。

杀人无数的秦二世胡亥很容易就被消灭了。

为什么会这样呢？

胡亥临死前的两个举动能够启发我们。

第一个举动是大怒，召唤左右。阎乐的军队已打到望夷宫的殿门口了，胡亥还完全不知情。直到有弓箭射到身边时，胡亥才知道有人造反。他大怒，召唤左右，但身边只剩下一个宦官了，胡亥就问："你怎么不早告诉我？乃至于此！"宦官回答："我不敢说话，才能活到现在。我要是早说话，早就被杀了！"这句话肯定令胡亥震惊！自作孽，不可活！当胡亥暴戾到任何人都不敢对他说真话的时候，无论他有多大的权势，也离死期不远了！

胡亥的第二个举动是央求。面对逼自己自杀的阎乐，胡亥还寄希望于赵高，说："我可以见丞相吗？"阎乐答："不可。"秦二世又说："我愿意到一个郡为王。"阎乐不允许。秦二世又说："当个万户侯也可以。"阎乐仍然不答应。最后，秦二世哀求："我愿意和我的妻子儿女当个普通百姓。"阎乐不耐烦地说："我受丞相之命，为天下人诛杀你，你说得再多，我也不敢替你回报。"秦二世被迫自杀。胡亥的这个举动说明什么呢？说明他临死前还是个糊涂虫，竟然还看不透赵高。这么愚蠢的一个人当了最高统治者，只能是既害别人也害自己。

秦二世自杀后，赵高铲除了最后一个障碍，要自称皇帝。然而，当他就要登上皇帝宝座的时候，竟意外地发现，几乎所有的人都以沉默来对抗。这种沉默比任何行动都要可怕，令赵高不敢轻举妄动。

这种情况似乎是反常的。因为在“指鹿为马”事件之后，赵高似乎已完全铲除了政敌，并在朝廷遍植了自己的亲信。可现在，大家都沉默了，当然也包括众多跟随赵高的人！

这些人怎么了？

这件事是不是不可思议？

其实，也好理解。

第一，以当时人的观念，无论如何，他们都无法接受一个宦官当皇帝！

第二，也是最重要的，赵高的极端行为，使他的亲信也害怕他了。这使我想到一个警匪片。当一个黑社会的老大受到枪击时，他随手就把身边一个兄弟拉到身前，替他挡子弹。这个兄弟刚死，他马上又把另一个拉过来。当他拉第三个人的时候，周围那些兄弟们纷纷躲避。最后，黑社会老大一下子完全孤立了。赵高就是这样，当他再走最后一小步就要实现最大欲望的时候，他也同时跨到了悬崖和地狱的边缘。

赵高见到这种情形，心虚了，觉得整个大殿都在摇晃、破碎。他不敢再坚持了，转而立秦二世兄长的儿子公子婴为秦王。他说：“秦过去就是一个王国。始皇帝能够君临天下，所以才称帝。现在六国又重新立起了自己的国王，秦控制的地方也更小了。鉴于此，应该像以前那样称王，而不是称帝。这样更便利。”所以子婴是被立为秦王，而非皇帝。

即便如此，赵高很快就不甘心了，他还要借助起义军的力量使自己称王。这当然是痴心妄想。刘邦早拒绝了赵高的交易，项羽更不可能与赵高有什么合作。令赵高更没想到的是，还没等起义军攻到咸阳，自己竟被子婴很轻易地刺杀了。

关于赵高被刺杀的情形，《史记 · 李斯列传》记载：“高上谒，请病，因召入，令韩谈刺杀之。”也就是说，子婴虽然被立为秦王，但他不愿受赵高摆布，称病不去就位，赵高等得着急，便自己去子婴处探病，子婴利用这个机会，派一位名叫韩谈的宦官埋伏好，等赵高一出现，一举将赵高刺杀！

这件事也是令人意外的。为什么？因为子婴根本没有什么实权，他又刚刚被赵高像傀儡一样立为秦王，赵高又是一个杀人如麻、老奸巨猾的阴谋家，子婴怎么可能这么容易就得手呢？

这个结果，除了赵高欲望膨胀太小瞧子婴外，《史记·秦始皇本纪》中子婴的一席话道出了其他的原因。

第一，赵高在朝臣中已经变得孤立起来。正如子婴所说："丞相赵高杀死了二世皇帝，怕群臣诛杀他，所以把我立为秦王。"

第二，赵高要谋反的事情已经被子婴得知，所以子婴说："我听说赵高与楚军有约定，要一起灭掉秦宗室，然后自己在关中称王。"子婴为什么知道这件事？起码有两种可能。第一种，这件事已经传播开来；第二种，赵高这件机密的事情，他原来的亲信已经告诉了子婴。这两种情形，第二种的可能性更大。也就是说，赵高的亲信已开始疏远他甚至想把他干掉了。子婴说："现在赵高让我斋戒后到庙堂中接受玉玺，就是想要在庙堂中杀我。我称病不去，他必然会亲自来看我，来了以后，我们就杀掉他！"子婴这句话表明他非常了解赵高，很有预见性。但更加可能的是，子婴有内应，也就是赵高的身边人会把赵高的情况随时告诉子婴。

如此，赵高已经众叛亲离，只有死路一条！紧接着，赵高三族被全部杀尽！

这样，篡改秦始皇遗嘱的三名主谋，无一能够善终。

秦二世三年十月，刘邦率大军攻入咸阳，子婴投降。秦朝灭亡。

号称最强大的秦王朝从建立到灭亡，仅仅十五年而已！从秦始皇的遗嘱被篡改到秦王朝灭亡，时间更是短得出奇，只有三年！

补 记

对于新出土《秦二世元年文告》与《赵政书》的回应

2015年7月4日，我参加了北京史记研究会与中国人民大学历史学院联合举办的学术研讨会。在发言中，我概括介绍了论文《秦朝分封、郡县与儒法之争》，其中不免也提到秦始皇遗嘱被篡改的史实。会后，人民大学刘自稳博士与我交谈，提到了新出土的《秦二世元年文告》对我可能有帮助，之后还热心地帮我找到孙家洲先生发表的《兔子山遗址出土〈秦二世元年文告〉与〈史记〉纪事抵牾释解》一文，我自然是非常感谢的。

《秦二世元年文告》的内容为：

天下失始皇帝，皆遽恐悲哀甚，朕奉遗诏，今宗庙吏及箸以明至治大功德者具矣，律令当除定者毕矣。元年与黔首更始，尽为解除流罪，今皆已下矣。朕将自抚天下，吏、黔首，其具行事已，分县赋援黔首，毋以细物苛劾县吏。亟布。

以元年十月甲午下，十一月戊午到宁府。

这一简牍出土于2013年全国十大考古发现之一的"湖南益阳兔子山遗

址”，其真实性和历史价值自然是无可置疑的。但如果说以此就足以证明《史记》等文献中关于秦始皇遗嘱被篡改的记载是虚假的，那也就太草率了。

诚如孙家洲先生所讲：

当“秦二世元年文告”被报道之后，一些并非专业研究历史的社会人士，就如获至宝，以为可以凭借这份地下发掘的最新考古发现来改写秦朝末年的政治史了。其实，现在出土所见的“秦二世元年文告”的内容与《史记》记载不一致，只是一个“纪事抵牾”的现象；如何解释这种抵牾，才是历史研究者应该做的工作。我们一直尊重地下出土文献的价值，是因为它们深埋地下，所以避开了后世人们出于各种动机的修改甚至篡改。但是绝不意味着只要出土文献与传世文献之间有不同，研究者就要一律按照地下文献的记载而质疑甚或改写传世文献。地下文献在其形成的过程中，“制造者”也会出于某种动机而歪曲历史甚或伪造历史。从这个意义上说来，地下出土文献也要首先经过“可信性”的严格鉴定。……

秦二世的继位，是矫诏的结果，其统治权力的来源“合法性”是大成问题的。——几乎所有的传世文献，都在支持这个结论。汉代前期的政论代表作贾谊的《过秦论》，也以部分笔墨，重点批判了秦二世的昏聩残暴是导致秦朝速亡的直接责任者，未见对秦二世有任何的“理解”与“宽容”的痕迹。司马迁与贾谊对秦二世的贬抑立场是完全一致的。这是否也可以解读为贾谊所知道的秦二世即位的政治背景与司马迁的记载，没有歧义？

……

按照我的理解，多事之秋的政治性文告的解读，尤其要注意解析文告发布的时代背景与发布者的用意。这份诏书，在刻意强调秦二世“朕奉遗诏”而即位，面对这样的“宣示”，研究者是相信秦二世的文字表述属实？还是深究他刻意强调的用心所在？

在充满了政治斗争的时代氛围之内，政治家越在公开宣示的东西，有可能就是出于需要而编造或者是曲说的东西。假如秦二世即位之后，社会上没有出现其权力来源是否“合法”的不同议论，秦二世何必以诏书的名义来向社会加以强调？——在政治“铁幕”的时代，统治者的官方文告中越是刻意强调的，大多要从其反面加以思考和诠释。……至少在目前，《史记》中所记载的秦始皇—秦二世之际的基本历史叙事框架，还不能轻言改写。

孙家洲还在文中提到了成书年代应在汉朝早期的北大竹简《赵政书》，其中记载：

昔者秦王赵正（政）出游天下，至白人（柏人）而病，病笃，喟然流涕长太息，谓左右曰：“吾忠臣也，其议所立。”丞相臣斯、御史臣去疾昧死顿首言曰：“今道远而诏期（亟），群臣恐大臣之有谋，请立子胡亥为代后。”王曰：“可。”王死而胡亥立，即杀其……

对于这些文字，孙先生也有分析和判断。关于他对《秦二世元年文书》及《赵政书》的分析和判断，我基本上持赞同意见。当然也略有不同，所以在给刘自稳博士的回信中予以阐述，现录其内容于下：

自稳兄大鉴：

发来文章已收到，很有价值，甚谢！

孙先生文中提到的《秦二世元年文书》即便是出土文物，即便完全真实，其实与《史记》中记载并无多大矛盾。《史记》中记载李斯、赵高、胡亥篡改秦始皇遗嘱，篡改后的遗嘱使胡亥成为皇帝，胡亥自然要在新发布的诏书中提到自己是奉先皇遗诏。

《赵政书》中的记载倒是更值得重视，因为与《史记》中的记载完全不一致。但诚如孙家洲先生文中所讲：“现在还未曾公布，其书的性质是史书还是子书乃至于小说家言，还要等到文书公开之后，再做讨论而后定。到目前为止，根据学者私下交流得到的基本看法，似乎归属于‘小说家言’的可能性更高。……所以不宜于把《赵政书》的史料价值估计太高。”

退一步讲，即便《赵政书》的史料价值很高，也还要综合分析，因为即便当时人所记载的是他所认为的真实情况，还要判断他所知道的真实情况究竟是不是真实，或者他是不是出于自己的私情而故意记载“假史实”。还需要将更多的前后的情况综合起来进行分析，如果认真起来，写一篇长文也未尝不可，这里就不啰嗦了。

信末顺颂文祺！

第三章

—

“郡国并行”背后的信任危机

——刘邦之死与汉初政治

公元前203年 刘邦决定大举反攻项羽，但在成就帝业的前夜，刘邦被迫分封异姓诸侯王。

公元前202年 刘邦称帝，建立汉朝。分封七位异姓诸侯王，进入郡国并行的历史阶段。

公元前201年 刘邦削夺韩信的王位，将其降为淮阴侯，从此开始了铲除异姓诸侯王的进程。

公元前200年 刘邦率大军攻打匈奴，结果被围白登山，险些丧命。

公元前195年 刘邦死，临终前留下数个遗嘱。刘邦和吕后的儿子刘盈即位，是为汉惠帝。

公元前188年 汉惠帝死，吕后临朝称制，大封吕氏诸侯王。

公元前180年 吕后病死。诛灭吕族的斗争随即展开。刘邦与薄氏的儿子刘恒被立为新皇帝，是为汉文帝。

公元前167年 汉文帝死。皇太子启继位，是为汉景帝。

公元前154年 吴、楚等七诸侯王起兵造反，史称“七国之乱”。

相比于秦始皇的遗嘱风波，汉高祖刘邦的遗嘱似乎没有多少悬念，不涉及阴谋，也没有被篡改，还与皇位的接班人没有直接的联系，他光明正大地说了出来，也被公正客观地记于史书，这里面似乎缺少点儿故事，但细一琢磨，刘邦的遗嘱是非常有内容的。

遗嘱的每一句话都有其复杂的背景，并体现了这位汉朝开国皇帝的深谋远虑及超常的洞察世事、识人用人的能力。

其遗嘱在短时间内并没引起什么大的风波，但随着时间的推移，我们会发现里面藏有一个决定汉王朝是否能够长久的很深的隐秘，理解得越多，越会令人惊讶不已。

刘邦不负功臣

刘邦的第一份遗嘱是颁布全国的诏书，此遗诏没有记载在《史记 · 高祖本纪》与《资治通鉴》中，《汉书 · 高帝纪第一下》中却有明确的记载，内容为：

三月，诏曰："吾立为天子，帝有天下，十二年于今矣。与天下之豪士贤大夫共定天下，同安辑之。其有功者上致之王，次为列侯，下乃食邑。而重臣之亲，或为列侯，皆令自置吏，得赋敛，女子公主。为列侯食邑者，皆佩之印，赐大第室。吏二千石，之长安，受小第室。入蜀汉定三秦者，皆世世复。吾于天下贤士功臣，可谓亡负矣。其有不义背天子擅起兵者，与天下共伐诛之。布告天下，使明知朕意。"

这是刘邦病危时公布于天下的遗诏。大意就是，我与天下豪杰共得天下已有十二年了。在我当皇帝以后，对天下贤良豪杰有功之臣，无不赏赐有加，使你们享受功名富贵。我对你们没有任何亏欠，所以，你们也不要负我。以后，如果有人胆敢起兵背叛朝廷，天下豪杰应当共同讨伐！

这称得上刘邦临终前对自己一生事业的总结。回首往事，刘邦没有什么后悔的，他理应自豪。对于未来，他虽然即将死去，但依然尽自己最大的努力安排后事，以便使汉朝的伟业能长期延续下去。

刘邦这样的结局令天下人羡慕。他以一个普通农民的出身，竟然结束了一个旧时代，开创了一个新王朝，而且在他的安排下，汉王朝的统治长达四百二十七年，是中国最长久的王朝。其影响所及，更是延伸到两千两百多年后的现在。如此，刘邦的遗诏便值得引起世人更大的关注。在解读刘邦遗诏密码的时候，我们首先应回顾一下刘邦辉煌的历程。

刘邦是如何从一个农村小混混变成千古名帝的?

他是如何在瞬息万变、凶险无比的环境中脱颖而出并最终登上巅峰的?

他是如何转败为胜并保持王朝的长久发展的?

归结起来，答案自然很多。但在我看来，刘邦表面上给人玩世不恭的感觉，其实内心里有很大的抱负，随着环境的变化，他不断调整生活目标，并在新的平台上继续找寻新的方向，坚忍不拔地向最高的层次迈进。这种不断向上的内在动力从他见到秦始皇开始，一直延续到他生命的最后时光，这才是刘邦成功的关键。

您若不信，我们不妨一起分析分析刘邦的成功史。

刘邦，公元前256年出生在沛县丰邑。他出身农家，但出手大方，看不上干农活的营生，因此常受父亲的责备。史书记载，刘邦“好酒及色”，即我们常说的酒色之徒。他年轻时凭着特殊的交际本领，混了个亭长当。亭是秦朝的基层单位，十里为一亭，十亭为一乡，亭长是掌管一亭治安及道路的地方小官。这个时候，刘邦仍没有什么大的志向，只以混吃好色闻名乡里。因其名声不好，所以成了大龄青年时，仍没有讨着老婆。一次，县令家来了一位重要的客人吕公，沛县的下属官吏及富豪都争着去拍马屁，带着厚礼前往庆贺。沛县主吏萧何是宴会主持人，宣称：“份子钱不满一千钱的，只能坐在堂下。”可见，一千钱就算不小的数目了。刘邦本人没什么钱财，但也去了，而且报的礼单是一万钱。一万钱是个大数目，顿时引起轰动。吕公虽然见过大世面，但也大惊，真没想到小小的沛县有出手这样阔绰的，赶紧起来迎接。谁知，刘邦人来了，却根本没带什么礼钱。他也毫不尴尬，大大咧咧就坐在堂上。这件事若换了别人，一定会觉得窝火，但吕公也不是常人，据说他擅长相面，见刘邦，高额头，龙颜，美须髯，举手投足很是不凡，断定此人日后必成大器。因此，吕公不但不生气，而且不顾老妻的反对，宴会之后就将刘邦独自留下，把自己的大女儿吕雉许配给他。就这样，刘邦混吃混喝，还混了个好老婆，获得吕家人力财力的支援。

不过，单是这些，还看不出刘邦有什么高远的志向。直到有一次，刘邦出差到达京城，有机会见到秦始皇出巡时的盛况，他大发感慨："嗟乎，大丈夫当如此也！"这便为刘邦内心种下建功立业的种子。想必当时不少人有过这样的念头，比如项羽也是看到秦始皇巡游时，突然来了一句："彼可取而代之也！"[1]比刘邦的表达更为直接，更加霸气。这显然是一个英雄辈出的年代。

紧接着，刘邦就摊上大事了。秦始皇在骊山营造陵墓，为此大量征发各地的劳力。刘邦也受命押送刑徒去骊山服役，但途中不少刑徒陆续逃亡。刘邦估计了一下，这样下去，等到达骊山时服役的人也逃得差不多了，按照严酷的秦律，他肯定会掉脑袋的。如此一想，刘邦一不做二不休，干脆释放了其他的刑徒，自己则逃亡躲避在芒、砀山中。有些刑徒佩服起刘邦的义举，干脆跟着他一起逃亡。天下的祸福总是互相转化，从此，刘邦有了自己的一小支队伍。

后来秦始皇死，秦二世暴政，陈胜吴广揭竿而起，各地反秦队伍风起云涌，四处攻占城池。沛县县令感受到巨大的威胁，想及早率领沛县百姓响应陈胜起义军。主吏萧何、狱掾曹参是刘邦的铁哥们，他们劝县令把逃亡在外的刘邦召回，然后借着刘邦几百人的力量挟持民众，让全县百姓都跟着一起造反。县令想想也对，形势已变，再跟着秦朝混，自己就完了，

[1] 见《史记·高祖本纪》。

于是马上派樊哙去叫刘邦。刘邦很高兴，可是当他率众到达沛县城外时，县令突然犹豫起来，害怕刘邦会有别的想法，竟然闭城不让刘邦进来，甚至想杀掉萧何与曹参。县令此举真是自找绝路，萧何、曹参马上逃到城外，投奔了刘邦。刘邦用绸缎写了一封信射进城内，鼓动沛县百姓杀死县令，然后选举贤能，一起响应反秦大军，以此保全家室。沛县百姓迅速被鼓动起来，杀死县令，大开城门迎接刘邦，并推举他为县令。刘邦在沛县的威望不及萧何、曹参，推辞道：“天下方扰，诸侯并起，今若推举不善，就可能一败涂地。我非敢自爱，害怕自己才能浅薄，不能保全父兄子弟。这是大事，请你们推举有才能的人当领袖。”众人转而将目光集中在萧何、曹参身上。萧何、曹参都是文吏，害怕大事不成，会被秦朝灭族，因此仍然极力推举刘邦。刘邦见时机成熟，敢作敢当，毅然接受了众人推举，成为沛公，并召集了两三千人的队伍，开拓自己的地盘，迈出了成就帝业的第一步。

成就大业的路途艰险而曲折，刘邦经历了几起几伏，但一次又一次从困境中崛起。

刘邦成为沛公后，马上外出攻城，刚刚有所起色的时候，首先遭遇了部将雍齿的背叛。在大受打击的情况下，刘邦审时度势，投靠项梁，并在项梁的援助下打败雍齿，夺回丰邑，势力逐步壮大。

战争是残酷的，陈胜、吴广、项梁等老一辈的起义将领先后牺牲，项羽和刘邦成为反秦大军中最重要的首领。刘邦为武安侯，项羽为长安侯，侯是一样的侯，但项羽的军事实力远胜于刘邦。不过，刘邦也有自己的优势，那就是人缘好。所以，当二人受楚怀王（起义军名誉上的最高领袖）之命向秦朝发起总攻的时候，楚怀王及其他起义将领明显偏向刘邦，理由为：“项羽为人剽悍祸贼，尝攻襄城，襄城无噍类，所过无不残灭。且楚数进取，前陈王、项梁皆败，不如更谴长者扶义而西，告谕秦父兄。秦父兄苦其主久矣，今诚得长者往，毋侵暴，宜可下。项羽不可遣，独沛公素宽大长者。”就是说，在众人眼中，项羽残暴，不适合攻打安抚秦朝的根据地关中，而刘邦是一宽大长者，最适合率军西进，举义旗收复关中，进而夺取秦朝首都咸阳，彻底摧垮秦政权。于是，刘邦捡了一个大便宜，被派往一条最佳的西进路线，能避实击虚，直捣秦京。而项羽却被迫选择艰险的路途，且只能当副将。在这样的情况下，当项羽的军队与秦军主力展开决战的时候，刘邦大军却已经先期到达关中，迫使秦王子婴投降。按照事先约定，先入关者应封为关中王。刘邦离帝王大位似乎只有一步之遥了，他高兴得差点儿忘乎所以。

见到秦朝的皇宫，刘邦的眼睛都直了。他虽然也见过不少世面，但眼前的富丽堂皇将他深深地震住了，数不尽的奇珍异宝和如云美女也强烈地诱惑着他。他感觉陶醉了，酒色之气被一股脑儿地勾了起来，于是忘记了自己背后还有个霸王项羽，马上就打算住进秦宫。这当然是很危险的。

樊哙急了，他当年以屠狗为业，但经过千锤百炼，已成为刘邦的心腹大将。他冒死强谏，问刘邦想得天下还是只想做个富家翁。然而，刘邦根本不理睬他。此情此景，令刘邦的部下心急如焚。关键时刻，还是张良厉害，他直接拿秦朝灭亡的教训为刘邦分析利害，说："秦王多行不义，您才能推翻他而进入咸阳。所以，您为天下人铲除祸害后，就应该布衣素食，以示节俭。现在大军刚入秦地，您就沉溺于享乐，这是所谓的助纣为虐。常言道，良药苦口利于病，忠言逆耳利于行，愿沛公您听从樊哙等人的话吧。"张良的话语软中有硬，以历史的教训使刘邦警觉起来。理智终于战胜了欲望，刘邦接受了张良的规劝，下令封存秦朝宫宝、府库、财物，还军霸上整治军队，迎接项羽等各路起义军。

不过，刘邦也没有干等着，而是抓紧时间收拢民心。他约法三章："杀人者死，伤人及盗抵罪。"并通告四方："余悉除去秦法。诸吏人皆安诸如故。凡吾所以来，非有所侵暴，勿恐。"除此之外，刘邦还派人与秦吏一起巡行各地，安抚百姓。秦朝苛刑峻法，百姓对此苦不堪言，早就盼望救星到来。如今见来了刘邦这样的军队，争先恐后地拿出酒肉佳肴慰劳军士。刘邦更严格了，发出命令，不许军士要百姓一饭一肉，并传出话：“军中粮食充足，不要让民众破费了。”秦地百姓更加高兴了，唯恐刘邦不当秦地之王。

这是刘邦成就伟业过程中的一次巨大调整。按照以往的习性，刘邦肯定要享受已经到手的荣华富贵，但他听从张良的意见，最终战胜自己，做出重大转变，说明他在政治上变得真正成熟了，志向也变得更加高远。这一点，刘邦的老对手——项羽最重要的助手范增最清楚，他劝项羽说：“刘邦这小子，在山东的时候，贪财好色。如今入关后，竟然一点财物不取，也没有接近妇女，其志不小！我令人觇望刘邦上空的云气，有龙虎之象，成五彩之色，这是天子的气象。咱们得赶快消灭他，不能错失良机。”项羽听后，频频点头。

接下来就是历史上最有名的鸿门宴了。项羽打算在宴会上杀死刘邦，但刘邦故意示弱，亲至鸿门，卑辞言好，并利用项羽优柔寡断的缺点，成功地保全了自己。他还按照萧何的建议，接受了项羽不公平的安排，委曲求全地去当汉王；又按照张良的计谋迷惑项羽，让项羽相信自己已经认命，从而赢得时间，加速培植力量；还在萧何的极力举荐下认识到军事天才韩信的重要性，重用韩信，采用韩信暗度陈仓的计谋，出其不意地击败了项羽安排在他周围的雍王章邯、塞王司马欣和翟王董翳，一举平定三秦。有了富饶稳定的关中地区后，刘邦就可以与项羽逐鹿天下了。这一过程，称得上刘邦又一次面对新形势的重大调整，为了大业，他能屈能伸，计谋百出，显示出坚忍的意志和灵活的战略战术。

刘邦、项羽之间的决战终于到来。起初，刘邦明显处于劣势，屡屡败北。但他知人善任，善于吸取教训，注意纳谏，充分发挥部下的才干,并联合了其他反对项羽的力量，终于反败为胜。不过，在刘邦成就帝业的前夕，他仍然被迫做出重大妥协——分封异姓诸侯王！

公元前203年秋季，刘邦感觉时机成熟，要大举反攻，打算拿下项羽，成就他的刘氏江山。偏偏这个时候，跟随他的最重要的两大军事集团的首领韩信与彭越不听话了，迟迟不派军队出战，致使刘邦再次失败。刘邦有点儿不明白，韩信和彭越这两人怎么会这样呢。他找来张良商量。张良分析道："他们是想要分王分地。您想想，楚军即将被灭，天下即将统一，韩信和彭越都攻下了很多地方，可他们现在还没有得到分封的地盘。大王您如果能和他们共分天下，把从陈县以东到海滨一带的土地，分给韩信；把从睢阳以北到谷城（今山东东阿县南）的土地，分给彭越，然后让他们为自己的利益而向项羽开战，那么就容易打败楚军了。"张良的这一分析其实与前几个月的分析一脉相承。

公元前203年年初的时候，韩信奉刘邦之命，率大军平定了齐地，这是刘邦力量由弱变强的分水岭。刘邦得知这一消息，当然非常高兴，可韩信拥有足以与刘邦、项羽三分天下的力量后，开始不满足于现状。他没有背叛刘邦的心思，但他希望刘邦封他为异姓王，于是派人向刘邦上书说："齐伪诈多变，反覆之国也，南边楚，不为假王以镇之，其势不定。愿为假王便。"[1]就是要刘邦分他为齐地的假王（代理王）。刘邦当时正被楚军包围于荥阳，一见到韩信的书信，他忍不住破口大骂："我被困在这里，无论早上还是夜晚，眼巴巴地就盼望韩信来救我，他倒好，竟想自立为王！"张良、陈平就在刘邦身边，赶紧悄悄地踩刘邦的脚，并附在刘邦耳边说："汉军正处于不利的境地，咱们有能力阻止韩信为王吗？不如因势利导，好好待他，封他为王，让他自己镇守齐地。否则，会发生变故啊！"刘邦脑子转得很快，马上醒悟过来，换了一种骂法，说："大丈夫定诸侯，要做王就做真王，何必当什么假王呢！"彭越跟韩信的情况一样，但他没有明着提出来，只是暗中采取不合作的态度。

问题摆在刘邦面前，刘邦内心很不高兴，但他听了张良的分析后，马上调整思路，派使者发下通知：陈县以东直至海边的土地，都封给韩信；从睢阳以北到谷城的土地，都封给彭越。果然，韩信、彭越一收到分封的通知，马上派出几十万的大军。刘邦的力量一下子又壮大起来，他又将另外几

---

[1] 见《史记·淮阴侯列传》。

路军队集结起来，迅速打败项羽，统一了天下。

公元前202年，刘邦称帝，建立汉朝。不过，虽然建立了伟业，但刘邦内心仍有很多担忧。按照战争时期的约定，刘邦不得不分封韩信、彭越等七人为异姓诸侯王，这七个人掌握了汉王朝一大半的疆土。太行山以东最富庶的地方基本上都在诸侯王的统治之下，诸侯王接受汉王朝的统一管理，但他们直接治理封地，征收赋税，拥有军队，有很高的自治权。只有太行山以西，才是汉王朝的直接统辖区，完全实行郡县制。刘邦以首都长安为中心设置了十五个郡，郡县内所有的人事任免、规章制度，都由朝廷控制。所以，这些异姓王虽然名义上归属于汉王朝，但实际上对汉王朝有很大的威胁。所以，刘邦处心积虑地用各种办法来对付他们：有的搞突然袭击，直接夺取对方的大权（比如对付韩信就是如此，假借开会之名见韩信，一见面就突然逮捕），有的有意激化与对方的矛盾，促使异姓王或发动叛乱或不敢离开封地，刘邦由此找到借口，师出有名，将这些异姓王一一铲除，只留下一个非常听话、力量相对薄弱的吴芮。他又将自己的刘氏近亲（包括他的儿子、弟弟等人）分封为王。如此，整个天下就成为刘氏天下了。

纵观刘邦的一生，他一直都在追求着事业的成功。为了这个目标，他做出了很多不光彩甚至卑鄙的事情：

在被项羽军队追赶的时候，为了减轻马车的重量，他狠心地几次要将亲生儿子踢下车去。

在项羽将他的父亲作为人质要挟他投降时，他竟然恬不知耻地对项羽说：“我们曾相约为兄弟，我的父亲就是你的父亲。你如果要烹他，请分给我一杯汤。”

他也有负于韩信与彭越等多位异姓王，致使他们虽然帮助刘邦打下了天下，最后却落得身死族灭的可悲结局，所以韩信会发出这样的感慨：“果若人言：‘狡兔死，良狗烹；高鸟尽，良弓藏；敌国破，谋臣亡。’天下已定，我固烹之。”

这些显然都是要被世人谴责的，尤其是诛杀功臣，显然与刘邦遗嘱中自夸的“吾于天下贤士功臣，可谓亡负矣”背道而驰，令人不免对刘邦的人品产生怀疑。不过，如果我们根据史实进行分析，就会发现所谓的“诛杀功臣”与“不负功臣”其实是指向了两个方向。前者是指对刘氏江山能产生巨大威胁的异姓诸侯王，对于这些人，有天大的功劳，刘邦都要铲除；后者则指向了刘邦集团的内部员工，例如萧何、张良、樊哙、周勃等人，刘邦均论功行赏，不忘记任何一个人。在他最困难时背叛他的老乡雍齿，虽然最遭他痛恨，但为了安顿好这些功臣，刘邦也还是听从了张良的建议，封雍齿为什邡侯，食邑二千五百户。根据史料记载，从汉高帝六年（前201）开始封赏功臣，一直到汉高帝十二年（前195），刘邦从未停止过分封诸王列侯的工作，总共封了一百四十三人。如果从这一点看，刘邦也确实无愧于功臣了。

如果我们进一步客观地分析，也可发现，刘邦这个人确实是将刘氏江山的建立和延续，作为他最高甚至唯一的目标。为了江山的稳固，他不仅殚精竭虑地制定各项制度并四处征战，而且想方设法笼络并重用对他没有威胁的人才。自己做出的重大决定，若有害于王朝的长久，刘邦可以忍痛改变。这样的事最集中地体现在废立太子的事情上，容后再讲。为了王朝的统治，刘邦也可以完全不顾个人的健康乃至生命。

淮南王英布造反时曾对他的将士说：“上老矣，厌兵，必不能来。使诸将，诸将独患淮阴、彭越，今皆已死，余不足畏也。”[1] 他分析刘邦已经老了，不会亲自出征。而淮阴王韩信以及彭越均已被杀，所以就没有什么顾虑了，于是率军反叛。当时，刘邦确实老了，而且得了重病，深居后宫，十余日都不愿意见臣属。大臣们很着急，但没有人敢进去劝说。樊哙又在紧要关头冒出头来，仗着自己与刘邦关系好，立过大功，救过刘邦的命，又是刘邦的连襟，硬闯入刘邦的寝宫。进去以后，他见刘邦正病恹恹

[1] 见《史记·黥布列传》。

地躺在一个内宦的身上闭目养神。樊哙也不管刘邦的病情，走上前去，流着眼泪鼻涕说：“始陛下与臣等起丰沛，定天下，何其壮也！今天下已定，又何惫也！且陛下病甚，大臣震恐，不见臣等计事，顾独与一宦者绝乎！且陛下独不见赵高之事乎？”[1]意思就是，您当年和我们打天下时是多么壮志凌云呀，现在怎么就病在这儿整天与宦官在一起呢。您忘记了赵高是怎样将秦朝的帝业毁坏的吗？这些话打动了刘邦。他马上起来，带病出征。就是这一次战争，刘邦虽然打败英布，但他本人也被流矢击中，终于病重不起，断送了自己的性命。

可以这样说，刘邦是为刘氏江山断送性命的。他为了刘氏江山，可谓死而后已了。这样，也就不难理解，为什么刘邦在临终前会有这样一份对天下人颁发的遗诏，让大家都保护好他打下的江山。

[1] 见《汉书·樊郦滕灌傅靳周传》。

“非刘氏而王者，天下共击之”

除了上面的遗诏外，《汉书·王陵记》中还记载了刘邦给朝廷重臣留下的遗嘱。

刘邦在临终前曾与大臣们杀白马而盟誓：“非刘氏而王者，天下共击之！” 这一遗嘱似乎是前面遗诏就包含了的内容，其实不然，这里面暗含了新的内容。这一盟誓更强调了“王者必须是姓刘的”，具有很强的针对性和预见性，但刘邦没有明说。

为什么没说呢？因为不能明说，一明说就糟了。

当时，异姓王已基本铲除，天下铁定是刘姓的，这一点似乎已没有任何可担忧的了。但只有少数几位备受刘邦信任的重臣明白，刘邦是很忧虑的。

似乎很难令人相信，刘邦所担心的，竟是自己的皇后吕雉（即吕后）及其家族。

吕雉是刘邦的结发妻子。她的父亲吕叔平是个擅长相面的人，也就是以琢磨人为谋生职业——这在当时是很吃香的。吕叔平有两儿三女，大儿子吕泽有两个儿子：吕台和吕产；二儿子吕释之有一个儿子，名叫吕禄。大女儿的名字在史书上没有记载，生了一个儿子叫吕平；吕雉在家中排行第四，下面还有一个妹子叫吕须。吕雉从小就很受父亲的宠爱，迟迟没有嫁出去，因为父亲一定要给她找一个大富大贵之人，即便沛县县令的公子，也入不了他的眼。在父亲这一思想的渗透下，吕雉的眼光自然也是很高，脑子里总是想一些大事。再后来，吕雉的父亲终于将她许配给小混混刘邦。刘邦分文未花娶了一个如花似玉而且家境盈富的女子，非常高兴，而吕雉也相信父亲的判断，毫无怨言地跟了刘邦。夫妻二人感情融洽，很快就生了一儿一女，儿子叫刘盈，女儿叫鲁元。刘邦在外打天下的时候，吕雉就在家抚养儿女，孝敬父母，让刘邦少了后顾之忧。吕雉的兄长们则跟随刘邦四处征战，虽然没有张良、韩信等人的才干，却也是刘邦的得力帮手。刘邦打下的江山，自始至终渗透了吕家人的功劳。所以，刘邦分封功臣时，首先封他的大舅子吕泽与吕释之为列侯。

刘邦率众起义后，吕雉曾被官府关进大牢，饱受牢狱之苦，性格更加坚毅果敢，后由萧何多方周旋才得以出狱，跟随刘邦转战南北，经受战火的洗礼，增长了见识与才干。

当刘邦与项羽争天下的时候，吕雉曾与刘邦的父亲刘老太公一道被项羽绑架，命捏在项羽的手上，尤其是项羽威胁刘邦要将刘老太公烹杀的时候，吕雉的性命也就在刀口边上，这一切使她深知政治斗争的残酷。

刘邦称帝后，吕雉被封为皇后，她的儿子刘盈被封为太子，这使吕雉品尝到权力与尊荣给她带来的快感。她的权力欲渐渐膨胀，为权力而不择手段的狠毒与才干，也渐渐显露出来。

在铲除异姓王韩信、彭越等人的过程中，吕雉将她的狠毒与才干淋漓尽致地发挥出来。刘邦疑忌韩信，先将韩信改封为楚王，使其远离根基深厚的齐地；随后又用陈平计策，借巡游云梦泽之机，将韩信骗到陈县，并以谋反罪将其逮捕，押回京都，软禁起来。韩信忍不住说出“难道真是高鸟尽，良弓藏”之类的牢骚话，使刘邦很不好意思。最后因查不到韩信谋反的证据，他只好将韩信赦免，将其降为只有虚名的淮阴侯。从这些事实可以看出，刘邦虽然意识到韩信的威胁，但也没有狠毒到马上将其杀掉，只是降低他的职位，消除他的实权，以此减少他对汉王朝的威胁。

吕雉就不同了。公元前197年，陈豨举兵谋反，刘邦亲率大军前去征讨。韩信推说自己有病，没有随同前往。刘邦对此很不放心，出发前叮嘱吕后与丞相萧何，要时刻提防韩信。这还是吕后第一次接受重大的政治任务，机不可失，她恨不得马上就撕了韩信，为自己树立威信。很快，安插在韩信身边的一个间谍前来报告吕后说："陈豨造反完全是韩信的主意。韩信与陈豨还秘密约定，由韩信做内应，趁着刘邦不在、朝廷空虚的时候，在夜间假传圣旨，释放长安城中的所有奴隶和犯人，发给他们武器，编成队伍，等陈豨的使者一到，即发兵袭击皇宫，干掉您和皇太子刘盈，然后共取天下。"吕后一听事关重大，又紧张又激动，赶紧秘密召见萧何，商量对策。萧何对此早有防备，马上献出一计，吕后听后大喜，令萧何迅速执行。

萧何首先派出一名心腹，打扮成报捷的信使，偷偷绕到北边转了一圈，回来后称自己刚从前线返回，专门来报告喜讯的："陈豨已全军覆灭，皇上就要凯旋了。"众臣听到捷报，纷纷到宫中贺喜，韩信也听到这一消息，顿时万念俱灰，他没想到陈豨这么快就失败了，自己东山再起的希望破灭了。不仅如此，他也担心自己与陈豨密谋造反的事会被泄露，如果真到了那一步，该怎么办？由于太突然了，韩信心里一团乱麻，首先想到的就是自己该如何收场。

这个时候，萧何已经来到府上。萧何对韩信有知遇之恩，别的大臣韩信都不看在眼中，但对萧何还是很尊敬和信任的。他赶紧整衣出迎。寒暄过后，萧何先问韩信的身体状况，韩信仍然继续装病。萧何也不点破，再次向韩信通报了前线大捷的消息，使韩信更加相信此事的真实性。接着，萧何对韩信说："将军虽然身体欠安，无法跟随皇帝出征，但现在已有捷报，将军还是应该扶病体前往朝贺。"韩信一想，反正自己的计划已落空，干脆装个笑脸，表明自己忠于皇上的立场，也不失为以退为进的好办法，于是爽快地答应了，高高兴兴地与萧何一起来到宫中。

谁知，刚刚迈入宫门，事先埋伏好的武士们一拥而出，将没有丝毫准备的韩信按倒在地，绑缚到吕后面前。吕后面若寒霜，冷冷地看着韩信，目光中充满杀机。韩信一见，知道大势已去，忍不住仰天长叹：“吾悔不用蒯通之计，乃为儿女子所诈，岂非天哉！”[1]蒯通当年曾劝韩信，建议他与刘邦、项羽三分天下，按当时的实力是可以办到的，但韩信没听。现在，他非常后悔。

萧何对韩信还是有感情的，但为了朝廷大计，不得不如此。韩信之死，实由萧何算计。这便是所谓“成也萧何，败也萧何”的由来。不过，萧何本以为吕后会先关住韩信，等刘邦回朝后再做处理。没想到，吕后一改平日里和颜悦色的表情，显示出铁腕的一面，不仅马上将韩信处死，还将韩信所有的党羽随从一律杀光，紧接着又夷灭韩信三族（即父亲一族、母亲一族、妻子一族）。顿时间，阴风惨惨，吕后如此行为，令人再一次感受到政治的极端残酷。吕后却因此树立了在朝廷中的强权地位。

刘邦平定叛乱后，迅速返回京城。一听到韩信被诛的消息，长长地松了一口气。相比于前线的陈豨，刘邦更担心韩信。没想到这么一个盖世英雄，竟如此迅速地被吕后处决。刘邦开始对吕后刮目相看。不过，刘邦此时的注意力主要还是集中在韩信身上。韩信一死，多年来的隐忧解除，刘邦当然高兴。然而，过了一会儿，刘邦又感到了悲哀。他为韩信而悲，毕竟是多年的战友，是韩信为刘邦制定了东征以夺天下的方略，也是韩信在楚汉战争中袭击项羽后路，攻破赵国、燕国、齐国，并与刘邦合兵一处最终消灭项羽。当年项羽很想拉拢韩信，在相持阶段，如果韩信帮的是项羽而不是自己，那么现在的天下就不是他刘邦的了。而且，韩信在关键时候救过刘邦的命，韩信是有大功的。若是由刘邦处决，他不会像吕后那样无情，也没打算将韩信的三族赶尽杀绝。所以，刘邦在伤感之余，叫来知情人，询问韩信死前情形，知情人就告诉他韩信的临终遗言，说韩信后悔没听蒯通之计。刘邦一听，再次警觉起来，马上下令通缉蒯通。把蒯通抓来

[1] 见《史记·淮阴侯列传》。

后，刘邦气势汹汹地要杀他。蒯通便问："皇上为什么要杀我？"刘邦生气地说："你教韩信造反，我还不杀你？"蒯通从容地说道："狗只忠于自己的主人，除了主人之外，任何人它都咬。当时，我心中只有齐王韩信，并不知道有陛下。秦朝丧失天下的时候，中原逐鹿，大家都在夺取天下，谁先夺到就是谁的，就看各自的本事大小。很多人都争着做陛下做的事，知识能力有限，没有成功罢了。难道就因为不成功，陛下就要将这普天下失败的人都杀光不成？"刘邦一听，觉得有理，宽宏大度地将蒯通释放。由此可见，刘邦这个人的处事方式，远没有吕后那么狠毒。所以，刘邦在赞赏吕后为自己铲除一块心病的同时，也对吕后有了另一层的认识。

吕后的政治才干还在铲除异姓王彭越的过程中得到充分的展露。

彭越与韩信一样，是在楚汉战争中崛起的。他出身于草莽之间，公元前206年项羽大封诸侯的时候，他已有一支一万多人的队伍，只因没有跟随项羽入关，所以备受项羽冷落，没得到任何封赏，因此对项羽非常不满，转而投靠了刘邦。楚汉战争爆发后，刘邦任命彭越为将军，令其率领部队在后方与项羽独立作战，有力地牵制了项羽的大军。彭越势力越来越大，基本上占领了原来魏国的大部分土地。当刘邦想要对项羽发动全面反攻的时候，彭越虽然没有像韩信那样张口要求封王，但以消极态度迫使刘邦封其为梁王，统治魏国的旧地，成为与韩信、英布并立的三大诸侯王之一。彭越的目的达到后，再没有其他野心，于是迅速出兵，帮助刘邦消灭项羽。汉朝建立后，彭越对刘邦忠贞不贰。但韩信被刘邦逮捕并贬为淮阴侯以后，彭越开始为自己的处境担心，除恭恭敬敬地连续两次入京朝见刘邦外，也加强了防备。

刘邦出兵平定陈豨叛乱时，彭越害怕蹈韩信覆辙，称病不出，只派一个将军率几千人增援刘邦。刘邦大怒，派专使斥责彭越的不忠行为，彭越为此非常着急，打算亲自到刘邦面前谢罪。但手下一名部将为他分析，认为现在谢罪已为时太晚，不如干脆造反。彭越没有听从部将的建议，但也不敢去见刘邦，怕刘邦像抓韩信那样囚禁自己，于是仍然称病不出。这个时候，彭越身边的一位太仆犯了法，因害怕受到惩罚，便逃出梁国，找到刘邦，反诬彭越造反。刘邦借着这一把柄，马上派人抓捕彭越。彭越没有造反之心，因此束手就擒，被押送到洛阳，接受审讯。

根据彭越的态度，刘邦断定彭越不会造反，且谋反的证据也不充足，彭越理应被释放回去，继续当他的诸侯王。只是，刘邦铲除异姓王的决心已下，虽然没杀掉彭越，却依然借此机会夺去彭越的王位，将其流放到蜀地的青衣（今四川临邛西南）。只要彭越对刘家天下不再有威胁，刘邦还是愿意留下彭越的性命的。

彭越内心自然是非常委屈的，一下子无缘无故就从诸侯王被贬为平民，搁在谁头上都难受。但似乎值得庆幸的是，在流放途中，彭越正好遇到了从长安前往洛阳的吕后。二人算是熟人了，往常见面时也是非常亲切，彭越自然也没少送过吕后礼物。所以，彭越一见吕后，以为遇到了救星，眼泪一把鼻涕一把地求吕后为自己求情，恳请皇上收回成命。吕后和颜悦色地安慰着彭越，答应一定帮忙求情。彭越自然异常感激。没想到，吕后一见刘邦，就说：“彭王壮士，今徙之蜀，此自遗患，不如遂诛之。”[1]吕后劝刘邦杀掉彭越。刘邦再次警觉起来，但又不忍心这样处死彭越，犹豫不决。吕后见势，主动提出由自己来处置彭越。刘邦点头。

吕后又一次有机会处理这样的大事，顿时兴奋起来，她根本不给彭越说话的机会，便将其定为夷灭宗族的大罪。不仅如此，吕后还发出命令，将彭越杀死后再捣为肉酱，并令使者拿着彭越的肉酱传示诸侯王。吕后铁腕之手段、蛇蝎之心肠，由此可见一斑。随着吕后权力欲的膨胀，刘邦不能不对吕后产生戒备心理。

---

[1] 见《史记·魏豹彭越列传》。

情感让位于理智

当然，吕后再怎么嚣张也无法逾越刘邦。刘邦晚年宠爱美貌的妃子戚夫人，并爱屋及乌，非常喜欢戚夫人所生的儿子刘如意。戚夫人为自己的以后打算，整天磨着让刘邦改立自己的儿子为太子，以便日后儿子能够成为新皇帝。刘邦因此冷落吕后，对太子刘盈也很不满意，认为刘盈天性柔弱，不像自己，所以在公元前197年（汉高帝十年）的时候，刘邦正式向朝臣们提出废立太子的问题。大臣们一听皇上在太子没有什么过错的情况下就要改立，认为这是动摇朝廷根本的大事，所以纷纷反对。安国侯王陵、绛侯周勃、舞阳侯樊哙、御史大夫周昌等重臣均极力反对。周昌说话有点儿口吃，一着急就结巴。他与刘邦当面大声争吵起来，盛怒之下，别的话也说不出来了，只是一个劲地说："臣口不能言，然臣期期知其不可，陛下欲废太子，臣期期不奉诏。"[1]刘邦听着好笑，忍不住笑了起来，也就不跟他争吵了。这便是成语"期期艾艾"的一个来源。（《史记·张丞相列传》里说，周昌口吃，一说话总要重复说"期期"。南朝·宋·刘义庆《世说新语·言语》里说，邓艾口吃，一开口就要说"艾艾"。以后就用"期期艾艾"形容口吃的人说话不流利。）

《汉书》记载："上欣然而笑，即罢。吕后侧耳于东箱听，见昌，为

[1] 见《汉书·张周赵任申屠传》。

跪谢曰：‘微君，太子几废。’”就是说，周昌的这次口吃，成了调剂君臣关系的润滑剂，若非如此，刘邦可能当场就废立太子了，所以吕后对周昌非常感激。这也为刘邦的另一个遗嘱准备了条件。

不过，刘邦这一次虽然没有废立太子，并不表明他打消了此意。刘盈的太子地位非常危险，吕后日夜难寐，苦思对策。思来想去，她将希望寄托在张良身上。

张良也是秦汉之际的风云人物，他为刘邦出谋划策，为汉王朝的建立规划了蓝图，并在最关键的时刻使刘邦转危为安，屡建奇功，称得上汉初第一谋臣，无论资格、功劳都不比韩信差，但他不像韩信那样张扬，而是深得道家思想之精髓，以出世思想行入世大事。刘邦成就帝业，论功行赏时说：“运筹于大帐之内，决胜于千里之外，这就是张良的功劳。允许张良在齐地任意挑选三万户作为封邑。”张良一再辞让，最后说：“当初我在留县遇到皇上，这是上天的意思。我不敢接受三万户的厚赏，封给我留县就足够了。”刘邦对张良的这种态度非常欣赏，高兴地答应了，封张良为留侯。也正因为如此，刘邦对张良非常放心，他绝不会担心张良威胁到他的帝位。张良这样一个智慧绝伦的角色，在刘邦心中的地位更高了。

张良体弱多病，常常在家休养，后来干脆就不大参与政事了。但吕后涉足政治后，十分清楚张良的潜在影响力，所以对他非常关注。特别是在讨论太子废立的节骨眼上，吕后每次都躲在暗处观察事情发展的动态，了解刘邦及各位大臣的态度，迫切地寻求着转机。就在她一筹莫展，许多大臣的劝谏都无法使刘邦改变主意的时候，她突然注意到张良没有像别的大臣那样与刘邦争论，而是一言不发。吕后与一位亲信提到此事，那位亲信说：“留侯张良擅长出谋划策，皇上信任他。说不定他会有改变局面的奇谋。”吕后也有这种感觉，于是马上派兄长吕泽去找张良。

吕泽见到张良，说：“您常常为皇上出谋划策。现在，皇上要更易太子，您怎么能不闻不问，整天躲在后面睡大觉呢？”

张良内心里根本不想卷入皇家的矛盾旋涡当中，推脱道：“当初皇上多次身处险境当中，所以用了臣的计谋。现在天下已经安定，皇上想改立太子，这是皇上骨肉之间的事，虽有一百个张良劝说也是无济于事的。”

张良说得合情合理，但吕泽听从吕后的嘱咐，软磨硬泡，一定要张良出主意，张良自然也不愿意得罪吕后，最后献出一计，说：“像这样的事，空口劝说是于事无补的。现在有四位长者，皇上一直想请但至今仍没有请到。他们年龄都大了，讨厌皇上的傲慢无礼，宁愿在荒郊深山躲藏起来，也不愿做汉朝的子民。皇上对此十分在意，也一直对四人非常敬重。如果您愿意花重金，并让太子亲自写信，用谦卑的言辞请他们，然后派出能说会道的辩士用好车去迎接，他们可能会接受邀请。等他们来了以后，要待之为上宾，让他们时时陪伴在太子身边，随从太子一起上朝。皇上见了这四人，肯定会询问。一旦皇上知道这四位贤者都能够为太子所用，那就好办了。”

吕泽听后大喜，赶紧将张良的计谋转告吕后，吕后一点儿都不耽搁，马上着手办这件事，果真将四位隐者请到太子身边。

汉高帝十二年（前195），刘邦病危，感觉自己在世之日不长，遂不顾一切阻拦要改立太子。张良前来劝谏，刘邦不听。叔孙太傅以古今之事劝说，举出许多因废立太子造成的国家悲剧，并以死相谏，刘邦假装答应，但内心里改立太子的决心更加坚定。他之所以非要在太子没有过错的情况下予以改立，虽有宠爱戚夫人及其所生儿子刘如意的原因，更主要的其实是为刘氏江山着想。吕后的势力及野心不断壮大，吕后的情报人员安插在宫中朝野的各个角落，这些情况，刘邦怎能不知？所以，他防备着吕后，而吕后毕竟是自己的皇后，是家里人，所以他虽然担心吕后会在他百年之后有损于甚至篡夺刘氏江山，但这样的话毕竟不能跟臣属们说。

然而，就在刘邦打算下最后一步棋的关键时刻，他在宴会上见到了四位相貌特别的长者，他不得不改变主意。四位长者就是张良计谋中的四人。《史记·留侯世家》记载：

四人从太子，年皆八十有余，须眉皓白，衣冠甚伟。

上（指刘邦）怪之，问曰：“彼何为者？”

四人前对，各言名姓，曰东园公，角里先生，绮里季，夏黄公。

上乃大惊，曰：“吾求公数岁，公辟（避）逃我，今公何自从吾儿游乎？”

四人皆曰：“陛下轻士善骂，臣等义不受辱，故恐而亡匿。窃闻太子为人仁孝，恭敬爱士，天下莫不延颈欲为太子死者，故臣等来耳。”

上曰：“烦公幸卒调护太子。”

四人为寿已毕，趋去。上目送之，召戚夫人指示四人者曰：“我欲易之，彼四人辅之，羽翼已成，难动矣。吕后真而主矣。”

就是说，刘邦突然看到自己都无法召来的四位大隐者却心甘情愿为太子服务，说明天下人对太子的拥护之心。如果在这种情况下，自己仍要改立太子，则天下人将不服，刘氏江山的根基就动摇了。相比于这一根本性的问题，吕后与刘氏天下的矛盾反而退居其次。有鉴于此，刘邦毅然改变了自己多年来的想法。

这也说明了刘邦晚年在政治上的成熟——一切从大局着眼。

这件事也让我想到刘邦对儒家态度的转变。早在刘邦还未成为皇帝时，他十分鄙视以孔子为代表的儒家，他认为儒家是陈腐的，骂儒生为“腐儒”，甚至把儒生的帽子摘下来当尿壶使用，以此折辱儒生。所以他在儒生心目中的形象是很差的，正如四位隐者所说：“陛下轻士善骂，臣等义不受辱，故恐而亡匿。”然而，建立汉朝后，当那些在战场上立功的武将仍然像以前那样在宫殿上没有规矩时，刘邦也感觉不成体统，但又毫无办法。这时候，儒生叔孙通为他制定了朝拜礼仪，使得大殿之上秩序井然，也使他意识到儒家对一个国家秩序的重建有何等重要的意义。“马上打天下，但不能马上治天下”这个道理，刘邦当然懂，他的观念也随之发生改变。尤其是当他拼着老命都要铲除异姓王的时候，其实他已把汉朝的长治久安看得比他自己更重要了，所以他希望在楚汉战争之后能重新聚拢天下的英才，其中就包括儒生。为此，他还特地前往山东曲阜的孔子墓地，以最高的太牢礼祭奠孔子，这是中国最高统治者第一次以这样隆重的礼仪祭拜孔子，从中可以看出刘邦的态度。此时，他确实已深深地意识到以儒生为代表的文化精英对一个政权的重要性。然而，在焚书坑儒的秦朝暴政之后，在残酷的楚汉战争之后，想要重新聚拢天下真正有文化的精英，谈何容易？！正因为如此，刘邦才对四位隐者故意躲着他而耿耿于怀，几乎成了一个心病，如今太子得到四位隐者的辅助，便使他看到了汉朝的未来。这样的意义自然是最为重大的。

所以，为了江山，刘邦强硬地让自己的情感让位于理智。他不免伤心，无奈地对戚夫人说："吕后终究还是你的主子，这是改变不了的。"接着，又由戚夫人伴舞，刘邦唱起楚歌："鸿鹄高飞，一举千里。羽翮已就，横绝四海。横绝四海，当可奈何！虽有矰缴，尚安所施！"这是一位杰出政治家最大的智慧，却也是他最凄婉的悲歌，他硬生生地克制了自己的情感。

刘邦本想着尽自己所能，保护爱人及宠儿，但无法改立太子就无法保护戚夫人及其儿子。吕后一旦大权在握，戚夫人及其儿子的命运将会非常悲惨。这一点，刘邦看得很清楚，所以便有这样的悲歌，"歌数阕，戚夫人唏嘘流涕，上起去，罢酒"。

刘邦后来还想补救，特意封十岁的刘如意为赵王，让他统治强兵云集的赵国。如此他仍不放心，又将为人耿直且有恩于吕后母子的周昌召到身边，嘱托他保护戚夫人母子。这算是刘邦第三份遗嘱了。

这份遗嘱相比于其他遗嘱，分量明显不足，但体现了刘邦内心深处的情感。

最后的安排

刘邦的第四份遗嘱是在吕后的追问下说出的。

刘邦晚年心境十分苍凉，但非常清醒。他不像秦始皇那样追求长生不老的仙药，而是清醒地意识到人生的悲剧性结局——人总是要死的，并提前为自己事业的延续做着最深远的筹划。

临终前五个月的时候，刘邦回老家沛县走了一趟，本来是衣锦还乡，但刘邦内心多有忧虑，击筑而歌：“大风起兮云飞扬，威加海内兮归故乡，安得猛士兮守四方！”他念念不忘的仍是江山社稷。

刘邦改立太子的计划失败之后，他开始不动声色地筹划死后的人事安排。

吕后专权是必然的，她是刘邦几十年的患难夫妻，刘邦并不愿意杀死吕后。那么，如何在吕后专权的情况下，仍能稳固地维护刘氏江山？关键还是要有得力的大臣。既忠诚于刘邦，又能为吕后接纳，还能灵活地掌握局面，这样的大臣，普天之下找不出几人。

这件事颇费刘邦的心神。他必须依靠丰富的人生阅历和敏锐的洞察力，千挑万选出合适的人选。

经过无数次的筛选后，刘邦终于胸有成竹，但他并不急着露底，而是不动声色地等着吕后来问。

吕后虽然怨恨戚夫人及其儿子，但对刘邦的感情始终如一，从年轻时嫁给刘邦开始，她就把自己的命运全部寄托在刘邦身上。她也崇拜刘邦，要不是刘邦，她怎么也不可能从一个乡村妇女一跃而成为天下最尊贵的女人。对于朝廷大事，除了废立太子一事，吕后对刘邦的经营是非常佩服的。

刘邦将死，吕后最害怕的是出现朝廷的动乱。所以，她还必须依靠刘邦所建立的功勋，必须得到朝廷重臣的拥护，她迫切地希望得到刘邦对朝政大事最后的指示。这便引出了刘邦的最后一份遗嘱：

上击布时，为流矢所中，行道疾。疾甚，吕后迎良医。医入见，上问医。曰："疾可治。"于是上嫚骂之，曰："吾以布衣提三尺取天下，此非天命乎？命乃在天，虽扁鹊何益！"遂不使治疾，赐黄金五十斤，罢之。

吕后问曰："陛下百岁后，萧相国既死，谁令代之？"上曰："曹参可。"问其次，曰："王陵可，然少戆，陈平可以助之。陈平智有余，然难独任。周勃重厚少文，然安刘氏者必勃也，可令为太尉。"吕后复问其次，上曰："此后亦非乃所知也。"

意思就是：刘邦知道自己不行了，骂骂咧咧把吕后请来的医生赶走了，但他并不为难医生，还赏赐了五十斤黄金。吕后问刘邦："皇上百年之后，如果萧相国死了，谁可以接任？"刘邦虽病入膏肓，但头脑十分清醒，回答道："曹参可以。"吕后又问曹参之后由谁接替。刘邦说："王陵可以，只是王陵虽耿直但有点儿憨，需要由陈平辅佐。陈平呢，智谋有余，但不能独担重任。周勃这个人挺好，虽然不擅言谈，但为人厚道，日后安定刘氏江山的人肯定是他，让他做太尉吧。"吕后还要追问以后的事情，刘邦看她一眼，淡淡地说："以后的事，恐怕你也无法知道了。"

在这份遗嘱中，刘邦安排了三位相国（相当于总理及副总理职位）、一位太尉（相当于军委书记），基本上定下了国家以后的发展方向。解析这一遗嘱，我们可以发现刘邦在识人用人上的卓越才能。

当年刘邦刚当皇帝大宴群臣时，说：“各位不要隐瞒，你们认为我为什么能得到天下？项羽又为什么失掉了天下？”

高起、王陵等人回答：“平日里为人处世，陛下您傲慢而且轻侮人，项羽则显得仁厚而爱人。然而，陛下使人攻城略地后，会根据将领们的功劳授予土地财富，您是与天下人同利。而项羽则嫉贤妒能，残害有功的人，怀疑贤能之人，他不会奖励建立功勋的人，也不会将土地奖赏给攻下城池的将领，这是他失去天下的原因。”

归结起来就是，刘邦以不拘小节、大仁大义得天下；而项羽只靠小恩小惠笼络人，终究难成气候。

这显然是有道理的。但刘邦说：“你们只知其一，不知其二。若论运筹帷幄之中、决胜千里之外，我比不了张良；若论镇守国家、安抚百姓、供给饷馈、不绝粮道，我比不了萧何；若论打仗，连百万之军，战必胜，攻必取，我比不了韩信。这三个人，都是人杰，我重用他们，这是我能够取得天下的真正原因。项羽呢，身边只有一个能人叫范增，他还不能用他，这是他所以失败的原因。”可见，刘邦将识人用人放在最重要的位置，因而，他在这方面下的功夫也就最多。

还有一次对话，也能反映刘邦的用人特长。那是韩信被刘邦骗出领地、贬为淮阴侯之后。

有一天，刘邦问韩信：“如果我指挥军队作战，能率领多少人？”

韩信说：“陛下不过能率十万人而已。”

刘邦又问：“换成你呢？”

韩信回答：“多多益善。”

刘邦笑了，问：“你既然多多益善，为什么反而被我所擒？”

韩信道出其中奥妙，说：“陛下虽不能率太多的军兵，但陛下擅长用将，这是我韩信之所以被陛下所擒的缘故。”

这次对话又反映出，刘邦不仅知人善用，而且特别善于发现优秀的人才，再通过优秀人才管理更多的人。这便是一个成功帝王的典范。

刘邦的最大长处就在于此。

临终前，刘邦又将他的特长最大限度地反映在遗嘱当中，通过遗嘱中安排曹参、王陵、陈平、周勃四人，将他的大政方针长久地贯彻下去。

那么，曹、王、陈、周这四个人究竟有什么特点？刘邦为什么单单选中了他们？他们能否真正胜任？

刘邦的用人之道

先说曹参——他是刘邦所定的下一届总理（当时称为相国）人选。

对于曹参，刘邦是知根知底的。早在刘邦当亭长时，曹参与萧何就是沛县的基层官吏。职位虽低，但总比刘邦亭长的位置高点儿。刘邦起义时，又是萧何与曹参竭力拥护，所以二人称得上汉朝最初也是最重要的开国元勋。此后，经过战争的洗礼，经过无数次失败与困难的考验，萧何、曹参始终是刘邦最忠诚的战友和哥们儿，彼此之间建立了深厚的友谊，同时在治国理念上也有了非常一致的看法。

史书上，曹参总与萧何并称，却又总排在萧何的后面。

萧何是汉朝第一相，为汉朝的建立和发展立下了汗马功劳，主要体现在：

一、萧何慧眼识才，在刘邦未发迹前已意识到刘邦的巨大潜力，沛县百姓起义时甘愿放弃首领位置，力拥刘邦为沛公；又在刘邦未发现韩信的才能而不予以重任的情况下，月夜将逃跑的韩信追了回来，力劝刘邦重用韩信。单是这两件事，萧何就成就了建立汉朝最重要的两个人，就足以成为汉朝的头等功臣。

二、萧何深谋远虑，在刘邦率大军进入秦朝首都后，将领们都被金银财宝迷住了，刘邦也进入秦宫不愿出来，唯独萧何不贪恋财物，而是首先将秦朝有关国家户籍、地形、法令等的档案一一清查，全部保存起来，留待日后查用。这些秦朝的律令图书档案，使刘邦对天下的关塞险要、户口多寡、强弱形势、风俗民情等了如指掌，为制定正确的规章制度找到了可靠的根据，对西汉政权的建立和巩固起到了巨大的作用。楚汉相争时，刘邦联合各路诸侯与项羽作战，萧何镇守关中，不仅为刘邦治理出一个稳定的后方，在刘邦屡次战败时提供源源不断的粮草和兵力，而且还制定了各种法律规章，划分行政区域，为刘邦建立一统全国的汉朝进行了周密的安排和筹备，这对汉朝的稳固与长久无疑是非常重要的。

三、萧何居功不傲、忠贞不贰。刘邦统兵在外时，国内的大权集中掌握在萧何手中，为了加强刘邦对自己的信任，萧何将家族中凡能拿起武器的子孙兄弟都送到前线，还力辞封邑，拿出家财移作军用，使刘邦放心地在前线作战。萧何还不顾与韩信的情谊，在韩信试图谋反的情况下出计谋除掉韩信，解除了刘邦的后顾之忧。

因此，当刘邦平定天下封赏功臣时，态度明确地将萧何排为第一功臣。刘邦的这种排法，许多大臣内心里是不赞成的，尤其是曹参。

曹参认为，论资格，他与萧何同时拥立刘邦，谁也不比谁高。论战功，在萧何治理后方的时候，自己却以血肉之躯拼杀于战场，打下两个诸侯国，攻取一百二十二个县，俘虏两个诸侯王、三个诸侯国相、六个将军，还有大莫敖、郡守、司马、侯、御史各一人。就像许多大臣们所说：曹参戎马生涯，“身被七十创，攻城略地，功最多”。还有一点非常重要，在刘邦命韩信为大将军时，曹参被任命为韩信的副手，实际上是刘邦安排在韩信身边的耳目。曹参处在这样一个位置，巧妙地调节了刘邦与韩信的关系，不能不说他在人际交往中有很独到的一面。刘邦初与项羽争锋时，屡屡失败，尤其在荥阳失守后非常狼狈。而此时韩信正在北线战场一路凯歌，军队空前壮大。刘邦失败后并未逃回关中，而是连夜赶往韩信军中，韩信正在睡觉，刘邦根本不去找他，而是通过曹参的引领，直接冲到韩信卧室，抢过帅印，将韩信的军队据为己有。刘邦为什么这么做？说明他对韩信已有了戒备心。而曹参在这件事上再一次显示出对刘邦的忠诚。

刘邦手中有了这支大军，才有实力迅速反攻项羽，进而取得天下。后来，韩信之所以在实力相当的情况下没有独立，曹参等人起到了很好的制约作用。所有的这些，刘邦肯定了如指掌。还有一点，刘邦曾经怀疑过萧何，甚至将萧何关进过牢狱，但对曹参一直非常放心，可见他与曹参的感情不比萧何弱。

然而，在论功行赏的时候，尽管武将们纷纷争功，显示自己如何如何占领了多少地盘，俘虏了多少战将，但刘邦最终还是将萧何排在前面。为什么呢？萧何所立的功劳多是关系全局战略部署的，而武将们攻城略地再多，也只局限在战术层面。所以，刘邦对武将们说：“你们知道打猎吗？你们知道猎狗吗？在猎场上，追杀狐狸兔子的是猎狗，发现狐狸兔子并指挥猎狗前进的却是猎人。你们也就是能追杀野兽，干的就是猎狗的事；而萧何就不同了，他统领大局，干的是猎人的事。况且，你们大多是一两个人跟随我作战，而人家萧何整个家族几十个人都跟着我，这样的功劳我是永远不会忘记的。”刘邦这样一说，大家心里肯定不受用，但也不敢说什么了，当天的会议就此结束。

不过，功臣们还是不甘心，他们想出另一个办法，就是为曹参请功，他们知道刘邦与曹参的关系，论起战功之多，曹参也是当仁不让的。这样，在第二天的朝会上，曹参又被抬了出来，呼声很高，一时间压过了萧何。曹参非常高兴。但刘邦心里明白，武将们为曹参请功，其实主要是为他们这个集团请功。在这种情况下，刘邦还是一碗水端平，认为萧何的功劳第一，但他又不愿意自己出面往曹参身上泼冷水。

正在难堪之际，一位叫鄂千秋的人站了出来，为萧何说话：“群臣议皆误。夫曹参虽有野战略地之功，此特一时之事。夫上与楚相距五岁，常失军亡众，逃身遁者数矣。然萧何常从关中遣军补其处，非上所诏令召，而数万众会上之乏绝者数矣。夫汉与楚相守荥阳数年，军无见粮，萧何转漕关中，给食不乏。陛下虽数亡山东，萧何常全关中以待陛下，此万世之功也。今虽亡曹参等百数，何缺于汉？汉得之不必待以全。奈何欲以一旦之功而加万世之功哉！萧何第一，曹参次之。”[1]归结起来就是说，汉朝的开创，缺萧何不可，而缺少曹参则不会妨害大局。刘邦一听，顺水推舟地说：“善。”于是将萧何定为第一功臣，曹参第二，而且把鄂千秋也封为侯。经过这么一折腾，曹参很受打击，本来非常友好的萧曹关系开始有了裂痕。

此后，萧何继续做汉朝的相国，辅助刘邦，以休养生息的国策治理天下，尽量减轻百姓的租税和徭役负担：农田每年抽税十五分之一，生育子女的可以免除徭役两年，并释放了一部分奴隶。他减少兵役，还命令大批军人复员，分给他们土地，让他们从事生产……这些举措，都有利于恢复经济、安定人心。天下百姓久乱思治，知道珍惜来之不易的太平环境，所以非常拥护新朝廷的统治。而曹参则被派往齐地，当了一个诸侯国的丞相，当他开始治理一方土地的时候，才知道萧何以往的难处——要扭转战争所带来的经济凋敝、民不聊生的状态，实在是一件苦差事，远比打仗更为复杂。曹参一时摸不着头脑，不知从何下手。幸亏有一名叫盖公的奇士出来帮忙，告诉曹参：“治道贵清净而民自定。”要曹参用黄老之术治理齐地，不要骚扰老百姓，以便老百姓能在战争之后专心地重建家园，开垦土地。曹参采用了盖公的建议，以此治理齐国九年，使齐国变得安定富足。人们纷纷称赞曹参是“贤相”，刘邦对曹参也非常满意，认为曹参已非昔日可比，能够担当治理国家的重任了。所以，他在吕后问及后事时，第一个想到的就是曹参。

刘邦逝世后，刘盈继位，史称汉惠帝。萧何仍为汉朝的相国。他知道自己年岁已高，在人世的时间已不久，于是抓紧时间完善国家的各种法规制度。惠帝二年（前193），萧何病重，即将离开人世。惠帝特意就新相国的人选咨询萧何。此时萧何与曹参的关系，给人们的印象，仍然是不和的。萧何没有直接回答惠帝的问题，只是说：“知臣莫若君。”惠帝由此想到刘邦的遗嘱，说：“曹参可否？”萧何说：“帝得之矣。”他承认曹

[1] 见《史记·萧相国世家》。

参是继任他职务的最佳人选，放心地走了。

而曹参呢，刚听到萧何逝世的消息，马上就收拾行李，准备去长安当丞相。家人问他，他说："萧何一定会向皇上推荐我的，圣旨马上就会下来。"他的家人还半信半疑呢，任命书已很快发了下来。

由此可见，刘邦、萧何、曹参，他们三人达成了古今罕有的默契，共同谱写了史书上一段佳话。分析其原因，多年来的相处相知算得上是主要原因，但治理国家不能光靠交情，更重要的是共同的治国理念。他们从起义一开始，打的就是反抗暴秦、安抚百姓的旗帜，等打下江山以后，所奉行的仍是休养生息的国策。

曹参继任丞相后，任命忠厚老成、清正廉洁的官员，开除不干实事、待人苛刻的官员，其他事就不再多管了。汉惠帝见曹参整日里非常清闲，除了喝酒还是喝酒，时间长了，终于忍不住责问曹参。

曹参反问："陛下您觉得您与高帝（即刘邦）相比，谁更加圣明神武？"

惠帝回答："我怎么能与先帝比呢？"

曹参又问："那您觉得我与萧何比，谁更加贤能呢？"

惠帝看看他，说："你恐怕比不了萧何！"

这句话正是曹参要听的，他马上表明自己的态度："陛下您说得太对了。高帝与萧何平定天下，法令都已非常完备，所以陛下现在只需垂衣拱手、无为而治；而曹参我以及其他臣子，只要继续延用高帝与萧何所定的法令制度，这样不就可以了吗？"

惠帝听后，无言以对。这样，曹参在出任相国的三年中，继续实行刘邦、萧何一贯主张的休养生息政策，为汉朝的发展打下了很好的基础。

司马迁对曹参的评价是："参为汉相国，清静，极言合道。然百姓离秦之酷后，参与休息无为，故天下俱称美矣。"[1]这一评价，再次证实了刘邦遗嘱中对曹参的认识是非常深刻的，而其影响也因此至为深远。

---

[1] 见《史记·曹相国世家》。

刘邦遗嘱中提到的王陵、陈平、周勃，是曹参之外第二个层面的人物。刘邦提拔曹参，主要从治国方向这一战略层面考虑，并没有评价曹参的优缺点。刘邦提拔王陵、陈平、周勃，则含有保护刘氏江山的战略战术多方面的考虑，他还以最精练的词语分别评价了这三位的优缺点。

刘邦给王陵的评语是："王陵可，然少戆，陈平可以助之。"王陵也是刘邦的老乡，刘邦早年很佩服王陵的豪侠仗义，把他当兄长看待。刘邦起义后，王陵也在南阳聚集起数千人的队伍，刘邦很想将王陵联合过来，但王陵始终不愿意。直到刘邦反攻项羽的时候，王陵才率军归刘。项羽也很看重王陵，他将王陵的母亲挟持到军中，试图逼迫王陵转投为他的部下，但王陵的母亲不愿意拖累儿子，对王陵派来的使者说："请你转告我的儿子，让他好好辅佐汉王，不要因为我的缘故存有二心。为了坚定他的意志，我愿意以死为代价。"说完，拿起宝剑自杀身亡。从此，王陵一心辅佐刘邦，忠贞不贰。但王陵这个人性子直，只要他认定的事就很难改变，他虽然明知道雍齿为刘邦所憎恨，但仍然按照自己一贯的做法善待雍齿，这使刘邦很不高兴。所以分封功臣时，刘邦并没有给王陵多大的实权，只授予他安国侯的爵位。不过，刘邦心里还是很欣赏王陵的"死心眼"的。这样的忠诚不会因时势变化而变化，刘邦不用担心王陵背叛他。所以，刘邦遗嘱中重新重用王陵，且把王陵放在功劳更大的陈平、周勃前面，其实就是把是否忠诚看作首要条件。当然，陈平与周勃对刘邦也是忠贞不贰的，但比起王陵来，还要差一大截。

刘邦此时的心思非常缜密。他从忠贞不贰这一角度安排了王陵之后，又客观地分析了王陵的缺点——不会拐弯，这样就难以在政局发生变化的时候应付自如，所以，他又从智谋的角度安排了陈平。他对陈平的评价是："陈平智有余，然难独任。"说起来，陈平这个人的人品根本无法与王陵相比，但他的特长是非常有智谋（包括阳谋与阴谋）。

陈平出身贫寒，但也称得上一个奇人，脑子里多的是各种计谋。他早年曾跟随魏王咎，不久受谗言所害，转投项羽，后来又因受到项羽猜忌转投刘邦。刘邦与他谈兵论武，非常投机，破例任命陈平为都尉，留在身边做参乘（出行时，陪他一起乘坐马车的官员），而且让他监护三军将校。此举引起了许多将领的不满，纷纷说他不过是“楚之亡卒，未知高下”，怎有资格监护长者？刘邦不以为然，反而更加重用陈平。后来，刘邦的老部下又翻出陈平的老底，说：“陈平品行不端，早年在家时曾与嫂子通奸，投军后又多次背叛上级，先背叛魏王，后又背叛项羽。不仅如此，他再投靠汉王为官后，品行依然不好，竟然私自收受手下军官的贿赂。谁给他钱多，他就对谁好。反过来，哪位手下给他钱少了，他就恶劣地对待。”刘邦听到这些话后，心里就不满了，责问陈平道：“我听说你先后当过魏王及项羽的部下，都不能全心全意地辅佐他们。现在，你又来辅佐我，这怎能不让人多心呢？”陈平回答：“当初我侍奉魏王，魏王不能用我，我离开他去帮助项王，可是项王也不信任我，他只是重用自己宗族和妻家的人，虽有能人奇士也无法得到重用。我久慕大王善于用人，所以才不远千里来投奔大王。”本来，这些话已回答完刘邦的问题了，但陈平料定刘邦还有其他疑虑，干脆主动承认受贿之事，所以继续说：“我投奔大王时什么也没带，不接受别人的钱财我就不好生存。臣为大王献计，大王如觉得有用就请采纳；如果大王听信谗言，觉得我没什么用，那么，大王您赐给我的财物还没有动，可以给那些送我礼物的官员，大王您也给我一条生路，让我辞职回家，老死故乡。”陈平这几句话，既非常坦白，又话中有话，表明了自己的优势。刘邦一听，疑虑顿消，重重赏赐一番，并提升陈平为护军中尉，专门监督诸将。从此，诸将再不敢诋毁陈平。陈平以往屡受挫折，而刘邦如此厚待他，让他能一展生平抱负，可谓有知遇之大恩，所以陈平定下心来，全力帮助刘邦，“六出奇计”夺取天下，成为创建汉朝最重要的谋士之一。

陈平所用的计谋，有许多是不择手段的。例如，刘邦被项羽军队围困在荥阳城时，陈平建议刘邦花重金离间项羽群臣，促使项羽对其最重要的谋士范增产生怀疑，令范增忧愤而死；接着他又不顾老百姓性命，驱赶两千名女子夜出荥阳东门，让项羽的军队去屠杀，以这样的方式使刘邦及自己有机会从西门逃出。汉高帝六年，陈平又向刘邦献上伪游云梦之计，在韩信并无谋反罪行的情况下将其引出并予以抓捕。再后来，刘邦被匈奴困在平城（今山西大同北部）七天七夜，眼看死无葬身之地，陈平又献出奇计，重贿冒顿单于的阏氏，并用了不好向世人启齿的龌龊手段，终于使刘邦得以解围。这便是史书上记载的所谓“奇计或颇秘，世莫得闻”。用现在的眼光看，陈平的许多计谋是要受到道德谴责的，但客观地评价，这些计谋又非常灵活，有起死回生的作用，所以他多次立下奇功，而且也深受刘邦的重视。所以，刘邦遗嘱中特地提到陈平，就是专门应对他死后可能出现的复杂局面的。再明确一点，刘邦遗嘱中的陈平，是专门对付吕后的奇药。而这一点，刘邦自不会告诉吕后。

除陈平之外，刘邦又推荐了周勃，说：“周勃重厚少文，然安刘氏者必勃也，可令为太尉。”这句话字字珠玑。“重厚少文”，是对周勃精准的评价；“安刘氏者必勃也”，是对未来的预测；“可令为太尉”，是对周勃的任命，让周勃成为掌握全国军队的最高军事长官。

解析一下刘邦对王陵、陈平、周勃的重用，可以发现，刘邦最重视的还是为人厚重、忠贞不贰，王陵、周勃都是这样的人；但同时他又意识到政治斗争中“奇招”的妙用，所以又重用陈平。这样的谋略与《孙子兵法》中所讲“以正合，以奇胜”相吻合。王陵、周勃是“正”，陈平则是刘邦所设的一个“奇”子。《孙子兵法》又讲：“善出奇者，无穷如天地，不竭如江河。终而复始，日月是也；死而复生，四时是也。声不过五，五声之变，不可胜听也。色不过五，五色之变，不可胜观也。味不过五，五味之变，不可胜尝也。战势不过奇正，奇正之变，不可胜穷也。”这些带有哲理思维的道理，不仅适用于军事，同样适用于政治。

刘邦就是一个擅长在“奇正”之间运用战术的高人。对王陵和周勃的重用，确定了刘邦死后的政治方向。而对陈平的重用，则以奇招巧妙应变时势，最终维护了刘氏江山。

料事如神

让我们一起看看刘邦设定遗嘱后的情况。

刘邦向吕后交代完遗嘱便赶赴黄泉而去。吕后被压抑的权力欲瞬息间极度膨胀，她将皇帝驾崩的消息严密封锁起来，并与亲信商量，试图将朝中的开国元勋们全部除掉，以便建立自己的吕氏江山。眼看就是一场腥风血雨。幸亏吕后的亲信中有一个明白人，为吕后分析道：“您要把大臣们全部杀掉，这是万万行不通的。您想，陈平、灌婴正率领十万大军驻扎在荥阳，樊哙、周勃手中还掌握着二十万大军。他们如果听到皇帝驾崩、功臣被杀的消息，还不联合起来进攻关中。到那时，朝臣们里应外合，我们还有立足之地吗？”吕后一听，吓出一身冷汗，也恢复了理智，公布刘邦逝世的消息，并按照刘邦遗嘱分封大臣，局面得以稳定。

新一代皇帝自然是吕后的儿子汉惠帝，汉惠帝心地善良，但性格柔弱，所以国家权力迅速被吕后执掌。

吕后不敢拿功臣们开刀，但没放过宫中的仇敌戚夫人，她迅速将戚夫人打入冷宫，剃去她的头发，强迫她不分昼夜地干活。接着，吕后又以皇帝的名义召戚夫人的儿子——已封为赵王的刘如意进京。刘如意刚刚十岁，根本不懂世事，但刘邦生前就预料到吕后可能会对付自己这个小儿子，所以封他为统领强兵劲卒的诸侯王，并安排忠臣周昌为赵国丞相，保护赵王。吕后派出的使者先后三次到达赵国，都被周昌找理由挡了回来。吕后非常生气，但周昌曾对她母子有恩，所以她没有对周昌下毒手，而是先将周昌召到京城，扣押起来。周昌被扣，赵国便再无人胆敢违抗朝廷的旨意，赵王因此来到京城。汉惠帝试图保护弟弟，特地让赵王跟自己住在一起，但吕后还是找机会毒死了赵王。赵王一死，吕后再无顾忌，以阴毒无比的心肠，派人将戚夫人的双手和双脚砍断，又挖去她的双眼，用毒药熏聋她的双耳，再给她灌上哑药，扔到厕所里，称其为“人彘”。吕后还故意延长戚夫人的性命，每天派人喂她点食物，让其求生不能，求死不得。不仅如此，吕后还特地拉着儿子汉惠帝一起观看“人彘”，当汉惠帝得知这就是曾经美艳绝伦的戚夫人时，顿时大哭起来，继而大病一场，让人告诉吕后：“你的行为不是人能够做的。我是你的儿子，终究不能治天下。”此后，汉惠帝不理朝政，以淫乐排遣忧愁。这正好满足了吕后的政治需求，她乘机放手专权，找借口饿死刘氏诸侯王中的刘友，又迫使刘邦的另一个儿子刘恢自杀，还铲除了刘邦姬妾所生的儿子燕王刘建……总之，在吕后眼中，刘氏诸侯王的存在是对自己专权的最大威胁，所以她要一个一个地铲除。

为了监控儿子汉惠帝，吕后又将外孙女——鲁元公主的女儿嫁给惠帝，并立其为皇后，希望能够生个儿子，以后继承皇位后进一步巩固吕氏家族的权力。但事与愿违，皇后始终不能怀上孩子，吕后急了，就让皇后假装怀孕，几个月后将宫中张美人刚生下的男孩抱来，宣称是皇后所生的儿子，然后又将张美人杀死，以除后祸。这个男孩取名刘恭，由皇后抚养，被立为太子。

汉惠帝弃理朝政后不断折损自己的身体，公元前188年，年仅二十三岁的汉惠帝抑郁而亡。吕后立年幼不谙世事的太子为新皇帝，自己成为太后，临朝称制，行使皇帝职权，为中国皇后专政的第一人。刘恭后来知道生母为吕后所杀，于是有了怨言，吕后得知，迅速痛下杀手，于公元前184年杀死少帝，立刘弘为（后）少帝，吕后照旧临朝天下，先后执掌大权达十五年之久。

再说朝中大事。由于开国元勋们掌握着军政大权，而且当时的国力尚处在不稳定状态中，北方的匈奴极大地威胁着汉政权，所以吕后也需要开国功臣们的支持，并没有对这些人下手。一切按照刘邦的遗嘱，萧何去世后，任曹参为相国。曹参之后，又立王陵为右丞相，陈平为左丞相（右在左上）。周勃则被封为太尉。整个国策，依然按照刘邦的既定路线，尽量减少对民众的干预，让他们自己发展。老百姓饱受过战国、暴秦、强楚时期的极端压迫，所以对休养生息的汉政权非常拥护，国家变得稳定起来。七年后，吕后临朝听政，认为自己羽翼已成，第一件事就是试图打破刘邦“非刘氏而王者，天下共击之！”的政治遗嘱，想要安排吕家人为王。然而，她刚在朝廷上宣布，王陵马上起而反对，其理由就是必须遵从刘邦的遗命。

当年刘邦想要改立太子时遭到过王陵的强烈反对，可以说对吕后母子有恩，但这并不表明王陵就是吕党。

刘邦显然没有看走眼，王陵忠厚耿直，不惜任何代价维护刘邦的遗嘱。

吕后很不高兴，转而询问其他大臣的意见。

没想到陈平、周勃马上赞同，说：“高帝平定天下后，分封子弟为王。现在太后称制，当然可以分封昆弟子侄。”

吕后一听，大喜。她害怕别人提出不同意见，所以马上罢朝。

王陵气呼呼地质问陈平和周勃：“当年与高帝歃血为盟时，你们难道不在场吗？现在太后将封吕氏为王，你们竟然背叛当年的盟约，阿谀奉承太后。你们这样做，将来有何面目去见地下的高帝？”

陈平、周勃暗含深意地说：“像今天这样犯颜直谏、冒死相抗，我们不如您。但保全社稷，安定刘氏江山，您就不如我们了。”

王陵听后，便不再言语。一个多月后，吕后改任王陵为皇帝的太傅，以此废除王陵的相权。

接着，吕后首先追封自己的父亲吕公为吕宣王、兄长吕泽为悼武王，然后赐女儿鲁元公主为鲁元太后，封鲁元公主的儿子张偃为鲁王，又封自己姐姐的儿子吕平为扶柳侯，将吕泽之子吕台、吕台之子吕嘉封为吕王……为了保持政权的稳定和平衡，吕后在大封吕姓王的同时也分封了一些刘姓王。这些举措的顺利进行，与陈平、周勃的“大力支持”密不可分。而论起陈平、周勃的作用，陈平是最主要的谋划者。

陈平在刘邦刚一去世就有了“背叛”行为，他为了讨好吕后，保全自己的地位，没有遵从刘邦的遗命将吕后的妹夫樊哙杀掉，反而十万火急地提前见到吕后，表明自己的功劳，由此博得吕后的信任，以至于樊哙的妻子——吕后的妹妹吕媭虽在吕后面前诋毁陈平，陈平依然安然无恙。后来，汉惠帝死，吕后身为惠帝的母亲，哭丧时却只是号啕，没有眼泪。吕后的异常举动引起张良儿子张辟强的注意。张辟强找到丞相陈平，分析道：“太后哭而不悲，是因为太子年幼，担心你们这些元老们不服，所以正考虑对付你们的办法。你们恐怕要大祸临头了。”陈平听着有理，让张辟强继续说下去。张辟强说：“如果您现在请太后封吕台、吕产、吕禄为将，统一指挥南军与北军，负责宫中的警卫，然后再加封吕家所有的子弟，让他们入宫，掌握宫中的大小职权。这样，太后的内心就安定了，你们也就可以免除被祸害了。”陈平一听，马上按照张辟强的计策行事。果然，吕后再哭死去的儿子时，就有了悲哀，掉下了眼泪。诸如此类的事，陈平干了很多，给人一种竭力讨好吕后的印象，因而获得吕后的信任。不仅如此，陈平还刻意与周勃交好，使周勃与自己保持一致。

汉高后八年（前180）七月，吕后病死。死前，吕后令吕禄统领北军、吕产统领南军，并告诫二人：“当年高帝平定天下后，与大臣们约定‘非刘氏而王者，天下共击之’。如今吕氏为王，大臣们内心肯定不服。一旦我死了，皇帝年少，大臣们恐怕要发动兵变。你们一定要率领军队保卫皇宫，而不要送丧，被别人所制。”接着，吕后为笼络人心，在遗诏中特地大赦天下，封吕产为相国，以吕禄的女儿为帝后。

吕后直到咽最后一口气的时候，仍惦记着保住吕家的地位，然而，她刚刚死去一个月，各封国的刘姓王便联合朝中大臣，发动了诛灭吕氏家族的斗争。周勃更是假称奉皇帝之命进入北军，受到将士们的拥护，迅速夺取了军队领导权。接着，他与陈平、刘章等人诛杀吕家人，随后杀死少帝，转而迎立刘邦与薄氏的儿子刘恒为帝。刘恒即为历史上有名的汉文帝。

所有的这些，都在验证着刘邦遗嘱中的正确判断。刘氏江山靠着陈平的灵变与计谋保存下来，而最终将刘氏江山安定下来的却是周勃。刘邦确实料事如神，这一点早已得到许多史学家的认同，班固就在《汉书》中衷心地称赞刘邦遗嘱为“终皆所言，圣矣哉”。

当我们放开眼光看待历史的时候，还会发现，刘邦的遗嘱称得上中国历史上最具智慧、最具影响的政治遗嘱之一。

有了刘邦的遗嘱，刘氏江山在经历了吕后的摧残后仍然能够风雨不倒，之后，又经过汉文帝、汉景帝的“文景之治”，汉朝进入鼎盛的汉武帝时代。

有了刘邦的遗嘱，汉初得以始终实施安定百姓的基本国策，避免了像秦朝、西楚那样昙花一现的短暂政权，从而造就了汉朝长久的统治。

甚至可以说，有了刘邦的遗嘱，才有了汉民族、汉文化全面发展的基础，其政治影响波及此后两千多年的封建王朝，而其文化影响则一直延续到现在乃至以后。

这样说是不是有点儿过呢？还请读者仔细辨别。

当然，刘邦绝非完人，对于这一点，他很有自知之明，所以遗嘱的最后一句话是“此后亦非乃所知也”。确实，吕后死后，同姓诸侯王势力不断壮大，从而出现七国之乱，这一点，就绝非刘邦分封同姓王时所能想到了。

信贤还是信亲

“郡国并行”，可以理解为一种现象，就是郡县与诸侯国并存；也可以理解为一种制度，就是郡县制与分封制并存。刘邦虽然铲除了异姓王，但又分封了大量同姓王，对他而言，这是一种最为稳妥的办法。

秦始皇实施郡县制，加强了中央集权，促成了强大的秦王朝。然而，秦始皇断然废除分封制，不仅使他的儿子们纷纷被杀，而且也使得秦朝在面临外部危机时没有各封国的支持，以至于迅速灭亡。

而周朝实施的分封制，虽然到春秋战国时期出现了很多问题，诸侯国之间的斗争最终导致周朝灭亡，但分封制毕竟维持了周朝数百年时间的统治。

前车之鉴，不可不察，在郡县制还没有完全体现出它的优势之前，刘邦没有一刀切地断然实施郡县制，而是实行郡县制和分封制并行的制度，体现出一位政治家在实施重大举措时的谨慎和成熟。

中央政权直接管辖的郡县是汉王朝的核心部分，以血缘关系为基础的刘氏诸侯国是外围，它们犬牙交错，共同形成对汉王朝的强大拱卫。刘邦这样的安排，是一个浩大的工程，把谁安排到这儿，谁安排到那儿，都可以说是煞费苦心！

当然，刘邦对同姓王也是有所警惕的。他对他的侄子刘濞就很不放心。刘濞彪悍有勇力，在铲除英布的战争中立有功劳，被刘邦封为吴王，统领东南三郡五十三城。本来，江东须有一位可靠而有能力的刘家人前去镇守，刘濞是最合适的人选。然而，当刘濞向刘邦辞行时，刘邦久久地盯着他，突然觉得刘濞有“反骨”，很不放心，告诫道：“你要慎重，一定不要反叛！”刘濞自然是连连应承。

可是，在汉文帝时期，刘濞就不把皇帝放在眼里了。他是汉文帝的堂兄，是当时诸侯王中辈分最高的，汉文帝很敬重他，他却骄横起来。有一年，刘濞的儿子吴太子到了京城，与皇太子下棋。吴太子平日里骄横惯了，也没把皇太子放在眼里。下着下着，竟与皇太子争吵起来。最后，皇太子抓起棋盘砸向了吴太子，不料将其砸死。此后，刘濞称病，再也不到京城朝见皇帝。这种违反国法的事情，汉文帝却也没有什么对策。谁让自己的儿子把人家的儿子砸死了呢？他也没多想刘濞还有更大的图谋，于是准许刘濞以年老为由不来朝见。如此，刘濞更有时间集中精力充实自己的实力了。吴国东面临海，可煮海盐牟利。境内有铜山，刘濞派人铸铜钱，号称吴钱遍布天下。他还开凿运河，吸引商贾，使得吴国富埒天子。依仗其财力，刘濞竭力笼络百姓，不收赋税，甚至出钱雇人替百姓服朝廷的劳役，并以重金招纳天下猛士，不断扩张军备。他时刻关注着汉朝廷的变动，等待时机。

汉文帝驾崩后，皇太子即位，这就是汉景帝。此时，很多诸侯国的实力都有大的提升，刘濞到处结盟，对汉政权产生巨大的威胁。汉景帝很是着急，但又投鼠忌器，害怕一着不慎为汉朝招来无可挽救的祸害。这种情况下，郡国并行的制度便出现了很大的问题。

御史大夫晁错建议汉景帝以削藩来解决问题，他说：“削藩他们会反，不削他们也会反。现在削藩，他们会很快反叛，但祸害会小。现在不削藩，他们反叛会迟一些，但祸害却更大了。”最终，汉景帝选择了削藩，先后削了楚王的东海郡、赵王的常山郡以及胶西王的六个县，接下来就是削掉吴国的会稽、豫章二郡。

在汉景帝的削藩政策下，很多封国的国王都有怨言。刘濞认为机会成熟，马上组成二十余万的大军，发兵反叛。胶西、胶东、淄川、济南、楚、赵六国一起响应，东越和闵越也发兵跟随，赵国还联络匈奴出兵。一时间，汉朝大乱，汉景帝害怕了，竟然杀了晁错，撤销削藩。但是，当汉景帝派出的大臣到达刘濞军中，要刘濞拜受皇帝诏书时，刘濞哈哈大笑，说："我已经当了东帝，你让我拜谁？"七国大军继续攻城略地，直逼睢阳，威胁函谷关。好在梁国等封国仍站在汉朝廷一方，拼力抵抗。而汉王朝经过多年的休养生息，也是国力大增。汉景帝又派出擅长用兵的周亚夫（周勃的儿子）统领大军，三个月后大破吴军，平息了七国之乱。

中央政权的压倒性胜利使汉景帝扬眉吐气，他趁势采取了大规模的削藩政策，收夺各封国的支郡、边郡归朝廷所有；撤销封国自行任命的大量官吏，转由朝廷派出官员；收回封国自行征收赋税的特权；不允许诸侯王治理民政，只允许按照朝廷规定的数额收取该国的部分赋税作为收入……

从此，各封国渐渐名存实亡，与郡县没什么差别了。

然而，汉景帝并没能彻底结束郡国并行的局面，这一任务留给了他的儿子汉武帝。

第四章

“权力天下”的因果

——汉武帝之死与昭宣中兴

公元前 141 年　汉景帝驾崩，皇太子刘彻继位，是为汉武帝。

公元前 133 年　马邑之谋，汉武帝开始发动对匈奴的战争。

公元前 110 年　桑弘羊受命主抓经济，在全国范围内大力实施盐铁法、均输法、平准法。

公元前 92 年　巫蛊之祸。

公元前 89 年　汉武帝向全国下发“罪己诏”——“轮台诏书”，对以往好大喜功、劳民伤财的举措进行了深刻反省。

公元前 87 年　汉武帝驾崩，临终遗嘱以霍光、金日磾、上官桀、桑弘羊为顾命大臣。年幼的皇太子刘弗陵继位，是为汉昭帝。

公元前 81 年　盐铁会议召开。

公元前 80 年　上官桀、桑弘羊与霍光不和，企图发动政变，被霍光一举粉碎。霍光先后辅佐汉昭帝、汉宣帝，汉朝出现了“昭宣中兴”的局面。

临终前的忏悔

中国皇帝的遗嘱中，有许多是有教育意义的。汉武帝有一份遗嘱，即便放到现在，对当下一些浮躁的年轻人也非常有用。这里面蕴含着一个如何为人处世的道理。

甘肃玉门花海汉代烽燧遗址出土了一件七面棱形觚，前半部分是一篇诏书的抄件，有学者分析，这可能是汉武帝后元二年（前87）二月的临终遗诏之一。其内容为：

制诏：皇大子，朕体不安，今将绝矣！与地合同，众（终）不复起。谨视皇天之笥（嗣），加曾（增）朕在，善禺（遇）百姓，赋敛以理；存贤近圣，必聚糈士；表教奉先，自致天子。胡孩（亥）自汜（圮），灭名绝纪。审察朕言，众（终）身毋失。苍苍之天不可得久视，堂堂之地不可得久履，道此绝矣！告后世及其孙子，忽忽锡锡，恐见故里；毋负天地，更亡更在；去如舍庐，下敦闾里；人固当死，慎毋敢佞。[1]

在这份遗嘱中，拥有人间至高无上的权力、曾经不可一世的汉武帝，言语如此谦逊，充满了对天地的敬畏及对人生的感慨，并以自己一生的经

[1] 转引自王子今所著《汉武英雄时代》，标点符号略有改动。

验，为后继者做出事业与人生的指导，不失为一篇千古佳作。

我先把它翻译成现代汉语：

皇太子，我的儿子，我已经身染重病，很快就要离你而去。我终究将与土地融合为一体，再也无法复活。

我想告诉你，你继承皇位后，一定要善待你的兄弟姐妹，对他们要比我活着的时候还要好；

你一定要善良地对待百姓，向他们征收赋税时要遵循天理，不可以随意妄为；

你要保护并亲近圣贤的知识分子，要在自己身边聚拢起一大批擅长谋划的才士；

你要遵奉名教，躬行祖制；

你必须依靠自己的努力和才智，做一个英明的天子。秦二世胡亥不仅把自己毁掉，而且把秦朝的祖业也毁掉了，这样的教训不能不吸取。

人之将死，其言也善，你一定要好好琢磨我说的话，一定要遵循，终生不要违备。

孩子，人终究是人，人终究要死。我们都一样。我们无法永久地生存在这苍天大地之间，这就是自然的规律。我告诉你这些话以后，就将死去！

告诉后世及其孙子：忽忽锡锡，恐见故里；毋负天地，更亡更在；去如舍庐，下敦闾里；人固当死，慎毋敢佞。

最后一句话就像后世佛门中的偈语，令我不自觉地想起近世弘一法师的临终遗言："君子之交，其淡如水；执象而求，咫尺千里；问余何适，廓尔忘言；华枝春满，天心月圆。"

当然，汉武帝遗嘱与弘一遗言只是字数及形式上类似，其精神境界则完全不同。弘一法师作为佛门大师，临终时已完全出世，精神境界与自然融为一体，是无比纯净的；而汉武帝仍然是入世的，是对天道与人生命运的感慨，也是对以往过错的忏悔。

临终的这种深刻的忏悔，与我们印象中的汉武帝形成鲜明的对比。

辉煌背后

汉武帝本名刘彻，是汉景帝的儿子，公元前156年生于宫廷之中，四岁时被封为胶东王，七岁时被立为太子，十六岁时成为皇帝，到公元前87年死去为止，一共做了五十四年皇帝。他是一个有雄才伟略的帝王，在实施一系列改革性措施后，带领汉王朝走向鼎盛。人们习惯上将汉武帝与千古一帝秦始皇并称。

从以上这些简单的履历中，我们可以看到，汉武帝的一生是何等辉煌！不过，我们希望透过辉煌的表象看到更为实在的东西。

刘彻生于人间最为显贵之地，受到最好的教育，很早就学习治国之道，但最显贵的地方也是权力最集中的地方，有着极其残酷与激烈的斗争。刘彻不得不很早就面对各种斗争所带来的压力和威胁，尤其是几件与他密切相关的死亡事件，以及由此带来的权力的变化，必然深刻影响着他的心理和性格，对他的一生产生巨大的作用力。

第一件事是前太子自杀事件。

在刘彻当太子之前，本来是有一位太子的，那就是他同父异母的兄长栗太子。栗太子的母亲栗姬言辞间得罪了汉景帝，刘彻的母亲王夫人乘机联合皇帝的姐姐长公主刘嫖，使出阴招，故意指使大臣上书，请立栗姬为皇后。汉景帝认为这是栗姬故意干涉朝政，将其打入冷宫。不久，栗姬死去。栗太子也受到牵连，被贬为临江王，刘彻这才被立为太子。

再说栗太子，都已经成临江王了，仍然不被放过。宫廷斗争无所不用其极，不久之后，临江王就被冠上一个罪名，称他故意侵占宗庙外空地扩充宫室，将他关入监狱，他落在了酷吏郅都之手。很快，临江王自杀身亡。

刘彻当上太子时年龄尚小，当然无从参与什么宫廷斗争，但栗太子的死必然能对日渐长大的刘彻起到警示作用。用现在的话讲就是，宫廷中处处枪林弹雨，弱肉强食，要想存活和发展，必须强大自己，掌握权力，冷酷地对待对手，适应丛林法则。

第二件事是梁王刘武之死。

刘武是汉景帝刘启同父同母的弟弟，他们的母亲就是著名的女政治家窦太后。窦太后出身贫寒，年幼入宫侍候吕后，年龄稍长，被吕后赏赐给代王刘恒，最受刘恒宠爱，刘恒成为皇帝后，窦也被带入皇宫，不久成为皇后，并为汉文帝生下了两儿一女，即汉景帝、梁王刘武以及长公主刘嫖。汉文帝死后，窦皇后成为皇太后，成为最尊贵、最有权力的女人，她总希望精明能干的小儿子也能像兄长一样成为皇帝。汉景帝和弟弟刘武的感情也是非同一般，汉景帝曾亲口说过要立刘武为储君，日后继承他的帝位。不过，那只是汉景帝高兴时说说而已，在弟弟和儿子之间，他还是选择了儿子。窦太后和刘武却牢牢地记住了汉景帝的话。所以，当栗太子被废后，他们认为机会来了。一次宴会上，窦太后就提出：皇帝应按照商朝兄终弟及的传位办法，将刘武立为太子。汉景帝不好不听母亲的吩咐，但他想让大臣袁盎等人说服窦太后不能这么做。袁盎见到窦太后，问：“太后您是想要立梁王吗？”窦太后点点头。袁盎又问：“臣斗胆请问，日后梁王死，又该立谁呢？”窦太后说：“自然是当今皇帝的儿子。”袁盎再问：“那时候，梁王的儿子一定也想当皇帝，该怎么办？”这个倒是窦太后没有想到的。袁盎就说：“如果那样就很容易造成纷争，影响国本呀！”然后他又讲了一番父位子承这一传统对于王朝的重要性。窦太后是政治家，最根本的着眼点自然还是在汉王朝的稳定上，所以听袁盎这么一说，她放弃了原来的主张。这样一来，刘武想当皇帝的梦想从此破灭，他心里过不了这个坎，对袁盎这些大臣恨之入骨。过了一段时间，他竟采取极端手段，派出刺客，一连串地刺杀了袁盎等十几位大臣。由于刺客留下了作案痕迹，案子很快就被破了，汉景帝勃然大怒，要法治刘武。但窦太后爱子心切，茶饭不思，日夜哭泣，汉景帝很是头疼。最后，刘武手下的两个亲信成了替罪羊，自杀身亡。此事虽然就此过去，但汉景帝已不再像以往那样喜欢刘武了，而且，刘武想要进京朝见，汉景帝都不愿意见他。刘武因此十分难过，没过多久竟然忧郁而亡。

刘武的死，窦太后认为是汉景帝间接造成的，以绝食向汉景帝表示不满。汉景帝很是着急，赶紧和姐姐刘嫖商量，最后的结果是，把梁王刘武的五个儿子都封为王，这样才过了窦太后那一关。

从汉王朝的整体利益看，汉景帝的这一招也很漂亮，因为他在同一封国中分了五个王，这就意味着每一个诸侯王的权力只能是原来梁王的五分之一。这是削弱诸侯王权力的一个极其有效的办法，也对日后的汉武帝很有启发。

第三件事是汉景帝之死。

汉景帝在位十六年，只活了四十八岁。他基本上继承和发扬了汉文帝“与民休息”“无为而治”的治国理念，让民间自由发展，由此调动了百姓的积极性，使得整个社会经济得到迅速发展，到他临终时，整个王朝已非常富裕，达到“文景之治”的高峰，也为汉朝真正进入盛世打下了很好的基础。

在执政方面，汉景帝最大的贡献就是削藩，平定了七国之乱，使诸侯王成为只征收部分租税而无其他实权的贵族，诸侯国逐渐等同于郡县。只不过，同姓诸侯王盘根错节、根深蒂固，汉景帝虽取得重大进展，但未彻底消除诸侯国的威胁。中央集权制度没能完备地建立起来，更是汉景帝的遗憾。所以，他对继任者刘彻是寄予厚望的。

汉景帝最大的心病是匈奴对汉朝的侵犯与欺辱，这其实也是所有汉初统治者的心病。匈奴是生活在中国西部和北部的一个强悍的游牧民族，常常南下侵犯中原。秦始皇修筑长城，主要目的就是为了防御匈奴。然而，光靠长城肯定不行，还需要强大的军队。秦朝时强大的秦军使得匈奴无法南侵。但秦朝一灭，中原内乱，匈奴再次肆意南侵。刘邦可谓是汉朝最会打仗的皇帝，曾在军事力量最强的时候，率三十二万大军，想彻底击败匈奴，可是没想到差点儿被匈奴活活困死在白登山。自此以后，刘邦意识到汉朝的军事力量还无法与匈奴对抗，只好委曲求全，以和亲等方式与匈奴交好，缓和双方的关系。然而，匈奴并不严格遵守合约，只要遇到自然灾害，就南下汉地，大肆抢劫侵略，使汉朝执政者很是头疼。匈奴首领甚至故意侮辱汉朝皇室，最典型的例子就是对待吕后。匈奴单于故意给吕后写信，极尽亵渎之能事，说吕后你就是个寡妇，而我呢正好是单身，两个人孤独生活都没什么乐趣，你不如就当我的老婆好了。吕后看完信后，自然气得要死，但生气以后还得理智地处理，她亲笔写信回复：“单于不忘记我们这个破旧的王朝，亲自赐予书信，使我们十分恐惧。看完信后我照镜子看了看自己，我呀，已经年老气衰了，头发牙齿都掉了，走路也走不稳，单于肯定是听了别人的误传才想娶我的，我怎么能配得上您呢。我们的王朝没什么罪过，还请单于能够赦免。这里有我自己专用的两乘御车，两匹马，请您笑纳，供您使用。”[1]单于没想到吕后会这样答复，倒觉得自己太不懂礼仪了，于是与汉朝和亲。总而言之，即便是和亲，隔段时间，匈奴总还是要侵犯汉朝，侵犯时不仅抢劫，有时还将汉人成千上万地杀死。 这无疑是汉朝的耻辱。汉景帝时期一方面培养了李广等大将，设法加强军事力量，另一方面继续与匈奴和亲。然而，就在汉景帝去世前不久，匈奴南侵，“入雁门，至武泉，入上郡，取苑马”。[2]汉军在抵御时，战死者达两千人。对此，汉景帝无法掩饰自己内心的忧虑，种种情形

[1] 见《汉书·匈奴传》。
[2] 见《汉书·景帝纪》。

看在刘彻眼中，他对匈奴也充满了恨意。

第四件事是赵绾、王臧自杀事件。

这件事发生在汉武帝即位之后。汉武帝十六岁就成了一国之尊，正是血气方刚、精力充沛的时候，虽然按我们现代人的观点，十六岁肯定还嫩了点儿，还是未成年人呢。但当时的人可不敢这么去想，因为汉武帝此时已拥有了至高的权力，何况他还有那么丰富的人生阅历。

在当太子的时候，汉武帝已经在政治斗争中磨砺成钢，更在汉景帝以及众多高师的指导下，有了自己一整套的治国思路和过硬的政治手腕，他想站在父皇的肩膀上成就更大的伟业。所以，汉武帝刚即位不久，就大张旗鼓地诏令丞相、御史等官员举荐人才，大量招揽那些贤良且敢于直言进谏的士子。汉武帝的举动必定使他的支持者血脉张，以至于他的老师——时任宰相的卫绾给出了一条建议：他认为贤良中那些研习申不害、商鞅、韩非子、苏秦、张仪之言者，都是扰乱国政的，请汉武帝全部罢免。[1]这等于是向汉初沿用的“黄老治国”的方略开炮。

所谓“黄老治国”，就是以道家的无为思想治国，与民休息，各种思想并用，像以申不害、商鞅、韩非子为代表的法家，以苏秦、张仪为代表的纵横家，都是汉初时代的显学。前面已提到，“与民休息”的治国之策使得汉朝出现了文景之治，本来是非常好的。可是，再好的国策都必须和国情相结合，一旦与国情相违背，“先进”就可能转化为“落后”。“黄老治国”的弊端在汉景帝时期已逐步显现出来，那就是，它适合于休养生息，但没有一个核心，太散了，不容易统一思想，而容易造成全国一盘散沙。“黄老治国”的思想最为像淮南王这样的诸侯王所喜欢，道理很简单，因为这样他们就不必受中央的约束，可以名正言顺地发展和强大自己。所以，各诸侯国大力拥护并宣扬黄老思想。

汉景帝在世时已强烈地认识到这个弊病，他的削藩之举其实也可以看

---

[1] 见《汉书·武帝纪》。

作是对“黄老治国”的削弱。但汉景帝没有能够改变这个国策，因为他的面前是以他母亲窦太后为首的最坚固的铜墙铁壁。从吕后到汉文帝时代，窦太后亲眼见证了“黄老治国”是怎样把一个十分衰弱的王朝变得繁荣昌盛的，所以，她是这一国策最坚定的支持者和执行者，不允许任何人违背。正如《汉书》所言：“窦太后好黄帝、老子言，景帝及诸窦不得不读老子尊其术。”[1]

汉景帝其实也做过一些尝试。例如他曾提拔并设法保护一位叫辕固生的儒生。辕固生因为传习《诗经》而被汉景帝任命为博士，很受汉景帝器重。有一次，辕固生与道家的黄生在景帝面前展开争论。黄生说：“汤王、武王并不是秉承天命继位天子之位，而是弑君篡位。”辕固生反驳说：“不对。夏桀、殷纣暴虐昏乱，天下人的心都归顺商汤、周武王，商汤、周武王顺应天下人的心愿而杀死夏桀、商纣，这不是秉承天命又是什么？”黄生说：“帽子虽然破旧，但是一定戴在头上；鞋虽然新，但是必定穿在脚下。为什么呢？这正是上下有别的道理。夏桀、商纣虽然无道，但是身为君主，身处上位；商汤、周武王虽然圣明，却是臣子，而居下位。君主有了过错，臣子不能直言劝谏，反而借其有过而诛杀君主，取代他而南面称王，这不是弑君篡位，又是什么？”辕固生反驳：“如果非按你的说法，那么高皇帝（指刘邦）灭掉秦朝即天子位，也不对吗？”汉景帝听不下去了，让他们终止争论。辕固生与黄生的争论，其实针对的是汉朝是否需要改变国策的问题。这一争论被窦太后知道了，气愤之余，她特地召见辕固生，故意问辕固生读《老子》的体会。辕固生自然明白窦太后的立场，但他坚持自己儒家的态度，干脆地回答：“《老子》中的话，不过是俗人的言语罢了。”窦太后大怒，当即下令把辕固生关入兽圈，让他和野猪搏斗，这显然是要置辕固生于死地。汉景帝虽然想保护辕固生，但他不敢违背太后的旨意，最后给了辕固生一把锋利的兵器（估计暗地里还

[1] 见《汉书·外戚传》。

派人给野猪下了点儿药，这一点史书上没有记载），结果，辕固生很容易就刺死了野猪。窦太后也就不好再多说什么了。不过，汉景帝一生，并没有改变“黄老治国”的国策，他把这一难题留给了自己的儿子。

一直信奉“黄老之说”、从不多事的卫绾竟向“黄老治国”的方略开了第一炮，这显然是汉武帝的意思。所以，在卫绾提出建议后，汉武帝马上批准。可是，窦太后此时虽然年已长、目已盲，但她仍是太皇太后，以高超的政治手腕掌握着大汉的命脉。她依然不允许任何人改变国策，并很快就找到了卫绾失职的证据，罢免了他的宰相职务。

卫绾去职是以较为缓和的方式进行的，自然不会影响汉武帝革新的强烈决心，所以他大张旗鼓地提拔了儒林中的代表人物赵绾、王臧等人，让他们冲到第一线。赵绾、王臧认为汉武帝既然已是一国之君，治国之事就不必请示太皇太后了，这让窦太后非常生气，马上就把二人抓了起来，关在狱中。很显然，如果汉武帝想要保此二人，自己的皇帝位置也将不保。最后，赵绾、王臧在狱中自杀。他们其实是为汉武帝而死的。这件事对汉武帝是个沉重的打击，他意识到，自己虽然是皇帝了，但实质上的至高权力仍掌握在以太皇太后为首的更为强大的权力集团手中，他仍将受到不断的磨砺。

汉武帝即位后，窦太后仍然在世达六年之久。她固然约束着汉武帝，但从另一个角度，她也最终使汉武帝成为一个非常成熟的政治家，使他既有雄才大略，又有强硬手段，为其建立罕见的伟业奠定了坚实的基础。

窦太后去世后，汉武帝开始真正施展自己宏伟的政治抱负。当丞相田蚡（汉武帝的舅舅）想要专权，大量推荐自己的亲信时，汉武帝冷冰冰地说：“你准备任用的官员都提完了吗？我也打算用几个人呢？”此后，他便将大权掌握在自己手中，实行了非常张扬的统治。

在治国思想上，汉武帝一反汉初以来清静无为的政治主张，采纳了大儒董仲舒的建议，“罢黜百家，独尊儒术”，设立太学，使儒学一跃而为经学，成为官方唯一认定的学说，而其他思想只能在民间发展，或者向儒学靠拢。他又接受公孙弘的建议，建立学校制度，以儒家经典为太学教育的基本教材，开设经艺考试，为各级部门提供官吏人才。如此一来，只有受到儒家教育的人才可以入朝为官。儒家重礼节、重秩序，董仲舒所鼓吹的大一统思想以及“三纲”（君为臣纲，夫为妻纲，父为子纲）道德观念，都促使汉武帝拥有更加至高无上的权力，整个国家也形成了一整套由上而下的意识形态。从此，儒家成为中国两千多年的主导思想，对中国历史产生了最深远的影响。汉武帝是这种局面的开创者，单从这一点看，他就足以被称为千古一帝了。

在治国制度上，汉武帝最终结束了汉初的郡国并行制。他所实施的“推恩令”，是对汉景帝分封梁王之子的政策的推广，并以此为基础形成必须执行的国家政策。在此政策下，诸侯王将自己的封地传给继承王位的长子，同时必须划出一部分分给其他子弟做侯国，这些侯国将不再受原来诸侯王的领导，直接由各地的郡管辖。所谓“推恩”，表面上是将朝廷的恩泽遍及各诸侯王的子孙，实际上却将各封国的土地越分越小，让其势力越来越小，以至于跟其他郡县没有什么区别。此后，汉武帝又陆续找借口剥夺了六十八人的爵位，使汉初分封制带来的消极影响，完全消除。整个过程，其实就是将诸侯国的权力收归朝廷。

在中央集权方面，汉武帝更进一步提高皇帝的威权：在朝中，以设置大司马、侍中、给事中等高级官员来分割丞相的权力；在宫中，以宦官为中书，行尚书之权，参与国家政治的决策事宜，形成“中朝”，分割并监视着以丞相为首的“外朝”；在中央，汉武帝设立中央常备军，先设立期门军、羽林军，选拔陇西、天水等六郡的“良家子”组成，后又训练阵亡兵将的子弟，称为羽林孤儿，组成对皇帝绝对忠诚的中央军；在地方，汉武帝创设了刺史制度，将全国分为十三部，每部派一名刺史，代表中央行监察之责；在全国范围内，汉武帝极大地发展了选拔人才的“察举制度”，命令各级官吏保举贤良、方正、直言、极谏之士，听候甄别录用，并破格重用新阶层的知识分子，让他们加入到中央及地方官员的行列，有效地增强了中央集权统治。经过一系列大刀阔斧的改革，在汉武帝时期，中央集权统治形成一整套完备的制度，真正地稳固起来。这是继秦始皇建立集权统治后里程碑式的发展，此后中国封建王朝的统治方式即定格于此。就这一意义来讲，人们将“秦皇汉武”并称，也是非常有道理的。

在军事方面，汉武帝的威权与个性得到更大的张扬。匈奴让汉朝受了太多的窝囊气，他决心一雪汉朝的耻辱，主动挑起了对匈奴的战争。他最初想通过马邑之谋，将匈奴首领带领的匈奴大军引入三十万汉军的包围圈，然后一举重挫匈奴，可惜没有成功，反而引起匈奴更大范围的南侵。之后，汉武帝不惜举全国之力，先后派卫青、李广、霍去病等人率领数十万大军，向匈奴发起强大攻势。公元前129年春，汉军四万精锐骑兵分四路出击匈奴，两路败北，一路未与匈奴遭遇，只有一路战胜。然而，这并没有影响汉武帝出击匈奴的决心。两年之后，汉军再次远征时，汉军与匈奴之间更加残酷的拼杀与角逐也就展开了。经过血与火的战争，汉军最终夺取了匈奴长期占领的肥美的河套地区，在那里设置了朔方、五原两个郡。汉军又越过祁连山对匈奴猛烈进攻，使祁连山以北的大片土地（即现在甘肃省西北部河西走廊）成为汉王朝的领土。自此，汉朝与匈奴之间的攻守关系完全倒置，匈奴被迫向西北远徙，不敢再进行大规模的侵扰。汉武帝并不满足，而是再次派出大军追击匈奴，直至掌握西域门户，体现出“犯强汉者，虽远必诛”的精神和气魄。从公元前133年到公元前81年，汉匈之间的战争长达五十二年，重大战役都发生在汉武帝时代，彻底解除了百余年来匈奴对中原的威胁。除此之外，汉武帝还发动了对西、南、西南、东北方向的军事攻击，使汉朝疆域空前扩张，奠定了以后王朝疆域的基本格局，直到约一千七百年之后的清王朝才有所变化。

经济上，汉武帝则收回了很多民间拥有的权力。他采纳孔仅、东郭咸阳的主张，将冶铁、煮盐这两个最关乎人民生活的项目收归官营，以此充实国家的经济实力，加强国家的控制力。他又采纳经济学家桑弘羊的建议，在中国历史上首次明确地采取宏观经济调控政策，在京师设平准官，各地设均输官，根据各地情况，由政府直接经营运输和贸易，以平稳物价。此外，汉武帝还上马了一个又一个大工程，治理黄河、兴修水利、移民屯边等方方面面均有突破性的发展，整个国家呈现繁荣富强的局面。

在文化与外交上，汉武帝时期也达到极盛。文学上，汉赋空前繁荣；外交上，张骞出使西域，开通并维护了丝绸之路，极大地促进了中西文化的交流。

总而言之，汉武帝使汉王朝成为当时雄霸于东方的世界级强国，他极其张扬的个性和伟大的功绩，不仅在中国历史上，也在世界历史上写下浓墨重彩的一笔。以汉武帝这样的业绩与个性，很难想象他的临终遗嘱竟然如此谦逊、如此苍凉。

他教育儿子：要友善地对待亲人、百姓，要团结有才能的人士，要不辞劳苦地依靠自己的力量做一个英明的皇帝，不要张扬，要保守一些，遵奉名教，躬行祖制……这些话语简直与汉武帝霸气的作风有云泥之别，令我们不禁想要探究其中的原因。

迷乱中的巫蛊之祸

原来，一切都是双刃剑。

汉武帝多次发动的大规模战争虽然扩大了王朝的疆域，但在不知约束的情况下，再充实的国库也会空虚，再富足的民力也会衰竭，民众产生普遍的厌战情绪。

打仗需要人力财力支持，百姓被迫纳苛捐杂税，无数的将士因此死亡，无数的家庭因此破裂，民众陷入无尽的苦难；汉武帝还好大喜功，到处建造宫殿和皇家花园，使老百姓的生活雪上加霜。

汉武帝又喜欢出巡，以此炫耀他的“文治武功”，并在出巡时到处修筑楼台亭阁，祈望神仙光顾，这无疑仍需要百姓负担。

在出巡的路上，汉武帝还到处赏赐，单是公元前110年一次所需的上等绢帛即达百多万匹，很多地方官员因筹备供应不足而受到惩罚，有两个郡守甚至自杀谢罪，这也显示出汉武帝的残暴……

这样长久下来，汉武帝的权力欲得到最大限度的满足，他却因此遗忘了民生，逐渐失去了民心，即便他的头上仍然笼罩着令百姓敬畏的神圣光环，但民不堪其苦，被迫起而反抗。于是，在汉武帝晚年，政局明显不稳，天灾人祸不断，汉武帝终于意识到王朝的危机，他是个自视最高、最不服输的人物，所以仍在尽力维持。但后来，汉武帝发现，冰冻三尺非一日之寒，在不知不觉中，汉王朝竟然从最为鼎盛的时期走到了悬崖的边缘，这使得汉武帝非常担心，甚至产生了从来没有过的畏惧感。

对汉武帝打击最大的还是那场最严重的“政治动乱”——即“巫蛊之祸”。

“巫蛊之祸”其实也是一场权力之争，与汉武帝的残暴、迷信密不可分。

极端的权力往往带来极端的腐败与极端的残酷。在权力无限扩张的情况下，汉武帝的残暴性格也突显出来。

他制定了繁密而严酷的法令，重用酷吏，造成大量的冤案。

主管国家经济的部级官员颜异，只因对汉武帝制造白鹿皮币的政策表达了不同意见，即被汉武帝记在心中。酷吏张汤乘机落井下石，竟以荒唐的“腹诽”罪判处颜异死刑。所谓“腹诽”，就是虽然在行动上没有表现出来但在内心里进行诽谤。这当然是莫须有的罪名。

李陵、司马迁事件也是典型的例子。公元前99年，大将李陵奉命出征匈奴，率五千步兵深入戈壁，被匈奴八万骑兵打败。撤退过程中，李陵以远远低于匈奴的兵力，在极度困难的情况下多次重挫对手，但最终寡不敌众，被匈奴俘获，继而投降。李陵忠于汉朝，之所以假意投降，是因为他想仿效苏武，有所作为。但汉武帝听到李陵投降匈奴的消息后，大怒，马上召集臣属们开会。那些阿谀奉承的官员生怕得罪汉武帝，都顺着皇帝的心思指责李陵。担任太史职位的司马迁生性耿直，他深知李陵的为人，对汉武帝说：“李陵非常爱护士兵，平日常以杀敌报国为最大愿望。这次虽不幸战败，但以不足五千人的步兵，深入沙漠与八万匈奴铁骑对抗，转战数百里，直至箭尽力竭，仍然冒死反击，其部下毫无二心，千古名将也不过如此。此次他虽然被俘，但曾力挫强敌，足以名垂天下。而且我相信，李陵忍辱投降，肯定另有计谋，要报效朝廷。”汉武帝早听得不耐烦了，马上露出残暴的一面，下令将李陵一家全部杀死，致使李陵无法再返汉地。司马迁也跟着受到牵连了。只因为司马迁的几句心里话，汉武帝听得不高兴了，就要处死司马迁。司马迁的亲人愿倾家荡产为司马迁赎罪，汉武帝免除了司马迁死刑，但残忍地转判司马迁腐刑。腐刑，就是将犯人的生殖器割除。若不是为了完成《史记》，司马迁早就自杀了。

还有李广利，他曾备受汉武帝器重，但有一次在统帅大军出征的途中，他突然听到皇帝竟以“诅咒”的罪名将他的妻子逮捕下狱。李广利知道自己回去后一定会被暴君诛杀，所以赶紧抛弃大军，只身投降匈奴。史学家柏杨称这一事件是“刘彻的残忍性格逼出来的国际笑柄”。[1]

除残忍之外，汉武帝还对巫术、天命、阴阳五行等非常信奉。如果以历史的观念客观地看待，适当的信奉应该也是合情合理的。这种现象不仅出现在东方，也出现在西方，不仅是汉武帝信奉，当时的人普遍都信奉。因为人们无法对很多自然现象，尤其是天灾做出科学的解释，必然产生种种疑问，并想获得合理的解答。

汉武帝最初向天下贤士征询治国之策时，就提出这样的问题：“三代守命，其符安在？灾异之变，何缘而起？”并提出如何改变人情风俗，如何能够将福泽延及苍生的问题。董仲舒根据当时人们普遍相信灾异论的心理，提出“天人感应”的思想，认为人间的祸福无不与天象有关，治国失道则天降灾害，治国得道并顺应民心，则天降祥瑞。他认为当时没有祥瑞的原因，是教化不立而万民不正。董仲舒等经学家巧妙地运用了阴阳家的理论，创造出“阴阳灾异论”，借以限制皇权，规范帝王的行为。他们认为皇帝的行为符合天道，天会出现祥瑞予以褒扬，如不符合天道，天就会降下灾异，做出警示。灾异就是自然灾害和怪异的自然现象。这些思想能够为汉武帝的疑问做出系统的解释，而且能以此规范社会秩序，调解人际关系，所以被汉武帝及当时的士大夫们普遍接受。

可是，汉武帝时期的经学也因此成为谶纬化的儒学。谶是秦汉间巫师、方士编造的预示吉凶的隐语，纬是汉代附会儒家经义衍生出来的著

[1] 见《中国人史纲》。

作。谶与纬其实与神学预言没有多大区别，以谶纬解经，开启了经学神秘化和庸俗化的大门。汉武帝以经学为国家意识形态，他和汉王朝的功业达到巅峰，这无疑加深了他对谶纬化经学的信奉，但如此一来，他迷信鬼神、信任方士、追求长生不老，逐渐达到无以复加的地步，但物极必反，这成为他晚年悲剧的重要原因。

晚年的汉武帝极端迷信，他像秦始皇一样，狂热地追求长生不老之道。因此，方士大量地涌现出来，装神弄鬼。各种迷信的说法开始盛行。有位名叫栾大的方士欺骗汉武帝，说自己找到了长生不老之药，汉武帝激动无比，不仅对栾大封爵赏金，而且将自己的女儿长公主嫁给栾大。当骗局败露后，汉武帝腰斩了栾大，但他的求仙之心并未消除，反而更加疯狂，转而相信别的方士，并不断派人到深山大海找寻仙药。汉武帝迷失了自我。唐人李华有诗写道：

日照昆仑山，羽人披羽衣。
乘龙驾云雾，欲往心无违。
此山在西北，乃是神仙国。
灵气皆自然，求之不可得。
何为汉武帝，精意遍群山。
糜费巨万计，宫车终不还。
苍苍茂陵树，足以戒人间。

这首诗对汉武帝的迷信思想进行了明确的讽刺。

我们现在来分析，为什么秦皇汉武这些称得上最聪明的人却会犯下这类低级错误呢？归结起来，除了前面所分析的限于时代之外，对他们而言，更主要的因素还是欲望，他们以天下第一人的尊荣，在以权力欲为核心的世间欲望都被满足的情况下，免不了要追求更高的东西。而皇帝被称为天子，皇权从一开始就与人类想象中的神权连在一起。这本来是皇帝老儿们哄骗老百姓的，但专政时间一长，他们耳朵里时时充斥着阿谀奉承的话，原本清醒的头脑变得糊涂了，于是骗人者变为被骗者，秦皇汉武都属此类。只是他们这样的被骗者，往往更加可怕，当迷信与独裁、残暴结合起来，他们变得异常自我与自私，成了人间的魔鬼，不仅草菅百姓性命，而且也不放过自己的亲人。

刘据是汉武帝二十九岁时才有的长子，这在当时来说年龄算很大了。之前，汉武帝也许怀疑过自己的生育能力，所以一旦有了儿子，心情之兴奋无以言表，很快将刘据的母亲卫子夫立为皇后，将刘据立为太子，定其为皇位的接班人。然而，随着其他皇子的诞生，汉武帝对刘据的宠爱逐日减少，亲密交流的次数也越来越少。刘据渐渐成人，有了与父亲不同的政治主张，他的身边聚拢了一批能人智士，这都使汉武帝很不放心。皇权的独一性和排他性，使汉武帝对所有人都充满了戒备。

尤其到了晚年后，皇权的交接大事自然而然地摆在世人面前，变成一个敏感的问题。许多朝臣为自己以后考虑，比以往更具目的性地接近未来的皇帝。这也是很正常的事。但汉武帝不愿意放弃自己的权力，他追求长生不老，妄图永远把持至高的权柄。于是，太子不期然地成为最能威胁汉武帝专权的人物。由于二人缺乏必要的交流，汉武帝对太子的戒备心理逐日增强，由“不放心”转化为 “怀疑”，刘据也因此变得战战兢兢。

矛盾在激化，偏偏又冒出了一个名叫江充的阴谋家，他与太子不和，深恐太子当皇帝后对自己不利，所以见汉武帝精神恍惚，经常生病，有意迎合汉武帝的迷信心理，说有人用“巫蛊术”作祟。

“巫蛊术”是一种迷信，就是将仇人的名字及生辰八字等信息写在一个桐木制成的木偶上，然后埋在地下加以诅咒，达到害人的目的。这种行为在西汉时很流行，汉武帝早年曾因“巫蛊案”废掉一个皇后，晚年也见过方士、女巫们以此行事，所以对江充的话深信不疑，当即令其彻底追查。江充有了皇帝给的尚方宝剑，马上兴风作浪起来。他们整人之前，总是事先派人暗中将木偶埋在被整那个人的住所，挖出以后自然予以治罪。

很快，“自京师、三辅连及郡、国，坐而死者前后数万人”，这成为全国性的重大事件。有了这些铺垫以后，江充将矛头指向皇后和太子，在获得汉武帝批准的情况下深入长安皇宫到处挖掘。汉武帝当时住在长安城外的甘泉宫（今陕西淳化西北），江充不受任何约束，得以肆意地在皇宫里制造冤假错案。在皇后、太子宫挖掘之后，江充趾高气扬地说：“在太子宫挖出很多木人，还有帛书，上面写了许多大逆不道的话。我要把这些情况上奏给皇帝。”太子一听，非常恐惧，他不甘心被冤枉至死，于是迅速发兵，逮捕并杀死江充。江充是皇帝的特使，所以汉武帝将太子的这一行为视为对自己的反叛，亲自指挥大军攻击太子，太子兵败，逃出长安。汉武帝严令各地通缉。最后，卫皇后、太子刘据均被迫自杀，其家族除刘据之孙刘询被搭救外，全部无辜受害。此次事件发生在汉王朝的统治中心，被杀者多达数万，且异常惨烈，天昏地暗，血流成河，更是动摇着汉帝国的民心。

当汉武帝经过多方调查，获知太子完全是被逼上绝路的时，内心深处的父子之情被强烈地激发出来。他一直认为自己是最对的，但没想到竟亲手酿造了一场父子相残的悲剧，在无比后悔的情况下，他的人性开始复苏，在刘据殉难的湖县修筑思子宫及望思台，同时反思自己多年来的所作所为。

“轮台诏书”——皇帝的检讨书

武帝晚年，太子被杀，宫廷多变，社会动荡，灾异频繁出现，在这种情况下，汉武帝郑重地下发了一道自我反省的诏书。它称得上中国历史上第一份内容丰富、保存完整的“罪己诏”。

那是在征和四年（前89），六十八岁的汉武帝最后一次到泰山封禅。祭天完毕后，汉武帝召集群臣，公开宣布：“朕即位以来，所为狂悖，使天下愁苦，不可追悔。自今事有伤害百姓、糜费天下者，悉罢之。”公开表达了自己的反悔之心，并表明以后要俭省节约，不再伤害天下百姓。

大鸿胪（官名）田千秋乘机劝谏：“方士言神仙者甚众，而无显功，臣请皆罢斥遣之！”

汉武帝点头：“大鸿胪所言甚是。”于是将那些方士全部遣送回家。

之后，汉武帝常常对着群臣自叹：“以前我是那样愚蠢，竟被方士们欺骗了。天下哪有什么神仙，都是骗人的。注意饮食，服些好药，也不过能减少疾病而已。”

同一年，桑弘羊建议在轮台（今新疆轮台东）屯兵种田，并将长城向西修筑，以扬国威。

此建议若放在以前，汉武帝肯定马上准许。但这一次，汉武帝拒绝了，并下达了历史上著名的“轮台诏书”。

“轮台诏书”是汉武帝向全国下发的公开检讨书，对以往好大喜功、劳民伤财的举措进行了深刻的反省，同时宣布：

当今务在禁苛暴，止擅赋，力本农，修马复令，以补缺、毋乏武备而已。[1]

汉武帝于是不再出兵，并封田千秋为富民侯，以表明“与民休息、思富养民”的心意。他又重用擅长制造耕耘田器的赵过，让他将先进的生产工具普及下去，使百姓可以事半功倍地收获更多的粮食。

“轮台诏书”历来受到史家的赞扬。我们可以设身处地地想一下，让一个自以为是的普通人反省都是很不容易的，更何况让拥有绝对权力的皇帝反省。让像汉武帝这样曾建立不世伟业的皇帝做检讨，那更是无法想象的。

但汉武帝做到了，他向普天下公开检讨，不能不说汉武帝真正反省了，他不再张狂，开始实施新的治国方略。汉武帝的“轮台诏书”及其在生命的最后一年多时间里所实施的举措，使整个王朝有机会重新恢复平衡。

反过头来，我们重新看一下此章开头的那份临终遗嘱，就可以发现此遗嘱与“轮台诏书”一脉相连，是汉武帝发自内心的深沉的忏悔。

[1] 见《资治通鉴》卷第二十二。

难以理解的“杀母立子”

不过，政治斗争仍旧是非常残酷的。

汉武帝对民众产生悲悯之心，不等于他完全放弃暴力。

在生命的最后时光中，汉武帝想得最多的是皇帝接班人的事情。

汉武帝老了，太子也死了，新的继承人没有了，这个位置是如此耀眼，而机会又在太子死后出现在众人眼前，怎能不牵动全国的政治神经，不引起激烈的斗争呢?

这种局面对整个王朝都是非常危险的。

汉武帝的第二个儿子刘旦，聪明、博学、有辩才，被封为燕王。他在兄长死后，急切地等着汉武帝立他为新太子。然而一年多过去了仍没有任何消息，刘旦沉不住气了，贸然上书请求皇帝让他入京宿卫。在最敏感的时候，刘旦此举等于向他父皇要权。汉武帝非常生气，将刘旦派来的使者斩杀，又以刘旦擅自窝藏亡命之徒为名，减少他的领地，削去良乡、安次、文安。

刘旦的弟弟广陵王刘胥，年龄虽然也不小了，而且很有勇力，但也与刘旦一样没有法度，经常犯错，所以不在汉武帝的考虑范围。

倒是小儿子刘弗陵，虽然只有七岁，但形体壮大，聪明睿智，汉武帝认为他是个当皇帝的料，打算立他为皇位继承人。只是考虑到他年龄太小，他的母亲也很年轻，所以犹豫不决。

最后，实在找不出比刘弗陵更合适的人选，汉武帝打定主意扶立刘弗陵。为了皇权的顺利交接与延续，汉武帝开始选择忠厚而且有能力辅佐刘弗陵成就大事的朝臣。

这需要高超的识别人才的能力——百年基业，成败在此一举！

经过多方考察，汉武帝最终选择了奉车都尉、光禄大夫霍光，他赐给霍光一幅周公辅成王的画，意思就是，你要像周公辅佐年幼的成王那样尽心辅佐刘弗陵。

接着，汉武帝做出一件令所有人都感到意外的事。他故意找茬责骂刘弗陵的母亲钩弋夫人。

钩弋夫人聪明漂亮，深得汉武帝宠幸，汉武帝从来没对她发过这么大的火。

在皇帝的雷霆震怒下，钩弋夫人非常害怕，连连叩头请皇帝息怒。

汉武帝似乎更加生气了，命令侍卫将钩弋夫人拖下去。

钩弋夫人不相信汉武帝会对她如此狠心，所以数次回头看汉武帝，眼中充满了疑惑。

汉武帝狠着心说：“别看了，你不能活！”马上将钩弋夫人赐死。

汉武帝此举不仅钩弋夫人无法理解，所有的人都理解不了，都在想：“皇上怎么了？且立其子，何去其母乎？”

汉武帝给出了答案，说：“往古国家所以乱，由主少、母壮也。女主独居骄蹇，淫乱自恣，莫能禁也。汝不闻吕后邪！故不得不先去之也。”

汉武帝是从汉王朝的稳定着眼，防止出现像吕后专权那样的局面，所以宁愿牺牲宠妃的性命。

最重要的遗诏

后元二年（前87）二月，七十岁高龄的汉武帝病重，他自知将不久于人世，特地将霍光、金日磾召到身边。

霍光涕泣着问道："皇上如有意外，谁来继承皇位？"

汉武帝回答："你难道不明白我给你那幅画的意思吗？立少子，你行周公之事！"

霍光叩头辞让，说："臣不如金日磾！"

旁边的金日磾赶紧说："臣是外国人，不如霍光；而且那样做会使匈奴轻视汉朝。"金日磾原本是匈奴休屠王的太子，后投降汉朝，所以有这样的言辞。

汉武帝听后，默然不语。

几天后，汉武帝正式发下诏书，立刘弗陵为皇太子，拜霍光为大司马大将军、金日磾为车骑将军、上官桀为左将军，一起辅佐少主。命搜粟都尉桑弘羊为御史大夫。

这便是汉武帝最主要的遗嘱。

汉武帝为什么选择了霍光、金日磾和上官桀？

《资治通鉴》中给出了这样的解释：

（霍）光出入禁闼二十余年，出则奉车，入侍左右，小心谨慎，未尝有过。为人沈静详审，每出入、下殿门，止进有常处，郎、仆射窃识视之，不失尺寸。

（金）日磾在上（上，指皇上）左右，目不忤视者数十年，赐出宫女，不敢近；上欲内其女后宫，不肯；其笃慎如此，上尤奇异之。日磾长子为帝弄儿，帝甚爱之。其后弄儿壮大，不谨，自殿下与宫人戏；日磾适见之，恶其淫乱，遂杀弄儿。上闻之，大怒，日磾顿首谢，具言所以杀弄儿状。上甚哀，为之泣；已而心敬日磾。

上官桀始以材力得幸，为未央厩令；上尝体不安，及愈，见马，马多瘦，上大怒曰：“令以我不复见马邪？”欲下吏。上官桀顿首道：“臣闻圣体不安，日夜忧惧，意诚不在马。”言未卒，泣数行下。上以为爱己，由是亲近，为侍中，稍迁至太仆。

三人皆上素所爱信者，故特举之，授以后事。

由此看来，霍光、金日磾、上官桀都是汉武帝多年来的亲信，是经过时间考验的。

选择霍光，是看重他的稳——即“沈静详审”，还有他的“礼”——即二十余年未尝有过错，有持之以恒的韧劲。

选择金日磾，除看重他知礼外，更看重他对朝廷的忠诚。

选择上官桀，既因为他有才华和能力，又因为他很忠于自己。

当然这只是司马光笔下的历史。论其原因，肯定还有别的。起码，以治理国家的能力，这三个人都足以称得上栋梁之材，否则不会入汉武帝的法眼。特别是首选稳健的霍光，主要还是看重他能够坚定不移地贯彻执行汉武帝最后所定的国策。

三人之外，汉武帝还安排了桑弘羊。桑弘羊是历史上著名的经济学家，汉武帝深知桑弘羊具有卓越的理财能力，所以也将其算在顾命大臣之列。

在这一最重要的遗嘱中，汉武帝确立了汉王朝的下一届领导班子。他虽然将最主要的权力交给了霍光，但同时安排了另外三人加以制约，称得上考虑周详。

中国早期最著名的经济会议——盐铁会议

汉武帝去世后，根据他的遗诏，刘弗陵成为皇帝（即汉昭帝），政事则由霍光、金日磾、上官桀、桑弘羊共同处理。霍光亲历了武帝中晚年政治的转折，无论是从他的稳健性格还是治国理念出发，他都选择忠实地执行武帝晚年“与民休息”的国策。除了应对突发事件、施行一些惠政外，国家安定无事。金日磾不久即病逝，顾命大臣便只剩下霍光、上官桀、桑弘羊三人。由于治国理念不同，霍光与桑弘羊产生了巨大的分歧。

桑弘羊是洛阳首富桑家的公子，也是一位极聪明、极有经济头脑的人。汉武帝中后期，在国库空虚、前线吃紧的紧要关头，桑弘羊全面实施盐铁法、均输法、平准法等经济措施。

盐铁法，就是将盐、铁、酒等国家最核心的资源由民营收归国营。

均输法，就是各郡国上交中央的贡品，一律按照当地的市价，折合成当地出产的产品，交纳国家后，由均输官统一调运到缺乏这些产品的地区出售。这样，各郡国不用再为了贡物而派人四处采购物品，而中央政府也可以借着货物的地区差价，从中获得巨大利润。显然，均输法剥夺了很多商人的利益，但对中央和地方政府都有利，也减轻了百姓的负担。

平准法，则是通过国家掌握的由各地输入的货物及产品，在首都市场贵卖贱买，以平衡首都的市场物价。

这些政策在一定程度上加强了宏观调控，加强了国有化，使财富源源不断地输入朝廷，汉王朝国库再次充实，国力迅速恢复，为彻底打败匈奴打下了坚实的基础。这是世所公认的巨大功绩，也使桑弘羊认定盐铁法、均输法、平准法是完全正确的。然而，在汉武帝穷兵黩武、穷奢极欲之下，汉王朝的国家财政再一次渐渐枯竭，而在苛捐杂税下，大量农民破产流亡，各地暴乱不断。桑弘羊改革的弊端也暴露出来，民间商业遭到致命的打击，纷纷破产；全面实施的官营盐铁等政策则引发了大量的官僚腐败，与苛捐杂税一起，沉重地压迫着普通百姓。民间不稳，官僚机构却越发腐败贪婪，王朝的危机越来越严重，汉武帝晚年对此有所警觉与悔悟，但桑弘羊从国有经济的角度出发，仍坚信自己的做法完全正确，坚信积极有为的方针是正确的，所以他提出在轮台屯兵种田以扬国威的建议。

如前面所述，汉武帝拒绝桑弘羊轮台屯兵的建议并发布了悔过书，这其实也是对桑弘羊的一个暗示，可惜，桑弘羊的思想并没有随汉武帝一起转变。汉武帝临终前，整个王朝出现巨大危机，在这种情况下，汉武帝认为桑弘羊作为理财能手对新王朝必有大的作用，所以将他作为辅佐新皇帝的顾命大臣之一，但同时，最核心、最主要的权力却交给了霍光。

汉武帝死后的五年内，经济方面基本上由桑弘羊主持。然而，在霍光感觉政局已能完全掌控的时候，在他的授意下，盐铁会议在桑弘羊不知情的情况下突然召开。

公元前82年六月，昭帝下令三辅、太常举贤良各二人，郡国举文学各一人。贤良指德行贤良，文学指通晓经义。举贤良始于汉文帝。举文学的开始时间不详，昭帝此次诏举文学是历史记载的第一次。霍光显然非常重视贤良、文学的推选，这是一种新生的力量，可以为他所用。公元前81年春的一天，建章宫内热火朝天，史所罕见的会议辩论正在激烈地进行。来自全国各地的贤良、文学六十余人，与朝廷大臣齐聚一堂。会议由丞相田千秋主持，主题是受诏询问贤良、文学，百姓疾苦所在，朝廷推行教化的关键。御史大夫桑弘羊也参加了这次会议，但他没有想到，自己居然会成为众矢之的。

贤良、文学猛烈抨击武帝推行的盐铁国营、酒榷、均输等经济管制政策，历数其弊端，认为这是与民争利，是造成百姓贫穷困苦的根源。

作为这些政策的制定者，桑弘羊反驳道：这些管制措施是制衡周边民族，安定边疆，满足国用的主要经费来源，是“国家大业”，绝不可废。

说到周边民族政策，贤良、文学又掀起新一轮的攻击。他们认为，武帝长期对外用兵，劳师动众，夺取的却是蛮荒无用之地，当今之策不如“偃兵休士”，恢复和亲。

桑弘羊驳斥道：和亲从未换来边境安宁，匈奴反复无常，若不进行打击必然给边境带来后患。武帝出击匈奴非但无过，还是一件“著于海内，藏于纪府”的伟大功绩。

双方辩论精彩纷呈。桑弘羊有丰富的执政经验，有较为系统的治国理念，且位高权重。贤良、文学们也是有备而来，以儒学为根基，引古论今，并抓住社会弊端深究其根源。双方你来我往，互不相让，所辩论的内容涉及“力耕”“复古”“忧边”“贫富”“毁学”“水旱”“西域”“和亲”“刑德”等，达六十余项，牵涉治理国家的方方面面。辩论当中，贤良、文学们攻势猛烈，毫不客气地指责现在的诸多政策不符合圣贤之道。桑弘羊则认为贤良、文学们以旁观者的角度擅发议论，徒引古代的道理，不合于当今的世务。辩论到激烈处，双方均面红耳赤。贤良、文学们甚至直接指责桑弘羊：“今之执政，亦未能称盛德也。”桑弘羊虽然很不高兴，但会议的宗旨本来就是为了听取不同意见，桑弘羊也不能以权势压人。所以，这次会议称得上中国古代一次非常罕有的“辩论赛”，只是没有胜负。

双方的根本分歧在于执政理念和施政方针。贤良文学信奉儒家学说，主张以德治国，教化为先，反对与民争利，反对严刑峻法。桑弘羊则认为只有加强“国有化”程度、加强法治，才能保证国家政令的推行和社会的稳定，否则“其乱必也”。

由于谁也说服不了谁，会议在僵持中结束。会议辩论的焦点集中在武帝的盐铁政策上，史称“盐铁会议”。宣帝时桓宽根据原始档案，撰写《盐铁论》一书，保留了这一历史会议的珍贵记录。

盐铁会议五个月后，朝廷颁布一条法令：废除酒专卖和关内铁官。这一决定显然是对桑弘羊部分政策的否定。在桑弘羊看来，举贤良、文学以及召开盐铁会议本身已经反映了霍光的态度，双方的决裂在所难免。

桑弘羊的怨气不断地积聚着，他本指望子弟可以凭借他的功劳得到封赏，如今不仅没有加官晋爵，自己的执政理念还遭受如此的攻击，他实在是气难平！除桑弘羊外，与霍光一起被汉武帝委任为辅政大臣的上官桀以及燕王刘旦等人也对霍光深为不满。

上官桀原来与霍光的关系甚好，两家甚至结为亲家，但由于霍光大权在握，上官桀父子与桑弘羊一样，不甘于成为附庸，于是联合起来。

霍光的主要反对者还有燕王刘旦。刘旦是汉武帝第三子，太子刘据死后，刘旦年龄最长，他本以为自己即皇帝位是顺理成章之事，没想到武帝遗诏竟立了幼子刘弗陵，他怀疑这是霍光等大臣搞的宫廷政变。一接到诏书，他便和几个宗室密谋反叛，尚未举事，消息便泄露出去。霍光念在刘旦是武帝、昭帝至亲的份儿上，仅派人讽喻而已，刘旦表面上“叩头服过”，但内心一直不服。

这些对霍光不满的人很快联合起来，他们要除掉霍光，进而废掉汉昭帝。他们暗中窥视，等待机会。

这天，霍光出宫休沐，一封号称是来自燕王旦的书信被送入皇宫，递交到昭帝手上。这封书信举报霍光出京检阅羽林军，擅自调增幕府校尉，专权自恣，可能要篡夺皇位，要皇帝马上调燕王旦进京保护。

然而，上官桀他们显然过于低估汉昭帝的智商了。十四岁的汉昭帝立刻就识破这封信是伪造的。霍光检阅羽林军和调动校尉都是近十天发生的事，刘旦远在燕国，怎么能这么快就得到消息，并上书长安？何况霍光现在大权在握，若真要谋废昭帝，又何惧一个小小的校尉？

上官桀等人见诽谤霍光不成，于是策划设伏杀掉霍光，但霍光十分谨慎，他们的阴谋一时无法实现。公元前80年（元凤元年）九月，他们的阴谋最终被泄露，霍光借助外朝的力量，一举粉碎了上官桀、桑弘羊等人的政变企图，参与谋反者全部被灭族。

一次颠覆政权的危机安然度过，霍光的地位更加稳固，朝中再无可与他抗衡的势力，他可以称得上“威震海内”。

昭宣中兴

公元前77年（元凤四年）正月丁亥日，十八岁的昭帝在未央宫“加元服”，举行成人仪式——冠礼。一般而言，年幼的皇帝成人后便可亲政，但昭帝依然将政事“委任”于霍光，霍光仍然执行“与民休息”的政策，进一步将国家的权力发放到民间，社会秩序明显好转。

然而，三年后，公元前74年（元平元年）四月，年仅二十三岁的汉昭帝突然病死。昭帝无子，他的猝然离世令霍光和大臣们措手不及。

武帝六子中，此时只有广陵王刘胥在世，群臣都认为应立刘胥。但霍光不这么看，当初武帝放弃年长的刘胥而选择昭帝，就是因为刘胥品行有问题。他和大臣们商议，想立武帝之孙昌邑王刘贺。刘贺这时十八九岁。事实证明，这仍不是一个好的选择。

刘贺当了皇帝后，不仅生活奢靡，而且急于摆脱霍光的控制，甚至想杀掉霍光，建立自己的领导班子。霍光与几位重臣密谋，以刘贺“荒淫迷惑，失帝王礼谊，乱汉制度”为由，废黜刘贺。昌邑王在位仅二十七天。

选择新的皇帝的问题再次被提上日程。由于武帝子孙零落，可供选择的人并不多，这时，流落民间、身为庶人的刘据之孙刘病已进入霍光的视野。

刘据因巫蛊之祸自杀，妻妾、子女均被杀，当时刘病已刚刚出生几个月，被收系狱中，历经磨难终于活了下来。

公元前74年七月，十八岁的刘病已被迎入未央宫，当日便举行了登基典礼，是为宣帝。然而，此时的汉宣帝并没有什么特别的表现，在霍光面前，他显得唯唯诺诺。史载，宣帝即位拜谒高庙时，霍光随从骖乘，宣帝感觉“若有芒刺在背”。

汉宣帝入朝后的第二年正月，霍光稽首表示要归政于皇上。宣帝谦让地表示一切仍需委任大将军霍光，结果如昭帝时一样，凡事人们都先向霍光汇报，然后再向宣帝上奏。

此时，霍光权倾朝野，他虽然对汉室忠心耿耿，但是权力欲和控制欲很强。他一方面牢牢控制朝政，另一方面大肆封赏、提拔自己的亲属，史“党亲连体，根据于朝廷”。公元前68年三月，霍光病逝，汉宣帝为霍光举行了一个堪比君王的隆重葬礼，霍氏家族的成员仍然受到尊崇，所有的一切都好像霍光在世时一样。然而，汉宣帝已不再是唯唯诺诺的样子，他开始逐渐掌握皇帝至高无上的权力。霍光死后刚两年，汉宣帝便以谋反罪将霍氏灭族。

宣帝对霍光的感情十分复杂。一方面，他感激、敬重他，是霍光把自己从一个庶民立为一朝天子，是霍光在武帝之后的二十年保住了风雨飘摇的刘姓天下。霍光对汉室的忠心，无可置疑。但另一方面，汉宣帝又对霍光心存忌惮和不满。霍光身为人臣，却可以“擅废立主”，专制擅权，任用、放纵霍氏家族，横行天下。这都是汉宣帝所不满的。

不过，霍氏家族虽被清算，但汉武帝轮台诏令定下的基调，由霍光所执行的休养生息的政策，被汉宣帝延续并发扬光大。在其二十五年的统治中，政治清明，重视教化，汉王朝再一次呈现出勃勃的生机。

汉宣帝生长于闾阎，深知百姓艰难，出台了一系列轻徭薄赋、劝民农桑的政策，希望百姓过上好日子。但汉宣帝更加清楚，要想使百姓安居乐业，不仅需要好的政策，还需要一大批能执行好政策的官员。

公元前67年三月，宣帝下诏表彰胶东相王成“劳徕不怠”，使八万多流民主动回乡登记户籍。其表彰的目的显然是向天下宣示，要大力推行循吏政治。

所谓循吏，就是世人所说的好官。《汉书·循吏传》共收入了六个人的传，其中五人出现在宣帝时，龚遂便是其中之一。龚遂任渤海郡太守时，为了扭转当地的奢靡之风，规定每人必须种一棵榆树、一百根薤、五十棵葱、一畦韭菜，每家养两头母猪、五只鸡。见到有人佩带刀剑，就质问："何为带牛佩犊！"让他卖了刀剑买牛、牛犊。这样做的目的，就是重视民生，大力推行教化，鼓励农桑。

汉宣帝认为，治政的关键在于吏治，他建立了一套完善的管理考核制度，信赏必罚，一大批优秀的官员涌现出来。《循吏传·序》中说："汉世良吏，于是为盛。"好的吏治，当然有利于民生。

自武帝以来，盛行严刑峻法，汉宣帝则接受建议，"省法制，宽刑罚"，实行了一系列减免刑罚的措施。但宣帝并非一味施行仁教，而是因地因时制宜，在大力推行循吏政治的同时，也在三辅等官僚、豪强势力盘踞的地区，重用以"任刑罚"出名的能吏。

赵广汉是汉宣帝时最有名的能吏，在担任颍川太守期间，他针对当地大姓宗族横恣、盗贼猖狂而百姓敢怒不敢言的现状，发明了中国历史上最早的举报箱——缿筒。在吏民举报下，赵广汉得到了线索，果断地施行法令，诛杀大姓宗族首恶。

担任京兆尹时，赵广汉成为第一个敢拿霍光家族开刀的人。当时霍光刚死不久，霍家仍然权倾朝野，但赵广汉查到霍家有非法酿酒、非法屠宰的嫌疑时，亲自带人闯入霍光儿子博陵侯霍禹的宅第搜查，砸烂了霍家酿酒的器具，还用刀斧砍坏了门户。霍光的女儿是皇后，向宣帝哭诉，宣帝心里支持赵广汉，但顾及皇后的面子，就把赵广汉叫来责备了一顿。赵广汉不畏豪强，又廉洁清明，所以深受百姓称颂，人们普遍认为："自汉代兴起以来，没有一个治理京城的官员比得上赵广汉。"

韩延寿、尹翁归、严延年、张敞等，也都是汉宣帝时的能吏，他们严厉打击豪强势力、贪官污吏，取得了不小的成就。然而，这些能吏由于不择手段，不避权贵，所以多不得善终。

汉宣帝任用能吏的举措也受到一些怀疑，宣帝晚年，太子刘奭曾婉转地批评宣帝“持刑太深”，认为“宜用儒生”。宣帝勃然作色道：“汉家自有制度，本以霸王道杂之，奈何纯任德教，用周政乎？”

所谓王道和霸道是古代人对君主两种不同统治方式的称谓。一般而言，王道是以仁义道德教化治理天下的方式；而凭借武力、刑罚、权势等进行统治的方式被称为霸道。

黄龙元年（前49）年底，宣帝病重不治，结束了二十五年的统治。

对汉王朝的百姓而言，这是安居乐业的二十五年。宣帝统治时期，“政教明，法令行，边境安，四夷亲，单于款塞，天下殷富，百姓康乐”，汉宣帝因此被誉为“中兴之主”，历来多受赞誉。汉昭帝与汉宣帝的统治时期，被史家称为“昭宣中兴”。

第五章

—

信义光环掩刀弩

——刘备之死与蜀汉风云

公元208年 刘备三顾茅庐请出诸葛亮，孙刘联军在赤壁大败曹操。

公元220年 关羽被杀，荆州落入孙权之手。曹操死，曹丕称帝，建国号为魏。汉献帝被废为山阳公，汉朝灭亡。

公元221年 刘备称帝，国号汉，史称蜀汉，以诸葛亮为丞相。刘备发动夷陵之战。

公元223年 刘备病重，在白帝城托孤诸葛亮。刘禅继位，诸葛亮按照刘备遗嘱，全权负责蜀汉事宜。

公元234年 诸葛亮在出征魏国时病重身亡。他主政蜀汉期间，以身作则，持法严谨，对西南地区的政治稳定、经济发展，均起了很好的作用。

公元263年 刘禅投降魏国，蜀汉灭亡。

颇受争议的遗嘱

现在要讲的是中国历史上最有名的皇帝遗嘱。在历代皇帝里面，刘备其实是不显眼的，他只是偏居一方的蜀国的皇帝，而且当皇帝后马上就打了一场大败仗，然后一命呜呼。刘备的晚年似乎是非常失败的。可是，他最后的安排却是非常到位的，他的遗嘱涉及另外一位妇孺皆知的人物诸葛亮，君臣间共同演绎了一段千古佳话——这就是我们常常听到的白帝城托孤。

公元223年六月，病重的刘备正在等待着诸葛亮的到来。一年多之前，刘备还指挥着千军万马，发动了三国历史上最为重要的三大战役之一——夷陵之战，可如今，他已感觉到死神的召唤，诸葛亮成为他临终前最想见到的人。

《三国志·蜀书·诸葛亮传》中记载：

章武三年春，先主于永安病笃，召亮于成都，属以后事，谓亮曰："君才十倍曹丕，必能安国，终定大事。若嗣子可辅，辅之；如其不才，君可自取。"

上面的文字当中，"先主"是指刘备。"亮"即诸葛亮，时为蜀国的丞相。“曹丕”是曹操的儿子，已在中原称帝。“嗣子”即刘备的儿子刘禅，是刘备皇位的接班人。

这就是刘备最重要的遗嘱。很多人认为，这份遗嘱其实只有一个含义：让诸葛亮辅佐刘禅。可是，如果我们细细分析一下，会发现这份简短的遗嘱里面大有文章。

这份遗嘱中的第一层含义基本上与刘禅无关。

刘备并没有一上来就将刘禅托付给诸葛亮，而是先夸赞诸葛亮，并将诸葛亮与曹丕进行对比，说“君才十倍曹丕”，这显然是在夸诸葛亮的同时，将矛头指向了曹丕及曹丕所占领的中原。“必能安国，终定大事”，这两句说明刘备并没有局限于蜀国，而是明确地将统一全中国、复兴汉室作为最终目标。这其实是刘备一生的理想，也是诸葛亮从辅佐刘备一开始就定下来的最终目标，是刘备与诸葛亮紧密联系的深层纽带。可惜刘备无法实现自己的理想了，他将希望寄托在诸葛亮身上。

第二层含义是直接指向刘禅的，而这层含义里又包含着两方面的内容。

第一方面的内容是“若嗣子可辅，辅之”。显然，按照父位子承的传统，刘禅作为太子，是已经既定的皇位接班人，无可置疑。所以刘备并没有就皇帝接班人之事征询诸葛亮的意见，而是直截了当地请诸葛亮辅佐刘禅。

第二方面的内容是“如其不才，君可自取”。这是告诉诸葛亮，如果刘禅不能当称职的皇帝，你诸葛亮可以自己当皇帝。

这第二方面的内容是最引人遐想的。从字面的本身意思看，刘备对儿子刘禅的才能颇有怀疑，为国家社稷考虑，他认为诸葛亮也可以当皇帝，而且在遗诏中直接授予诸葛亮可以当皇帝的权力。可是，这层意思几乎被所有后世的解读者所否认，认为这不是刘备的真实意思。有人认为，刘备的真实意思还是要诸葛亮死命辅佐刘禅，“如其不才，君可自取”其实就是在反面激诸葛亮，逼着诸葛亮亲口做出死命保刘禅的承诺。基于此，很多人就认为刘备此举很不厚道，打的是权谋牌，是在逼诸葛亮。甚至还有人猜测，刘备已埋下了伏兵，就看诸葛亮的表现，如果诸葛亮一句话不对，刘备即杀掉诸葛亮，为刘禅除去后患。这种猜测，显然是宫廷剧看得多了。以刘备与诸葛亮的关系，他怎么可能杀诸葛亮？杀了诸葛亮，他又靠谁在危难中辅佐刘禅？可是，如果单以才干而论，诸葛亮确实比刘禅更适合当皇帝。我们该如何正确理解刘备这句话？它究竟呈现着刘备怎样的心态？刘备又是一个什么样的人呢？

刘备："信义"发展史

如果总结刘备，他最基本的一个特点是信得过。按现在的话说，他很靠谱。

最近在微信上看到一篇文章，标题为"靠谱是比能力更重要的品质"。文章先讲了一则巴菲特的故事，然后又讲发生在作者身边的一件事情：

朋友T君遇到了几个搞游戏开发的朋友，他们搞了一款游戏准备自己成立公司，自己运营，但缺乏投资，找了半年没找到投资商。于是他们拉T君入伙，准备一起找投资商。T君凭借自己多年的人脉关系，很快就找到了一家很大的投资集团愿意出资。其实这个项目不大，总共也就只有几百万的规模，对于那家投资集团而言是非常小的项目，但他们之前没搞过游戏，所以准备先试试水。可是那几个人觉得，既然已经找到了投资人，T君就变成多余的人了，何苦还要分给他股份呢？于是他们踢走了T君，准备自己去签署合同。

你作为一个投资人，这样的合同你敢签吗？投资人怕的就是变来变去。你在最后关头将中间人一脚踢走，准备自己吃独食，这种事儿你能干，其他事儿你也会干得出来，既然你这个人不可靠，那么具体你有多少能力、本事，就都不重要了，因为反正也不会同你合作。投资其实投的是人和团队，最重要的就是可靠。水平不行还可以花钱雇更强的人，如果人不可靠，那就彻底没办法了。[1]

这篇文章告诉我们一个道理：可信的品质是做事的基础。这应是读者很容易理解的。

刘备的最大特点，就是把可信的品质发挥到极致。

刘备一出生其实就有一个“可信”的底子，那就是他的出身。他是汉景帝之子中山靖王刘胜的后裔，是汉朝的宗室。这当然是一个非常荣耀的事情，无论到哪儿都会受到起码的尊重。所以后来刘备打江山之时，也一直以此为旗帜，招揽各方英雄。当然，由于汉武帝时期的削藩政策，再加上刘胜之子刘贞因供奉朝廷的酎金不合规矩而被责罚，他们这一支便没有了王侯的身份。再加上年代久远，到刘备时，家境已是十分贫寒，父亲早逝，全家靠母亲卖鞋织席谋生。所以，出身汉朝宗室，只是一个面子上的事情。好听但不一定有大用。当时汉朝宗室千千万万，真正用好这面旗帜的又有几人？所以，像刘备这样的人，想要真正立信，主要还得看言行与气度。

刘备最早立信，是和民间的侠义精神结合在一起的。《三国志 · 蜀书 · 先主传》记载，刘备曾与公孙瓒等人在前九江太守卢植处就读，但他对读书并不怎么喜欢，而是喜欢犬马、音乐、华美的衣服。他很少讲话，喜怒不形于色，但喜好结交豪侠之士。年少豪壮之人争先归附他，有的大商人感到他异于常人，资助他很多金银，助他聚合徒众。东汉末年黄巾起义爆发后，官府兴兵剿匪，刘备感到时机已到，便以讨贼为名，纠集更多的力量加入平叛行列。就是在这样的背景下，关羽、张飞两员猛将投奔而来，刘备与他们桃园结义，有福同享有难同当，不求同年同月同日生，

[1] 微信文章带给当下人巨大方便的同时，也有很多不规范的操作，比如说很多文章连作者的名字都不写。例如这篇文章。在网上查了一下，发现这篇文章出自新浪微博，原文标题为“可靠性是比能力更重要的品质”，作者为端宏斌。

但求同年同月同日死，成为生死不渝的结拜兄弟。“桃园三结义”传为美谈，刘备“可信的品质”中加入了强烈的民间侠义精神，关羽、张飞事事都听他的话，刘备在江湖中也声名鹊起。

年轻时，刘备的江湖气也是很强烈的。《三国演义》中张飞一怒之下捆绑杖打督邮的事情，其实是刘备所做。刘备本来平叛黄巾军有功，却受到上级官吏督邮的羞辱和排挤，一怒之下就打了督邮，甚至要将其杀死，后来，督邮苦苦哀求，他才留了督邮一命。当然，他本人也不得不因此弃官而逃。这件事如果搁在现在，必定是违法犯罪不得轻饶，可是在那个人人痛恨贪官污吏、国将不国的乱世，刘备此举却给世人留下了敢作敢当的英雄范儿，无意中增加了他的“信义”。

在人生的长途中，“信义”是变动着的。有的人，由于畏畏缩缩无所作为甚至经不住种种诱惑，不自觉地减少甚至毁坏了自己已经建立的信义。有的人，则由于勇往直前不断进取乃至经过种种艰难的考验，一步步巩固着已有的信义，而且将信义的层次也提升了。刘备无疑是后者。

公元191年，刘备因在战场上多次立功，被任命为平原相，开始认真地治理一方百姓。在此任上，他外御敌寇，内修政务，体现出亲民的本色，可谓深得人心。但有一个百姓不服刘备，且雇了刺客去刺杀刘备。结果，刺客未动手之前，先被刘备的礼遇所感动，不仅没有杀刘备，反而将实情全部道出。

不久之后，又发生了一件事情，着实把刘备的“信义”提升了一个档次。这件事与东汉清流孔融有关。

说起清流，要简单地回顾一下汉朝的历史。自刘邦建立汉朝以后，从公元前206年到公元220年，整个王朝被分为西汉和东汉。中间还夹着颠覆西汉的王莽新朝（十五年时间）以及刘玄的短暂统治（两年时间）。在这长达四百多年的历史当中，经学始终占据着重要的位置，尤其是从汉武帝开始，经学成为整个社会的主导思想，深深地影响着社会的每一个成员。[1]即便王莽新朝，也同样深受古文经学和今文经学的影响。经学的发展促成了太学的建立和发展，官员的利禄之路与经学紧密相连，整个社会风气都向经学思想靠拢。东汉时期，一大批太学生出现了（东汉后期，光是聚集于京师的太学生就有三万多人），他们都是深受经学影响的人才，提倡的是圣贤君子之道，以匡扶王室、激扬正气为己任，强烈地排斥小人，和东汉的宦官、贪官势不两立。太学生的首领得到众多正直的官员和名士的支持，他们敢于向权势滔天的宦官头子发动最猛烈的舆论攻击，甚至以请愿等方式迫使皇帝做出一些政策上的改变，可谓影响巨大。这些正直的官员、名士以及太学生的首领，共同组成了东汉的清流。他们要激浊扬清，改善整个王朝的风气。在那个时代，清流们不仅掌控了舆论权，甚至掌握了天下士子的前程。因为当时的制度是察举制，如果有人想当官，必须经过推荐，倘若得罪哪位清流，清流一句话即可将此人名声败坏，其前程也就完全毁了。“天下楷模李元礼，不畏强暴陈仲举，天下俊秀王书茂。”在东汉的民谣中，李元礼、陈仲举等人都是清流派士大夫的代表人物，他们也成为世所推崇的楷模。其中，最著名的当属李膺（即民谣中的李元礼），他多次以铁腕手段打击无法无天的宦官及其党羽，从而赢得了巨大的荣誉。读书人和官僚们都以与李膺结交为荣，如果某人幸运地得到李膺的接见，就会被称为“登龙门”。可是，如果哪些人受到李膺等清流的质疑和否定，其后果也非常严重，马上就会受到社会舆论的普遍谴责。东汉后期，由于清流派与宦官集团水火不容，最终导致了两次党锢之祸，清流派遭到了最严重的清洗，被杀，被流放……这成为东汉灭亡的极其重要的因素。不过，文化的力量最为悠长而坚韧，即便清流派被清洗，即便东汉的权力已经操纵在曹操等人的手中，在东汉与三国之际仍然出现了不少清流，他们的品行和名声同样深受世人推崇。这里面的代表就是孔

[1] 关于“经学”，可参看“汉武帝之死与昭宣中兴”一章。

融。[1]

从史料中我们可以看到，董卓兵变，挟持汉朝天子，且残暴地诛杀大臣，但孔融毫不畏惧，多次与董卓展开激烈的争辩。董卓怀恨在心，但鉴于孔融名满天下，不敢轻易下手，于是找了个借口将孔融调往黄巾军力量最为强大的北海国（今山东昌乐西）为相。孔融到北海后，实行仁政，颇有成效，被称为“孔北海”。在刘备担任平原相时，孔融被黄巾军包围。紧急关头，孔融自然会想到搬救兵。此时，他与刘备并没有见过面，然而，他想到的救兵就是刘备。他告诉前往刘备军营的太史慈：“听说刘玄德有仁义的美德，能解人之难，你可以去找他，说明我的意思。”果然，刘备一听说孔融求救的消息，十分振奋地说：“想不到北海先生竟然知道世上有我刘备这个人。”于是马上出兵，解了孔融之围。

解救孔融之事，在刘备一生的众多事迹当中看似很小，实际上，这件事对刘备影响巨大，因为他从此真正获得了天下众多名士的支持，也直接影响了徐州州牧陶谦对他的态度。

公元193年，曹操以为父报仇为名，出兵徐州。徐州州牧陶谦抵挡不住，向青州刺史田楷求救，刘备与田楷一起率兵前往。当时刘备有一千多名士兵，再加上一些北方少数民族的骑兵和半路上收留的饥民，不过数千名将士。他到达徐州以后，陶谦就增援给他四千多名士兵以及相应的钱粮。刘备由此归附了陶谦，并被陶谦表荐为豫州刺史。陶谦不久病危，临终前坚持要刘备继任州牧一职，并说：“除非刘备担任此职，别人无法安定此州。”陶谦所治理的徐州，地广物美，人口达百万之多，陶谦之所以心甘情愿地将这个重任交给相识并不久的刘备，固然与刘备前来救援有关，更重要的还是陶谦是与孔融一样的人物，他已深深地认同了刘备的品德与信义。所以，当刘备推辞并举荐袁绍来治理徐州时，孔融这样劝说道：“袁公路岂是忧国忘家的人？”这句话很重要，我们很容易就可以看

[1] 孔融四岁让梨的故事被载入《三字姓》中，直到现在仍广为流传。

出，孔融已认定刘备是忧国忘家的人了——这是多大的信义呀！

刘备没有曹操那样的家底、强大的军事和挟天子以令诸侯的优势，没有孙权那样靠父兄孙坚、孙策两代人打下来的江东地盘及地利优势，然而，正是靠着不断积累的信义，他在一步步靠近成功。

由于信义的积累，当刘备又一次被打败而投奔曹操时（刘备早年，总是一次又一次地被打败，很多时候，他拥有的可能也就是"信义"之名了），曹操虽然很忌讳刘备，他的手下也认为不能养虎为患，但曹操还是待刘备为上宾。曹操为什么不杀刘备？一个很大的原因就是害怕杀掉刘备将失去众多的人心，所以，除非刘备真正对自己产生威胁了，曹操不会轻易动手。就在这个阶段，刘备虽然非常难受，处处小心以防不测，但他有了更多的收获，尤其在"信义"方面又有了新的进展。

由于汉朝的皇帝汉献帝就在曹操的操纵之下，所以，刘备到了曹营，也接触到了皇帝。汉献帝受够了曹操之苦，很想摆脱，刘备的到来又让他有了一线希望。他认刘备为刘皇叔，而且写了密诏给国舅董承，要他联合刘备等人诛杀曹操。虽然刘备等没有得到机会下手，但刘备从此不再是那个被遗忘了数百年的皇家远亲了，而真正成为了汉朝皇室之人，他从此被忠于汉朝的人士和百姓所认同。这些人代表的就是汉室的正统。

所以，当刘备逃出曹操之手，再次打出的旗帜就是刘皇叔的旗帜了，即便他还是一败再败，但他无形的"信义"却在成倍增长，他成了最大的潜力股。

在看史书的过程中，我一再感觉到，刘备当时肯定是越来越意识到"信义"是他的根本力量了，所以他也越来越注重对"信义"的维护。为什么这么说？因为纵观他一生的轨迹，会发现早年打败仗时，在紧急关头，他动不动就率领自己的小分队逃跑，结果使自己的妻子和部下多次被对手俘虏。[1]可是，公元208年，当曹操亲率大军南征，刘备被迫撤往江

---

[1] 当然，刘备肯定有他的理由，肯定是迫不得已没办法了，只能先保全自己。正因为如此，关羽等人虽然明知大哥跑了，还要出生入死地保全大哥的家室，然后抛弃荣华富贵，千方百计地寻找大哥。

夏时，有十多万的民众跟从他，辎重粮草达数千车之多，每日只能行走十几里路。这样缓慢的速度肯定会被曹操追到，其后果不难想象。如果在以前，刘备或许会选择先保全自己，但是这一次他没有这样做。当时有人劝刘备："还是应以大局为重，赶快走，以求保住江陵。现在虽有这么多的人，但能够打仗的人很少，曹操大军一到，如何抵挡得住？"刘备回答："成大事必以人为本。现在这些人归附于我，我何忍弃他们而去？"果然，刘备被曹操追到，又一次陷入最危险的境地，差点儿丧命。然而，他愿意与普通百姓同生死的态度，使他获得了民心，真正达到了诸葛亮所评价的"信义著于四海"。此时的"义"已不是江湖义气，而是兴复汉室、造福天下的"大义"。

信义与智慧的结合

我们的话题还是回到刘备的临终遗嘱上，看看刘备向诸葛亮做最后的嘱托后诸葛亮的反应。《三国志 · 蜀书 · 诸葛亮传》这样记载：

亮涕泣曰："臣敢竭股肱之力，效忠贞之节，继之以死！"

就是说：我一定竭尽我的全力，一定不忘忠贞的节操，鞠躬尽瘁，死而后已！

这里面，"敢竭股肱之力"是针对刘备遗嘱中"君才十倍曹丕，必能安国，终定大事"而说的。"效忠贞之节"针对的则是刘备的后半句"若嗣子可辅，辅之；如其不才，君可自取"。这些话，一方面表明诸葛亮要继续实现他们君臣的共同理想，平定天下，恢复汉室；另一方面表明诸葛亮将忠贞不贰地辅佐刘备的儿子刘禅。

这其实正是刘备早已预料到的。刘备深知诸葛亮，正如诸葛亮深知刘备，他们是互为知己的。

诸葛亮至死不忘刘备三顾茅庐的求贤之情。

这是一段千古佳话，尤其是被《三国演义》活灵活现地加以演绎后，我们中国人从小孩子起就熟知了这段历史。然而，真正的历史是那样的吗？史书上只是记载：

由是先主遂诣亮，凡三往，乃见。

这句话中，三顾茅庐的过程其实只用了五个字：“诣亮”“凡三往”。这怎么能显出刘备迫切的求贤之情呢？

我们讲真实的历史，当然不可能像《三国演义》那样虚构情节，并运用欲扬先抑的文学写作手法，然而，我们还是有办法让你相信刘备的“求贤之情”。因为我们可以像拿着手术刀一样剖析史实，然后得出可以让人信服的结果。

首先，我们要知道刘备和诸葛亮当时的年龄。刘备生于公元161年，诸葛亮生于公元181年。三顾茅庐之时为公元208年，此时刘备已是四十七岁的长者，而诸葛亮只是二十七岁的年轻人，二人年龄相差二十岁之多。也就是说，刘备访诸葛亮，首先放下了长者的架子。

其次，我们可以了解刘备与诸葛亮当时不同的身份。刘备当时已经是名满天下的刘皇叔了，无论是皇帝还是天下名士，无不对他敬重有加。即便他到荆州投奔一方诸侯刘表，刘表也是待之以上宾之礼，并分出一块地盘让他驻守。更何况，刘备的手底下起码也有数千人，更有关羽、张飞、赵云这样同样名满天下的大将。而诸葛亮呢，虽然满腹经纶，但不过是一个名不见经传的年轻书生。虽然他自比管仲、乐毅，但欣赏佩服他的也就几人而已。单从这一点来说，刘备抛开办公事务，只是听了徐庶或司马徽的推荐，就专程去请诸葛亮，实在难能可贵。

然后，我们可以深入分析“凡三往”的意思。“凡三往”当然就是三次去找诸葛亮。那么，具体的情形是什么样的呢？史书上没讲，但我们可以按照人之常情去做合理的推理。我们姑且不论当时的天气、交通情况，我们只是这样设想：刘备他们第一次去了，没见着。为什么？因为你没跟人家打招呼，主人正好不在家，所以想见面就只能再约。刘备因为想见诸葛亮，所以必定在离开前跟诸葛亮的家人有所约定。过了一段时间，刘备第二次大老远跑去了，可还是没见着，这时候如果换成你你会怎样？你会不会产生这样的疑心：他是不是故意不见我？或许也会想，他是不是在故意考验我？不管刘备第二次是怎样想的，因为求贤若渴，所以他仍然再一次去找诸葛亮，这次终于见到诸葛亮了，而诸葛亮也最终被刘备的诚意所打动。

其实，在刘备关注诸葛亮之前，诸葛亮已关注天下形势、关注刘备多年了，而且有一套可定天下的韬略，所以他一见刘备，就为刘备描述了一个战略远景。

当时的情况是这样的。刘备见到诸葛亮后，虚心请教，说："汉室倾颓，奸臣窃命，主上蒙尘。孤不度德量力，欲信大义于天下，而智术浅短，遂用猖蹶，至于今日。然志犹未已，君谓计将安出？"这几句话一听就是掏心窝的话，主要有两个意思：第一个意思是说天下的形势、汉室的危难（也可以称之为国家的危难）；第二个意思是说刘备自己的处境和"欲信大义于天下"的志向，并请教诸葛亮该怎么办。

诸葛亮也是针对刘备两个方面的意思予以回答的，这就是闪耀着诸葛亮智慧光芒的《隆中对》。我们先看一下其内容：

自董卓已来，豪杰并起，跨州连郡者不可胜数。曹操比于袁绍，则名微而众寡，然操遂能克绍，以弱为强者，非惟天命，抑亦人谋也。今操已拥百万之众，挟天子而令诸侯，此诚不可与争锋。孙权据有江东，已历三世，国险而民附，贤能为之用，此可以为援而不可图也。荆州北据汉、沔，利尽南海，东连吴、会，西通巴、蜀，此用武之国，而其主不能守，此殆天所以资将军，将军岂有意乎？益州险塞，沃野千里，天府之土，高祖因之以成帝业。刘璋暗弱，张鲁在北，民殷国富而不知存恤，智能之士思得明君。将军既帝室之胄，信义著于四海，总揽英雄，思贤如渴。若跨有荆、益，保其岩阻，西和诸戎，南抚夷越，外结好孙权，内修政理，天下有变，则命一上将将荆州之军以向宛、洛，将军身率益州之众出于秦川，百姓孰敢不箪食壶浆以迎将军者乎？诚如是，则霸业可成，汉室可兴矣。

诸葛亮先为刘备分析了天下大势（可以想到，当时应有一地图），让刘备对全局有了一个清晰的认识，然后根据现实情况，为刘备当前和以后的事业做了整体规划。

相比于刘备提问题时所用的言辞，我们可以发现，诸葛亮在分析形势时，不像刘备那样把感情卷进去，他只求客观清晰、切中利弊、讲明事理。在分析形势时，他轻重有别，句句击中要害。他只用一句话就概括了自董卓以来的天下乱象，接下来，就重点分析曹操、孙权两个厉害的角色。因为经过一段时间的沉淀，诸葛亮已清晰地看出，“浪花淘尽英雄”，以后争夺天下的，必将只有曹操、孙权、刘备三大力量。他对曹操与孙权各自的优势一目了然。虽然刘备称曹操为“奸臣”，但诸葛亮明确地告诉刘备，现在还不是能与曹操争锋的时候。刘备虽然以前并没有与孙权打过交道，但诸葛亮也是明确地告诉刘备，这是一个很好的帮手，可以联合而不可图谋。那么，可以图谋的是哪儿呢？第一个地方就是刘备现在所处的荆州，此处为四通八达的所在，是用武之地，而其主刘表不能守，这是上天赐予刘备的礼物。其次就是四川盆地、汉中盆地，这些地方是当年汉高祖刘邦成就帝业的根据地，既有险塞，又有沃野，民间殷实，国家富有，可惜那儿的刘璋、张鲁都非明主，智能之士都渴盼着明君出现。言外之意，刘备就是那个明君啊！

听到这些话以后，我们可以想象得到刘备当时是何等振奋！在此之前，刘备一会儿投奔这个，一会儿投奔那个，始终没有自己的根据地。诸葛亮一席话，站得高，看得远，一下子点醒梦中人，让刘备结束了乱闯乱撞的历史，诸葛亮可谓刘备的贵人。

紧接着，诸葛亮也对刘备做出评价：“将军既帝室之胄，信义著于四海，总揽英雄，思贤如渴。”短短二十一个字，极其精准地概括了刘备最根本的四方面的优点，这恐怕是刘备自己都没有清晰意识到的，所以，怎能不让刘备产生知己之感?

诸葛亮的智慧之处更在于，在刘备还没有一点儿地盘的时候，他已经为刘备筹划如何治理荆州、益州的事情了，即“保其岩阻，西和诸戎，南抚夷越，外结好孙权，内修政理”。他更是为刘备筹划了最终的统一全国的路线图，即在治理好荆州、益州的基础上，等待时机，时机一到，荆州、益州两路大军同时出发，则天下可定，霸业可成，汉室可兴!

诸葛亮这一席话，尽展其雄才大略，刚刚一“面试”，就显示出他的无穷的智慧。就像下棋，当有人只看一两步棋的时候，能看三四步棋的人必然更胜一筹，而诸葛亮却能看到数十步之外的局面，确实是千古难遇的高人，不能不让刘备发自内心地佩服。秀才不出门，便知天下事，如果没有诸葛亮的智慧，刘备再有信义，再有猛将，仍然无法改变失败的命运。所以，当刘备请出诸葛亮后，那种“情好日密”，让他的结拜兄弟关羽和张飞都为之吃醋。而刘备说：“孤之有孔明，犹鱼之有水也。愿诸君勿复言。”而关羽、张飞这两个目空天下的人，不久也被诸葛亮的智慧所折服。

反过来，我要分析一下刘备对诸葛亮的意义。这其实与周文王之于姜子牙的意义是相似的。当年周文王如果得不到姜子牙的帮助，也就没有后来的周朝。可是，姜子牙如果得不到周文王的礼遇与赏识，不仅志向无法实现，本领无法发挥，他甚至还要在家里受老婆子的嘲笑。

诸葛亮也一样，尽管他满腹经纶，但天下之大，刘备是他唯一可以尽心辅佐、发挥自己毕生所学的人物。

因为，没有一个人可以像刘备那样三顾茅庐虚心向他请教（曹操不会，刘表不会，孙权也不会做这样的事）。

没有一个人像刘备那样像鱼儿缺水一样渴盼得到他的帮助（曹操当时不需要，孙权活得也还好，刘表、张鲁之类则根本不知道自己缺水）。

没有一个人可以像刘备那样始终百分之百地礼遇和敬重他，并完全按照他的规划执行。

在中国优秀知识分子的传统中，向来是把品德放在第一位的，聪明和智慧倒在其次。诸葛亮更是如此。“与国人交止于信”，刘备的“信义”无疑是他最大的魅力，吸引了天下无数人无怨无悔地跟随他，也吸引了像诸葛亮这样的智者。

所以，像刘备和诸葛亮这样的关系，是信义与智慧的完美结合，是互为知己。刘备相信诸葛亮的智慧，更相信诸葛亮的忠诚，这种忠诚在无数的患难中得到考验，所以在临终前，刘备托孤诸葛亮，表现出对诸葛亮最大的信任。[1]

可是有人仍有疑问：既然刘备相信诸葛亮日后绝对不会篡位夺权，那他为什么还要说“如其不才，君可自取”这样的话?

我的分析是，他只是想表达对诸葛亮最大的信任和敬重!

要不然，不是给了受托人日后生事的理由吗?

读者诸君不妨设想一下，如果刘备眼前不是诸葛亮这样可以绝对信任的人，而是像司马懿那样的角色，立这样的遗嘱，岂不是加速对方夺权篡位的步伐?!

其实，在刘备临终前，他最担心的不是诸葛亮，而是儿子刘禅。他不担心诸葛亮篡位，但担心儿子刘禅实在无法扶起来，害怕诸葛亮再次隐居山林。

所以，如果说“如其不才，君可自取”还有什么潜台词?那就是想告诉诸葛亮，无论发生什么事，别忘了我们最初的理想——复兴汉室，平定天下!

---

[1] 《三国志》中陈寿这样评价刘备：先主之弘毅宽厚，知人待士，盖有高祖之风，英雄之器焉。及其举国托孤于诸葛亮，而心神无贰，诚君臣之至公，古今之盛轨也。机权干略，不逮魏武，是以基宇亦狭。然折而不挠，终不为下者，抑揆彼之量必不容己，非唯竞利，且以避害云尔。

给后主刘禅的遗诏

《三国志》记载了刘备给后主刘禅写的两份遗诏，其中一份是："汝与丞相从事，事之如父。"直接明了地让新皇帝像对待父亲一样侍奉丞相，这在历代皇帝遗嘱中也是独一份，进一步验证了刘备一心将国家托付给诸葛亮，心无二念。这自然包含着刘备审时度势的智慧，知道无论是刘禅还是蜀国都必须以诸葛亮为核心。同时，也体现了他与诸葛亮之间的深厚情义。临终前，刘备还叮嘱另外一个儿子鲁王刘永："吾亡之后，汝兄弟父事丞相，令卿与丞相共事而已。"

刘备写给刘禅的另一份遗诏是："朕初疾但下痢耳，后转杂他病，殆不自济。人五十不称夭，年已六十有余，何所复恨，不复自伤，但以卿兄弟为念。射君到，说丞相叹卿智量，甚大增修，过于所望，审能如此，吾复何忧！勉之，勉之！勿以恶小而为之，勿以善小而不为。惟贤惟德，能服于人。汝父德薄，勿效之。可读《汉书》《礼记》，闲暇历观诸子及《六韬》《商君书》，益人意智。闻丞相为写申、韩、管子、六韬一通已毕，未送，道亡，可自更求闻达。"

这份遗诏首先说刘备自己病重将亡的情况，但他没有说自己真正的病其实是心病，是由夷陵战役的失败引起来的。

三国时期有三大战役最为重要。第一场战役就是官渡之战，曹操打败了袁绍，统一了北方。第二场战役是赤壁之战，诸葛亮渡江说服孙权与刘备合作，共同对付曹操，结果将曹操打败，基本上确定了魏、蜀、吴三足鼎立之势。第三场战役就是刘备与孙权之间的夷陵战役，而夷陵战役的引发又与关羽之死有关。

世人皆知刘备、关羽、张飞桃园三结义，情义极为深厚。关羽文武双全，颇有韬略。赤壁之战后，刘备拥有了荆州的大部分地盘，然后有了机会，就按照诸葛亮隆中对的规划，进一步攻取益州。当刘备前往益州的时候，让关羽全权负责荆州的管理。刘备不仅代替了刘璋，牢牢占据了蜀地，而且打败曹军，将势力范围扩展到汉中，从而进入最为鼎盛的时期；关羽则使得荆州兵强马壮，力量大增。关羽见到刘备不断建立功业，自己也想早建功勋，于是亲率大军攻打曹操，一度将曹军打得大败，曹操甚至有迁都的想法。可惜关羽自视甚高，看不起而且得罪了孙权，对自己手下的文臣也多轻视，以至于背后起火。孙权背弃了与刘备的联盟，转而与曹操联合，并派吕蒙率大军偷袭关羽，关羽腹背受敌，最后竟被东吴将领杀死，荆州也因此落入孙权手中。

关羽被杀，刘备对孙权自是恨得咬牙切齿；而荆州之失，则使得诸葛亮隆中对的战略设想无法全面实施，复兴汉室由此变得更加艰难。于公于私，刘备都恨不得马上出兵，与东吴决一死战。不过，我们也可以从史书上看到，刘备并没有马上行动，而是在关羽死去一年半以后才出兵讨伐东吴。在此期间，曹操死，他的儿子曹丕即位，干脆以所谓“禅让”的方式代替汉献帝，建立魏国。消息传到蜀国，大家都认为汉献帝已死，于是在诸葛亮等人的力谏下，刘备称帝，国号仍然为“汉”。东吴孙权的力量较小，所以虽然独霸一方，但还不敢贸然称帝。

公元221年，刘备亲率八万水陆大军沿江东下，杀向东吴。战争的主战场在夷陵，史称夷陵之战。刘备出兵，所打的旗帜就是讨伐背信弃义的孙权，为关羽和荆州阵亡的将士报仇。当然，作为一个成熟的政治家，他更想通过这次战役打下孙吴后，两路出兵攻打中原，进而统一全国。孙权很是害怕，派人请和，但刘备根本不理会。其实这个时候，如果刘备同意孙权的求和请求，荆州还是有可能重新回到刘备手中的，那么仍可以按照最初的规划，继续联合孙权，统一北方。但刘备一口拒绝了孙权，除了认为自己兵强马壮足以打败孙权外，还有一点就是，他出兵孙吴，仍然打的是一贯的“情义”“信义”这样的旗帜，这被他视为根本。如果他因为孙权让出利益，就不给关羽报仇了，那么，他将如何面对天下人？所以他仍然一如既往地出兵。可惜的是，刘备并不擅长用兵，身边也不带诸葛亮、赵云这些擅长用兵的人，而且不听黄权等人的建议，以至于蜀兵虽然强大，但被刘备领入了死胡同，最终被吴军火烧连营，大败而逃。这一次大败，蜀国将士死伤惨重，刘备在最鼎盛的时候遭此耻辱，郁闷之情可想而知，于是一病不起，最终死去。临死前，他还在给刘禅的遗诏中感叹：“汝父德薄，勿效之。”

那么，刘备对刘禅有什么勉励和嘱托呢？最主要的还是让刘禅重视德行。按遗诏中的话，就是：“勿以恶小而为之，勿以善小而不为。惟贤惟德，能服于人。”

刘备年轻时不怎么喜欢读书，但晚年最重视读书，他在临终遗诏中便给刘禅开了一份书单：

《汉书》

《礼记》

诸子百家

《六韬》

《商君书》

在这份书单中，《汉书》是记载汉朝史事的。作为一个皇帝，必须了解本国的历史，这是基础，所以刘备首先提到了这本书。

《礼记》是儒家的经典著作，不仅记载了先秦的一些礼制和礼仪，更阐述了“修身、齐家、治国、平天下”等一系列以德为本的儒家思想。刘备之所以将此作为刘禅的必读书目之一，就是希望他从中吸取营养，加强德行。

在《汉书》和《礼记》后面刘备提到诸子百家，就是希望刘禅在精读的基础上，再博览群书。

《六韬》又称《太公六韬》《太公兵法》，是一部军事著作。当时统一大业未竟，战争在所难免，所以刘备也希望儿子能知兵法，会用兵。

《商君书》是法家著作，为秦国改革家商鞅所著。[1]笔者第一次看到刘备让儿子读这本书时，很是诧异。因为《商君书》与刘备的思想完全背道而驰。《商君书》只讲刑法，根本不讲仁义道德。但后来细思，作为当时的一个治国者，《商君书》的确应该好好学习，其中所讲的制度建设、效率原则、奖惩体系，确实对治国很有用。治国自然是复杂的，以仁德为本，并不妨碍以刑法为辅。更何况，汉朝的统治者哪一个又何尝不是“王霸道杂之”呢?

所以，刘备的这份书单，表面上看只是一些书名而已，其实体现了他治国的思想。

遗诏中还提到诸葛亮曾为刘禅抄写过《申不害》《韩非子》《管子》等书，也从侧面说明了诸葛亮的治国理念。

---

[1] 也有人认为《商君书》不是商鞅所作，是他的学生和其他人共同编写的法家思想的合集。但这本书代表的是法家的观点，却是无疑的。

诸葛亮：治蜀与北伐

刘备死后，蜀汉的所有事情都由诸葛亮全权负责。[1]这就是《三国志·蜀书·诸葛亮传》记载的："建兴元年，封亮武乡侯，开府治事。顷之，又领益州牧。政事无巨细，咸决于亮。"

由于刘备之死，蜀国南中诸郡纷纷叛乱，诸葛亮并没有马上去平定，而是做了另一件更重要的事，就是再次与吴国联盟。

有人可能马上就问：刘备就是因为攻打吴国而死，诸葛亮的这一举动是否违背刘备的意思？答案是：没有违背。

因为在刘备还没有死之前，吴国已派人向刘备请和，刘备竟然答应了。

孙权为什么在战胜后还要向刘备请和？因为他受到曹丕的压制，非常难受，这使他意识到，不联合刘备根本无法抵抗曹丕。

刘备这一次为什么答应了？这说明刘备在战败后有深刻的反省，也体现出他顾全大局的度量。在临终前，刘备完全可以意气用事，不接受孙权

[1] 《三国志》中提到刘备临终前除托孤诸葛亮外，还命尚书令李严为副手，与诸葛亮共同辅佐刘禅。这与其他皇帝的权衡之术完全不同，李严本是刘璋的部下，代表的是原来四川的旧势力。刘备此举只是进行安抚，并没有授予李严可以制约诸葛亮的权力。

的请和，以维护自己的面子。然而，如果这样做，他就会给诸葛亮和他死后的蜀汉政权带来难题。所以他在生前解决了这个问题。这就为诸葛亮与孙权再次谈判奠定了基础，也为蜀国与东吴联合对抗魏国，进而复兴汉室做了最基础的工作。

联合东吴以后，诸葛亮率众南征，七擒孟获，使南方诸郡心服口服。他又内修政务，“抚百姓，示仪轨，约官职，从权制”[1]，“立法施度，整理戎旅，工械技巧，物究其极，科教严明，赏罚必信，无恶不惩，无善不显，至于吏不容奸，人怀自厉，道不拾遗，强不侵弱，风化肃然也”[2]。也就是说，诸葛亮治蜀，以德为本，重视法治，赏罚严明，容不得官吏有贪污奸诈行为。他也非常重视经济、农业、军事、风化、教育，使得蜀国政通人和，吏治清廉，经济发达，一派欣欣向荣的崭新局面，为出征魏国打下了基础。

对于诸葛亮一再以小搏大、出征魏国，世人多不理解，觉得诸葛亮徒劳无功，明知不可为而为之，为什么非要这么做呢？如果我们仔细分析刘备的遗诏以及诸葛亮的前后出师表等文章，就会发现，诸葛亮的所有方针都是按照刘备的遗诏制定的，而遵照刘备的遗诏也就是实现诸葛亮的毕生理想。按现在的话讲，统一全国、复兴汉室是刘备和诸葛亮最大的心愿，是他们生命的意义所在，所以即便完成不了，也一定要尽全力为之。

刘备给诸葛亮的遗嘱中，第一句话就指向了曹丕的政权，对此，诸葛亮时刻铭记。四年后，诸葛亮终于准备就绪可以出征北伐，临行前他写下《前出师表》向刘禅表明心迹，一再强调“先帝”与“先帝遗诏”。

他说：“先帝创业未半而中道崩殂，今天下三分，益州疲弊，此诚危急存亡之秋也。然侍卫之臣不懈于内，忠志之士忘身于外者，盖追先帝之殊遇，欲报之于陛下也。诚宜开张圣听，以光先帝遗德，恢弘志士之气，

---

[1] 见《华阳国志卷七·刘后主志》。

[2] 见陈寿所著《进诸葛亮集表》。

不宜妄自菲薄，引喻失义，以塞忠谏之路也。”

他又说：“亲贤臣，远小人，此先汉所以兴隆也；亲小人，远贤臣，此后汉所以倾颓也。先帝在时，每与臣论此事，未尝不叹息痛恨于桓、灵也。侍中、尚书、长史、参军，此悉贞良死节之臣，愿陛下亲之信之，则汉室之隆，可计日而待也。”

他回忆了刘备对他的知遇之恩：“臣本布衣，躬耕于南阳，苟全性命于乱世，不求闻达于诸侯。先帝不以臣卑鄙，猥自枉屈，三顾臣于草庐之中，咨臣以当世之事，由是感激，遂许先帝以驱驰。后值倾覆，受任于败军之际，奉命于危难之间，尔来二十有一年矣。”

他表达了“兴复汉室”就是报答刘备之恩的心情：“先帝知臣谨慎，故临崩寄臣以大事也。受命以来，夙夜忧叹，恐托付不效，以伤先帝之明，故五月渡泸，深入不毛。今南方已定，兵甲已足，当奖率三军，北定中原，庶竭驽钝，攘除奸凶，兴复汉室，还于旧都。此臣所以报先帝而忠陛下之职分也。至于斟酌损益，进尽忠言，则攸之、祎、允之任也。”

最后他又提到刘备的遗诏，说：“陛下亦宜自谋，以咨诹善道，察纳雅言，深追先帝遗诏。臣不胜受恩感激。”

这篇文章与《隆中对》一样，成为千古美文，而其情感充溢处，更胜过《隆中对》。

从公元228年到公元234年，诸葛亮不惮艰辛，六次北伐，最后病死在北伐途中的五丈原，终年五十四岁。

诸葛亮的《后出师表》同样一贯地体现着对刘备遗诏的遵从，体现着为完成刘备遗愿不惜付出一切的心愿：

先帝深虑汉、贼不两立，王业不偏安，故托臣以讨贼也。以先帝之明，量臣之才，固知臣伐贼，才弱敌强也。然不伐贼，王业亦亡。惟坐而待亡，孰与伐之？是故托臣而弗疑也。臣受命之日，寝不安席，食不甘味。思惟北征，宜先入南。故五月渡泸，深入不毛，并日而食；臣非不自惜也，顾王业不可得偏安于蜀都，故冒危难，以奉先帝之遗意也，而议者谓为非计。

……

自臣到汉中，中间期年耳，然丧赵云、阳群、马玉、阎芝、丁立、白寿、刘郃、邓铜等及曲长、屯将七十余人，突将、无前、賨叟、青羌、散骑、武骑一千余人，此皆数十年之内所纠合四方之精锐，非一州之所有；若复数年，则损三分之二也，当何以图敌？此臣之未解五也。

今民穷兵疲，而事不可息；事不可息，则住与行劳费正等。而不及今图之，欲以一州之地与贼持久，此臣之未解六也。

夫难平者，事也。昔先帝败军于楚，当此时，曹操拊手，谓天下以定。然后先帝东连吴越，西取巴蜀，举兵北征，夏侯授首，此操之失计，而汉事将成也。然后吴更违盟，关羽毁败，秭归蹉跌，曹丕称帝。凡事如是，难可逆见。臣鞠躬尽瘁，死而后已。至于成败利钝，非臣之明所能逆睹也。

这便是诸葛亮的心声，他知道刘备临终前其实是让他“以进为退、以攻为守”来保全蜀汉，完全接过了刘备平定天下、恢复汉室正统的重担，鞠躬尽瘁，死而后已。可惜的是，谋事在人，成事在天，诸葛亮最终未能完成心愿。

直到生命的最后一刻，诸葛亮仍不忘刘备的遗诏，给刘禅写《临终遗表》：

伏念臣赋性拙直，遭时艰难，兴师北伐，未获全功，何期病在膏肓，命垂旦夕。伏愿陛下清心寡欲，约己爱民，达孝道于先君，布仁心于寰宇，提拔隐逸，以进贤良，屏黜奸谗，以厚风俗。

臣初奉先帝，资仰于官，不自治生。今臣家成都，有桑八百株，薄田十五顷，子孙衣食，自有余饶。臣身在外，无别调度，随时衣食，悉仰于官，不别治生，以长尺寸。臣死之日，不使内有余帛，外有盈财，以负陛下也。

这份遗表在说明北伐未成而自己即将死去的情况后，紧接着就是向刘禅进谏治国之道（这又何尝不是遵照刘备的遗诏），希望刘禅能做到如下四点：

一、清心寡欲，约己爱民。

二、讲究孝道，实施仁政。

三、重视人才，想各种办法发现人才，提拔贤良。

四、远离小人奸臣，使蜀汉的民风淳厚，以获得民众支持。

最后，诸葛亮介绍了自家的情况，“随时衣食，悉仰于官，不别治生”，“臣死之日，不使内有余帛，外有盈财”，他确实做到了公而忘私！

诸葛亮去世二十九年后，刘禅投降曹魏，蜀汉灭亡。刘备临终前对儿子的担心不无道理，诸葛亮在世时虽多方引导，但刘禅终究是扶不起的阿斗，而且投降后还乐不思蜀。在蜀汉灭亡时，诸葛亮的儿子继承父志，以身殉国。这使得世人对诸葛亮有了更深的敬意。

如今，当我们来到成都武侯祠，会发现这个供奉诸葛亮的地方，大门的牌匾上写的却是“汉昭烈庙”。原来，这里最初是刘备的陵和庙，刘备死后谥号为“昭烈”，所以供奉他的庙被称为“汉昭烈庙”。后来，世人为了纪念诸葛亮，便在刘备庙旁修建了武侯祠。到明朝初年，武侯祠并入汉昭烈庙，从此，刘备、诸葛亮君臣合庙，他们之间的情义在死后重生，永垂千秋。正如庙中对联中所言：“三顾频烦天下计，一番晤对古今情”，“诸葛大名垂宇宙，宗臣遗像肃清高”。

第六章

谋取天下的虎狼

——曹氏、司马氏的三世恩怨

公元 220 年 曹操死，曹丕称帝，建国号为魏。汉献帝被废为山阳公，汉朝灭亡。

公元 226 年 曹丕病亡，临终前定儿子曹叡为接班人，并为新皇帝选了四位辅政大臣，他们是曹真、陈群、曹休、司马懿。

公元 238 年 曹叡病亡，曹芳为皇位继承人，曹爽、司马懿为辅政大臣。

公元249年 司马懿发动高平陵政变，杀死曹爽，夺取军政大权。

公元 251 年 司马懿病重，临终前将军权转给儿子司马师。

公元 254 年 曹氏党人李丰等被杀害，皇帝曹芳被废除。司马师转立 14 岁的曹髦为新皇帝。

公元 255 年 司马师带病出征，平定毌丘俭、文钦的叛乱，得胜返回途中，病情恶化而亡。临终前，令弟弟司马昭统领三军。

公元 258 年 司马昭平定诸葛诞反叛。

公元 260 年 魏帝曹髦被司马昭的部属杀害。曹奂被立为皇帝。

公元 263 年 司马昭所派军队进入蜀地，刘禅投降，蜀汉灭亡。

公元265年 司马昭死，其子司马炎继位。魏帝曹奂以禅让方式，将政权转给司马炎，晋朝开始。

虎威难测曹孟德

公元220年，一代雄主曹操（字孟德）死于洛阳，时年66岁。他死前的身份是魏王，位在诸侯王上，奏事不称臣，受诏不拜，以天子旌旗、礼乐祭祀天地，出入称警跸，其子皆为列侯。在名义上，曹操仍是汉朝的臣子，而实际上，他控制着汉朝的皇帝，而且统一了中国北方，虎视天下，念念不忘统一全国。

江东的孙权曾写信给曹操，表示愿意称臣，煽动曹操称帝。曹操拿着这封信对群臣说："这小儿是想让我坐在火炉上呀！（是儿欲踞吾著炉火上耶！）"[1]

在场的群臣，包括陈群、夏侯惇、司马懿等人均以"天命转移"，劝曹操代汉称帝。曹操笑看群臣，心思莫测，沉思良久，才说道："若天命在我，我为周文王矣。"[2]

当年周文王姬昌虽然已有很大的势力，但并不急于求成，所以终生没有称帝，反而一直为儿子周武王当皇帝做准备，这样才有了周朝八百年的江山。曹操以周文王自喻，实则已将天下江山视为曹氏江山，而他最终放弃称帝，乃是为了儿子能成为周武王，并创建一个像周朝一样长久稳固的

[1] 见《资治通鉴·汉纪》。

[2] 同上。

曹氏政权。

曹操临终前的遗令为："天下尚未安定，未得遵古也。葬毕，皆除服。其将兵屯戍者，皆不得离屯部。有司各率乃职。敛以时服，无藏金玉珍宝。"[1]

"天下尚未安定"，是指当时的天下大势，除曹操政权外，刘备拥有蜀汉，孙权统治江东，战乱依然不断。

"未得遵古也"，是应对天下形势的处事原则，即不必拘泥于古代繁琐的礼仪。例如，不必像古代一样守丧三年。

"葬毕，皆除服"，就是让大家在安葬遗体后，马上脱去丧服，恢复正常工作，这显然是对置办丧事的曹丕等人而言的。

"其将兵屯戍者，皆不得离屯部"，曹操首重军事，故在身后事的安排上，也把军队放在第一位，首先着眼于当时天下未定的形势，令将领们不得擅自离开工作岗位。

然后便是整体的安排："有司各率乃职。"这里面就既有武官又有文官了，让大家各归其位，迅速恢复常态与稳定。

最后，曹操的遗令中才真正涉及自己的丧礼："敛以时服，无藏金玉珍宝。"就是说，按照当时人的衣服装殓，坟墓中不藏金玉珠宝。这是他一贯的做法：务实而不务虚，重生不重死，重江山不重钱财，以廉节自励，以开拓一个新世界的心态，着眼于天下大势，结合实际安排后事。

对于曹操，史书《三国志》对他的整体评价是："汉末，天下大乱，雄豪并起，而袁绍虎视四州，强盛更是无人能敌。魏太祖曹操运筹帷幄，演练谋划，鞭挞宇内，取申不害、商鞅的法术，采韩非、白起的奇策，根据不同人才的器量大小和能力高低，任用官员，不依常情，不念旧恶，任事而用。他之所以在群雄逐鹿之际最终成就伟业，就因为他谋略最优。他

[1] 参见《三国志·魏书·武帝纪》。

真可谓非凡的伟人、超世的英杰！”[1]但他给当时人们印象最深的，恐怕是虎威难测！

从功业上看，曹操无疑是一个开山的猛虎。

曹操，字孟德，其祖父曹腾是地位显赫的大宦官——中常侍大长秋，封费亭侯。父亲曹嵩是曹腾养子，官至太尉，地位煊赫。这些背景既为当时时代所造成，又对曹操产生很大的影响。

东汉后期，宦官势力非常强大，常与以清流自命的官僚集团对立冲突。宦官集团曾借助皇权，制造两次党锢事件，杀害和打击了大量的清流官员。而清流官员是东汉政权的中流砥柱，一旦遭到致命性的打击，东汉政权也就岌岌可危了。除宦官与清流官僚两大势力外，东汉后期还长期活跃着权倾朝野的后党势力、盘根错节的豪族势力。中平六年（189年），汉灵帝死去，他14岁的孩子刘辩即位，史称汉少帝。小皇帝一切都听命于他的母亲何太后，而何太后又全靠她的兄长何进拿主意。何进见宦官猖獗，试图引割据并州（今山西一带）的军阀董卓入京，铲除以十常侍为首的宦官势力，却反被十常侍杀害。豪族代表袁绍、袁术起兵，一气杀死三千名宦官，宦官集团彻底完蛋。而董卓领兵到达洛阳后，则把袁绍赶走，更加专权跋扈，废除汉少帝，另立9岁的陈留王刘协为皇帝（史称汉献帝），由此引发汉末以来更大的战乱。曹操就是在这样复杂的历史背景中成长并最终脱颖而出的。

曹操早年好侠任性、放荡不羁，敢为常人所不敢为。一方面，他的出身虽然与宦官有关，但入仕之初曾不顾风险，打击浊流恶势力，上书为党人领袖请愿；另一方面，他虽然敢为士族清流出头，但对世家大族的门第之见充满了质疑。尤其在汉室倾危、董卓废帝之际，曹操散尽家财，纠合义兵，率先向董卓挑战，展现了他的雄心壮志。战争中，曹操是一名勇者，他身先士卒，奋勇厮杀，被流矢击中，险些丧命。他更是一位开拓

[1] 参见《三国志·魏书·武帝纪》。

者，当他看到群雄并起却各怀异心、只为自己的地盘和权势考虑、全然不管什么汉朝社稷时，他逐渐意识到汉朝已如明日黄花，不可能再恢复往日的辉煌了，于是彻底打破传统观念，产生重造天下的雄心壮志。他把汉献帝迎到许昌，奉天子以令不臣，挟天子而令诸侯，借皇帝的名义发号自己的命令，由此恩威并济、文武相加，以严明的军纪治军，以奇谲的兵法作战，铲除或招降各方势力。等袁术、吕布、张邈、袁绍等割据势力一一被曹操消灭后，中国的北方，在多年的分崩离析之后，也逐渐得到了统一。

建安十二年（207）九月，曹操北征乌桓，消灭了袁绍残余部队，凯旋途中路过碣石山，曹操豪情万丈，以《观沧海》一诗抒发胸襟：

东临碣石，以观沧海。
水何澹澹，山岛竦峙。
树木丛生，百草丰茂。
秋风萧瑟，洪波涌起。
日月之行，若出其中；
星汉灿烂，若出其里。
幸甚至哉，歌以咏志。[1]

吟诵此诗，可以想象曹孟德吞吐日月的龙虎之象。后世毛泽东曾如此慨叹："往事越千年，魏武挥鞭，东临碣石有遗篇。"[2]

从品行上看，曹操也是一猛虎，但在常人看来，此人时好时坏，好能好到极限，坏也能坏到极限——所谓"清平之奸贼，乱世之英雄"[3]，这似乎还不能完全概括曹操。

凉茂这样评论："曹公忧国家之危败，愍百姓之苦毒，率义兵为天下

[1] 见《三曹诗选》。
[2] 出自《浪淘沙·北戴河》，见《毛泽东诗词鉴赏》。
[3] 见《后汉书·许劭传》。

诛残贼，功高而德广，可谓无二矣。”曹操的忧民之心确实常有，他曾在《蒿里行》中写道“白骨露于野，千里无鸡鸣。生民百遗一，念之断人肠。”他在路经民田时下令：“任何人不得弄坏麦子，违反者处死。”没想到刚刚下令不久，曹操自己的马受惊，窜进了麦田。曹操当即便要自刎，诸将赶紧劝阻，但曹操并没有轻易放过此事，而是找来主簿定罪。主簿以《春秋》典故应对：“自古刑法不对尊贵的人使用。”曹操听后，说：“虽然我身为一军之帅，是不能够死的，但不惩罚不足以统御属下！”说完后，用剑将头发割断，投掷于地。面对当时人口流失、田地荒芜的情况，曹操更是想尽办法招怀流民、劝课农桑、兴修水利、充实编户，不仅使濒于崩溃的农村经济得以恢复和发展，更挽救了无数的苍生。从这些方面看，曹操的品行真是不能再好了。

然而，曹操又是极坏之人。他说“宁愿我负天下人，不让天下人负我”，他侮辱汉朝皇帝、杀国舅董承等人毫不手软；杀孔融等名士，也是毫不顾忌天下舆论；他报复仇敌、杀人如麻，更是天下皆知。公元193年，陶谦的部将杀死曹操的父亲，曹操为父报仇，率军猛攻陶谦统治的徐州。他的目标是陶谦，然而并没有放过无辜的百姓。他的军队攻下十余城，竟屠杀几十万的百姓，其中五个县被他杀得不见人迹，连鸡犬都不留。从这一点上看，说他是杀人魔鬼一点儿也不过分。曹操还有个嗜好，喜欢夺他人之美妻，骠骑将军张济的夫人、吕布部属秦宜禄的前妻、大将军何进的儿媳，都被他纳为妾。至于倾国倾城的孙策夫人大乔、周瑜夫人小乔，曹操更是垂涎三尺，打算攻取江东后马上将二乔纳入铜雀台中。从这些行事来看，曹操是一个十足的大恶人。

在人事方面，曹操也有常人难料的虎威。曹操用人，唯才是举。与袁术等人普遍拘泥的世族门第观念不同，曹操非常重视从各个方面搜罗人才。《三国演义》中“温酒斩华雄”的篇章中，若不是曹操为关羽说话，按照袁绍、袁术的观念，作为地位卑微的马前卒关羽，武功再高，也没有资格与对方大将华雄交战。即便斩了华雄立了大功，袁术仍然看不起关羽。姑不论“温酒斩华雄”是史实还是小说虚构，其情形基本上反映了汉朝末期极其重视出身的普遍现状，也能反映曹操在用人方面的特点。

从210年到217年，曹操先后下过三次“求贤令”，选拔重用有才能的人，非常明确地宣称：“今天下尚未定，此特求贤之急时也……二三子其佐我明扬仄陋，唯才是举，吾得而用之。”只要是真有大才，即便名声很差，诸如西汉初年被传说与嫂子通奸、接受贿赂、被天下人耻笑的陈平之流，曹操都可以重用；只要有真才实学，即便出身卑贱，曹操也会重视。这就是曹操不拘出身、唯才是举的方针。在这个方针指导下，曹操还将不少敌对方的将领转化为自己的得力大将，如张辽、徐晃、张郃等。遇到急需的人才，曹操还会屈己求才，做出非常之举。与袁绍作战时，袁绍谋士许攸因不受重用，便于夜晚投奔曹操，曹操已休息，听到许攸在外面高喊他的名字，身为全军统帅的他不仅不恼，反而大喜而出，着急得连鞋子都顾不上穿，把许攸迎入帐内，奉为上宾。这种礼遇让许攸十分惊喜，认为自己不过一谋士，而曹操是丞相，两者地位悬殊，曹操竟如此对他，实在出乎意料。曹操却说：“现在只有故友，没有丞相。”在曹操的一捧再捧下，许攸将攻打袁绍的计谋全盘道出，曹操便用许攸之计袭击乌巢，火烧袁绍粮草，取得官渡之战中最关键的胜利。

从上面的文字中，我们可以看到曹操是一个唯才是举、思贤若渴的人。可是，他还有另一面，就是对不合己意的人，丝毫不念旧情，断然处置。例如，在官渡之战中立下大功的许攸，只因恃功自傲，不识体统，曹操谈笑之间便暗示手下将许攸杀死。杨修本是大族才俊，聪颖过人，对曹操之子曹植颇有辅助之功，只因杨修爱玩弄聪明引得曹操猜忌不满，于是借故杀之。著名谋士娄圭，年轻时就与曹操有交情，跟随曹操后，多次出谋划策，立下大功，曹操常常当众称誉：“娄圭的谋略，是我比不上的。”然而，称誉归称誉，翻脸时则非常绝情。有一次，娄圭看到曹氏父子外出时的威仪，十分感慨，便对旁边的人说：“人生在世，事情要靠自己去做，不能光看别人。”娄圭也许就是随口一说，并没有任何其他不当行为，但曹操得知后，竟猜疑娄圭有造反之意，马上把其收监并杀害。

正因为如此，曹操既有爱才如命的美名，也有猜疑成性的恶名，他被很多人视为具有双重性格的奸雄，在他的手下办事，不得不战战兢兢，如临深渊，如履薄冰，小心从事。

多方考量定太子

曹操的虎威不仅给他的手下人以很大的压力，也给他的儿子曹丕很大的压力。

曹丕（187—226），字子桓，生于乱世，长于军中。五岁时，曹操教他学射箭，六岁时教他学骑马，他八岁时能写文章，显示出文学天赋。曹丕11岁时，曹操攻打宛城张绣，张绣投降。曹操带曹丕等人入宛城。不料张绣降而复反，举兵攻打曹操。曹操身中流矢，差点送命。他的长子曹昂、侄儿曹安民均被杀。曹丕因为善骑射，乘马奔逃。曹昂一死，曹丕成为曹操的嫡长子。如果按照正统的传位观念，曹丕是曹操王位的不二人选。然而，曹操偏是一位敢于打破一切正统的奸雄，所以只是把曹丕视为继承人的人选之一。曹丕为此曾备受煎熬。建安十六年（211年），24岁的曹丕被任命为五官中郎将，副丞相。直到六年后的217年，曹丕才被封为魏太子，确立为曹操的继承人。在此期间，他的弟弟曹植成为他主要的竞争对手。

曹植，字子建，曹操的第三个儿子，其文采风流，最受曹操喜欢，而且曾是曹操心目中继承人的最佳人选。曹操、曹丕、曹植并称为“三曹”，文学造诣都很高。而三曹中，曹操的诗文悲壮豪迈，曹植的诗文绮丽多姿，其文学成就不相上下，曹丕诗文虽也能在文学史上有一席之地，但毕竟不及曹操与曹植。

先说可以言志的诗歌。曹操之诗，悲壮豪迈，颇有开国帝王的气象。除前面提到的《观沧海》，还有《短歌行》《龟虽寿》，无不是可以独步天下的名篇。且看至今广为传颂的《短歌行》：

对酒当歌，人生几何？
譬如朝露，去日苦多。
慨当以慷，忧思难忘。
何以解忧，唯有杜康。
青青子衿，悠悠我心。
但为君故，沉吟至今。
呦呦鹿鸣，食野之苹。
我有嘉宾，鼓瑟吹笙。
明明如月，何时可掇？
忧从中来，不可断绝。
越陌度阡，枉用相存。
契阔谈宴，心念旧恩。
月明星稀，乌鹊南飞。
绕树三匝，何枝可依？
山不厌高，海不厌深。
周公吐哺，天下归心。[1]

此诗将曹操“招揽天下英雄”“天下归心”的壮志表露无遗。

曹植与曹丕的诗歌多有对人生的感慨，有些风格颇为接近，但曹植的才情优于曹丕，而且诗歌中的豪放之气，极受曹操喜欢。例如《白马篇》中“名编壮士籍，不得中顾私。捐躯赴国难，视死忽如归！”这样的诗

---

[1] 见《三曹诗选》。

句，便难于从曹丕笔下写出。所以我们看到的，多是曹丕诗中所写的游子思妇的忧郁之情，多是对人生无常的感慨。例如“人生如寄，多忧何为？今我不乐，岁月如驰。”“回头四向望，眼中无故人”“汤汤川流，中有行舟。随波转薄，有似客游。”如此而论，在英雄气上，曹植比曹丕更像曹操。

诗文影响着政治，曹丕、曹植兄弟的诗文比赛，也对曹操究竟选谁为继承人产生着很大的影响。

有一次，曹操与儿子们同登铜雀台，酒席之中，要儿子们当场作《登台赋》。这实际上就是比较儿子们的才学。写毕后，曹操有意将曹丕和曹植的《登台赋》进行比较，当众朗读。曹丕的《登台赋》写道：

建安十七年，春游西园，登铜雀台，命余兄弟并作。
登高台以骋望，好灵雀之丽娴。
飞阁崛其特起，层楼俨以承天。
步逍遥以容与，聊游目于西山。
溪谷纡以交错，草木郁其相连。
风飘飘而吹衣，鸟飞鸣而过前。
申踌躇以周览，临城隅之通川。[1]

曹丕之赋，虽然文字也算优美，描述也算周全，但整体而言，四平八稳。

再看曹植的《登台赋》：

从明后而嬉游兮，登层台以娱情。
见太府之广开兮，观圣德之所营。
建高门之嵯峨兮，浮双阙乎太清。

---

[1] 转引自《曹丕——文豪天子》。

立中天之华观兮，连飞阁乎西城。
临漳水之长流兮，望园果之滋荣。
仰春风之和穆兮，听百鸟之悲鸣。
天云垣其既立兮，家愿得而获逞。
扬仁化于宇内兮，尽肃恭于上京。
惟桓文之为盛兮，岂足方乎圣明！
休矣美矣！惠泽远扬。
翼佐我皇家兮，宁彼四方。
同天地之规量兮，齐日月之辉光。
永贵尊而无极兮，等年寿于东王。[1]

把这篇赋与曹丕的那篇赋一比较，无论写景、抒情、言志，曹丕之赋都不足道哉！从曹操的角度来看，曹丕的赋与他这位父亲没有一点关系，也没有任何亲情可言；曹植的赋则抒发了对父亲功业的无比赞美之情，表达了希望父亲长寿的孝子之意，更表露了如何治理天下的仁德情怀。其中的“扬仁化于宇内兮，尽肃恭于上京”“休矣美矣！惠泽远扬。翼佐我皇家兮，宁彼四方。同天地之规量兮，齐日月之辉光”，其胸襟开阔、可通天地之象，可追其父曹操。光是这一赋，曹操即可引曹植为知己。怪不得，他更眷顾曹植，而且多次想传位于这位爱子。

邺城是曹操的封地魏国的都城，也是曹操政治、军事活动的大本营。很多时候，作为丞相的曹操都是在邺城发号施令的。每当曹操带兵外出打仗时，留镇邺城便成为一项异常重要的政治任务，甚至成为曹操选择继承人的风向标。曹丕被封为五官中郎将之后，作为丞相的副手，曹操外出时总是留他在邺城镇守。可是，建安十九年（210年），曹操却改弦更张，令曹丕跟随自己东征孙权，而让临甾侯曹植留下来镇守邺城。不仅如此，

[1] 转引自《曹丕——文豪天子》。

临行之前，曹操还当着文武大臣的面叮嘱曹植：“我当初担任顿丘县县令时，不过23岁。回想起当时的所作所为，都很正确妥当，至今没有遗憾。你现在也正好23岁，要好自为之呀！”这样的话再清楚不过了，就是希望曹植成为第二个曹操。倘若曹操出战遭遇不测，临终也未留下遗嘱，曹植大可以此作为曹操指定继承人的遗嘱。可想而知，曹操的这些举措对曹丕造成多大的压力。

曹丕虽然外表稳重，举止如常，对待曹植也是一副忠厚的模样，但内心十分焦虑，切盼曹植充任邺城留守时犯下大错。然而，在此后的三个月当中，曹植勤于公务，毫无过失，等曹操、曹丕返回邺城后，曹植稳稳妥妥地将邺城业务交给曹操，曹操大为高兴。曹植由此越来越接近太子位了，曹丕内心更加焦虑。

第二年春天，曹操再次带兵外出，西征张鲁。这一次，曹操还是让曹植充任邺城留守，而让曹丕担任孟津督运专使，这样的任命显然还是偏爱曹植。曹丕真有点儿坐不住了，可是着急也没用，辗转反侧之际，想起曹操的重要谋士贾诩送给他的话：“愿将军恢崇德度，躬素士之业，朝夕孜孜，不违子道。如此而已。”就是要他加强道德修养，开阔心胸；孜孜不倦，做好自己该做的事情；一定不要违反做儿子应有的孝道。想到这些，曹丕尽力沉下心来，尽职尽责，办好父亲交代的任务。如此，曹操对曹丕倒也没有什么不满意的。

西征张鲁，夺得汉中，而且清除了割据关陇一带的韩遂势力，曹操胜利而归，心中很是高兴。他的爵位也因此顺理成章地提高一等，成为魏王。此时曹操62岁，该考虑继承人的问题了。他见曹丕、曹植二兄弟都很好地完成任务，觉得他们都可以堪当大任。可是，继位者只能有一位。曹操虽然偏向曹植，但也不愿意贸然地废长立幼。于是，他秘密地向大臣们征求意见。

因才华横溢，曹植拥有很多粉丝，又受到曹操的青睐，不少人便给曹植投了赞成票。杨修、丁仪、丁廙、杨俊、荀恽、孔桂等大臣，向来看重曹植，更是全力拥护曹植。不过，拥护曹丕的大臣也不少。与曹植相比，曹丕虽然才华稍逊，但名分优于曹植，而且做事踏实、有城府，擅长人事，拥护他的人也以稳重之人为主。

尚书崔琰拥护曹丕，声称："按照春秋大义，应立长子。而且五官将曹丕仁厚、忠孝、聪明，应该做魏王的继承人。"为了表示自己坚决的态度，崔琰不仅以不封口的书信呈上，而且在信中强调："我的看法至死不变。"[1]曹植本是崔琰兄长的女婿，如果从私情上讲，应该支持曹植。然而，他的意见正好相反，这对曹操产生较大的影响。尚书仆射毛玠、东曹掾邢颙都是同样的态度，认为嫡长子是正统继承人，这是天经地义的事情，如果以旁支或幼子代替，宗族与国土都有覆灭的危险。

有一次，曹操命众人退下，单独向太中大夫贾诩征求意见，贾诩却沉默不语。曹操问："与卿说话，卿为何不答？"贾诩这才说道："属下刚才有所思，所以没有马上回答。"曹操又问："你想到什么了？"贾诩说："想到袁绍父子和刘表父子。"[2]曹操哈哈大笑。袁绍和刘表，都因为废长立幼而导致失败，贾诩的态度可想而知。《三国志》中称：曹操就因为贾诩这句话，定下曹丕为太子。

事实上，贾诩的话固然起了重要作用，定下曹丕为太子的原因很多。曹操煮酒论英雄，根本不把袁绍、刘表之流放在眼中，对他们所谓的前车之鉴自不会看得太重，也许只是觉得贾诩的话可以借鉴而已。立谁为太子，关键还要看曹丕、曹植的表现。

本来曹丕、曹植亲兄弟之间的关系非常好，但自从曹植威胁到自己继承人的位置时，曹丕便视曹植为政敌了。他非常周密地谋划着，采取扬长避短的方式，讨父亲欢心。

有一次，曹操带兵出征，曹丕、曹植二兄弟送行，曹植出口成章，歌

[1] 见《资治通鉴·汉记》。

[2] 见《三国志·魏书·荀彧荀攸贾诩传》。

颂父亲功德，曹操大为高兴，旁边的人也纷纷赞叹。曹丕不免又产生失落之感，然而他自有高招。在向父亲辞行时，曹丕一言不发，只是哭着下拜，显示出对父亲的依依不舍之情，曹操和他的部属们都很伤感。在这场“达人赛”中，曹植以才华胜出，曹丕却以情感征服了“评委和观众”。最后胜出的当然是曹丕。

更关键的是，这一长时间的竞争就像马拉松比赛，能否胜出的关键不是爆发力，而是耐力。曹丕在爆发力方面明显不及曹植，但他长期奉行韬晦之策，做事稳重，使自己不做出父亲痛恨的事情。这一方面，曹植显然落于下风。

有才华的人往往容易犯任性、张扬的毛病。曹植喜欢聚会饮酒，某次酒后，曹植竟然驾车出入只供魏王曹操才可以出入的魏宫正门司马门，而且驱车于驰道，让人以为是曹操本人回来了。这件酒后失德的事情触犯了政治上的大忌。曹操知道后，气得不得了，认为曹植在大事上太轻浮了，难以继承自己的伟业。没过多久，曹植又犯了曹操大忌。

曹操向来俭朴，认为这是修身立国之本，不仅自己以身作则，而且严令曹家儿女妻妾不得穿锦绣衣服，违者严惩。曹植却让他的爱妻崔氏穿上锦衣，一起赏景解忧。曹操看见后大怒，竟然令崔氏回家自裁，对曹植的态度也可想而知了。

曹丕见弟弟遭殃，心中大喜，趁机活动后宫，想方设法笼络曹操的妻妾，让她们向曹操吹枕边风。最终，在多方考量下，曹操虽然认为曹丕的气魄不及自己，但在政治上很是成熟，最终于建安二十二年（217）立曹丕为太子，使其成为魏王的法定继承人。

成为太子后，曹丕仍然办事稳重，恪尽职守，基本上没触犯曹操忌讳。他重用司马懿、陈群等有谋略的英才，笼络文学之士，也善待武将，越来越显示出治理天下的才干。而曹植的好朋友兼重要帮手杨修，却屡犯曹操忌讳，终被杀死。建安二十四年（219），曹仁被关羽围困，曹操任曹植为南中郎将兼征虏将军，打算派他率军营救曹仁，没想到大军马上就要出发了，曹植仍沉醉于酒乡。曹操深感失望，从此再不重用曹植。

建安二十五年（220）正月，曹操去世，临终前未对太子之事提出任何异议，曹丕由此顺理成章地承袭为魏王，嗣为丞相。

自断臂膀笑面虎

其实，曹丕虽然顺理成章地成为魏王，但中间还是有过一些小波折。曹操死得很突然（据说是死于脑瘤），以至于他死在洛阳时，曹丕仍在邺城。当时洛阳的军队出现了骚动，曹操的另一个儿子曹彰却从长安赶到洛阳，询问魏王的印玺何在。这是一个异常敏感的问题，在场的人都不知道该如何回答。大家的第一反应必然是：曹彰想要夺魏王之位。幸亏谏议大夫贾逵严肃地回答："国家已有先王的继承人，先王的印玺不是君侯应当询问的。"[1]其他大臣纷纷附和，曹彰不好再说什么了。

曹操病逝的消息传到邺城，曹丕号哭不已。担任中庶子职位的司马孚进谏："先王晏驾，天下之人都依恃殿下您的号令。您应当上为宗庙，下为万国，怎么可以仿效普通百姓尽孝的方式呢？"曹丕听后，哭声慢慢地停下来，良久说道："先生您说得对。"司马孚见群臣也是聚在一起痛哭，不再有往日上朝时应有的行列，厉声喊道："如今君王离世，天下震动，应赶紧朝拜嗣君，稳住大局，以镇万国，怎么可以只知道哭呢？"说完后，他立刻命令群臣退出朝堂，安排好宫廷警卫，处理丧事，准备拜曹丕为魏王。这个时候，由于汉献帝依然是名义上的皇帝，所以有的大臣便提出，如果太子曹丕即魏王位，应该经过正常程序，由汉献帝诏令后才可

[1] 见《资治通鉴·魏纪》。

以正式即位。尚书陈矫当机立断，声称："魏王在外病逝，天下因此恐慌畏惧，人心不稳。太子应割舍哀痛，现在就即位，以安定举国上下之心。况且魏王钟爱的儿子曹彰就守在灵柩之侧，如果那边生变，社稷就危险了。"于是众人马上准备新魏王即位的各种事宜，一天内迅速完成。第二天早上，太子曹丕便正式继承曹操之位，成为魏王，然后大赦天下，以笼络万民。

可以说，曹操死后，在重臣们的拥护下，曹丕迅速继承王位，避免了很多难以预料的风险。众多风险当中，最大的风险来自于他的弟弟曹彰。

曹彰与曹植一样，都是曹丕同父同母的亲兄弟。曹操与卞夫人生下四子，分别为曹丕、曹彰、曹植、曹熊。曹操生前，除对曹植偏爱有加外，对曹彰也是分外重视。曹彰英武豪迈，屡立战功，在武功方面远胜于曹丕、曹植。他不仅力大无比，能空手与猛兽搏斗，而且武艺超群，不惧艰险。他的志向就是："大丈夫当如卫青、霍去病，率十万铁骑，驰骋沙漠，驱逐戎狄，立功建号！"他与曹操一起冲锋陷阵，时常露出慷慨激昂的豪气。有一次，曹操让儿子们各自说说自己的志向，曹彰虎生虎气地说："好为将！"曹操问："为将后，当如何？"曹彰回答："披坚执锐，临难不顾，身先士卒。赏必行，罚必信。"曹操戎马一生，见有如此虎子，忍不住开怀大笑。建安二十一年（216），曹操封曹彰为鄢陵侯。

建安二十三年（218），北方代郡的乌丸造反，曹操令曹彰为北中郎将兼骁骑将军，前往讨伐。曹彰带领军队进入涿郡时，兵马还没集结，身边只有步兵千人，骑兵数百，而反叛的数千胡人突然骑马冲来，形势十分紧急。曹彰没有慌乱，而是采用田豫的计策，固守要塞和薄弱处，胡人始终无法攻克，最后不得不退散。曹彰反败为胜，率兵追击。他奋勇冲杀，又用箭射击胡人，很多胡人中箭而倒。战斗半天后，曹彰的盔甲上也被射中数箭，但他根本没有惧意，反而更加意气风发，乘胜追逐，一直追到代郡之外二百多里地。这个时候，长史、将领们都认为军队刚刚长途跋涉，人马疲惫，不宜深入力战；而且军队要受军令的节制，不可以越过代郡。

曹彰力排众议，传令继续追击："后出者斩!"经过一天一夜的急行军，曹彰军队终于追上胡人。曹彰率众奋击，大破胡人，斩首活捉胡人达千人之多。曹彰则以常规奖赏的数倍，重赏随行将士，将士们无不喜悦兴奋。此一战还有更大的功劳。曹彰与乌丸大战时，鲜卑族的将领轲比能正率数万骑兵观望，他见曹彰奋勇作战，所向皆靡，很受震撼，于是不再打算与曹军为敌，主动请降。如此一来，北方均被平定，曹彰立下大功。

曹操远在长安，得到前线捷报，非常高兴，召曹彰到长安见他。途中，曹彰路经邺城，兄长曹丕嘱咐他见到父王后不要自夸，而要谦虚。曹彰见了曹操，便依曹丕吩咐，将功劳都安在众将头上。曹操这一下更高兴了，大喜之余，竟一边亲密地拉曹彰黄色的长胡须，一边说："黄须儿，竟大奇也！"此后，曹操率军东还，特委曹彰以重任，让他以越奇将军的职务镇守长安。紧接着，曹操在洛阳得了重病，他没有让曹丕过来，而是令曹彰快点来看他。可见在临终前，曹操非常惦记曹彰。而在这样敏感的时候，曹操召曹彰来见，也容易让人产生种种联想：是不是有什么重要的嘱咐？是不是有什么重要的委任？甚至会想，是不是想传位于曹彰？

按照当时魏王曹操与太子曹丕没有矛盾的事实来看，曹操传位于曹彰的可能性几乎为零。但掌握重兵的曹彰一到洛阳，便询问魏王的印玺，使整个政治氛围顿时变得紧张起来。从前面曹丕嘱托曹彰见父王后要谦虚来看，曹丕与曹彰两兄弟的关系还算融洽，但一涉及魏王之位，涉及政治的敏感区，任何不当的举动，都可能引起兄弟间的隔阂甚至使关系极度恶化。

曹丕武功不及曹彰，性格看似柔和，但是阴柔中有狠辣，是比曹彰厉害得多的虎子。所以，他最终稳稳地成为了魏王。在掌控大权后，除安葬父亲于高陵，对曹操留下的功臣老将予以提拔和重赏，使各安其位，以稳固政权外，他做的更重要的一件事，则是把自己的弟弟曹彰、曹植等人全部赶回封地。

曹操在世时，曾封14个儿子为侯，他们分别为鄢陵侯曹彰、临菑侯曹植、宛侯曹据、鲁阳侯曹宇、谯侯曹林、赞侯曹衮、襄邑侯曹峻、临晋侯曹规、弘农侯曹干、寿春侯曹彪、鄗侯曹整、樊侯曹均、历城侯曹徽、平舆侯曹茂。这些诸侯都有封地，但曹操把他们留在身边，就是希望培养他们成为有才干、能镇守一方的将才，然后像周公分封的诸侯一样，能在外围保卫疆土，拱卫中央，共同形成稳固而强大的曹氏江山。

然而，曹丕当上魏王后，马上让这些兄弟们回到自己的封国。在令曹彰返回封地的命令中，曹丕声称："我们先王主张，不管平庸的还是有功勋的兄弟，都要相亲相爱。每个兄弟都要有各自的封地，以开拓和承继国朝家业，从而成为曹氏大宗的藩属和坚固的屏障。共同抵御外侮，平息灾难。曹彰以前受命北伐，安定国土，其功绩卓著。现特地增加给他五千户的食邑，和以往封地合在一起，共有万邑。"从这一命令中，曹丕好像完全按照曹操的旨意行事，而且对弟兄们委以重任。而实际上，曹丕并没有给这些亲兄弟们以实权，不仅把他们赶回封地，而且在他们的封地新设两种官员——监国谒者和侯国防辅，处处监视，不许他们自由行动，更不用说参与重要政事了。曹彰愤愤然离开，此后曹丕虽封其为任城王，但始终采取明为褒扬实则限制的措施，223年，也就是曹操去世后仅仅3年，曹彰便不明不白地死于急病。

《世说新语》中这样记载：魏文帝曹丕忌妒弟弟曹彰勇猛骁壮。有一天，兄弟俩在卞太后的内阁一起下围棋，一起吃枣子。曹丕乘机将毒药放在枣蒂中，自己挑选可以吃的枣子来吃。曹彰不知道，于是混杂着吃了很多，中了毒。卞太后知道后，赶紧找水想要救曹彰，但曹丕已事先令人将可以装水的瓶罐都毁掉了。卞太后非常焦急，赤着脚跑到井边想要取水，没想到井边也没有任何可以取水的器物。曹彰因此很快就死去了。后来，曹丕又想害曹植，卞太后恨恨地说："汝已杀我任城（指曹彰），不得复杀我东阿（指曹植）！"[1]这个记载的真实性值得怀疑，曹丕害曹彰，用

[1] 见《世说新语·尤悔》。

不着这么费事，也用不着非得让母亲知道。但何以有这样的记载或传言，则值得我们思考。

总之，曹彰早死，曹丕脱不了干系。而对于曾和自己争夺王位的曹植，曹丕曾故意找茬，让监视曹植的监国使者灌均与曹植发生冲突，然后便打算以“醉酒悖慢，劫胁使者”的罪名杀死曹植。幸亏他们共同的母亲卞太后多方保护，曹植一再低三下四，并在曹丕的严令下写出有名的七步诗（行走七步的时间就写一诗，否则杀头）：

煮豆持作羹，漉菽以为汁。
萁在釜下燃，豆在釜中泣。
本自同根生，相煎何太急。[1]

曹植这才从曹丕的鬼头刀下逃出。然而，对这位非常有才华的弟弟，曹丕始终采取表面亲切、实则百般抑制的措施。看曹丕的画像，很多人能看出，在其表面的雍容之后，眼角中暗藏着凶残，是非常典型的笑面虎。

例如，曹丕曾写：“植，朕之同母弟。朕于天下无所不容，而况植乎？”却马上把曹植从食邑万户的临菑县侯贬为食邑千户的安乡侯，并派人严密监视。曹植在路途中托使者呈上谢恩表章，其中写道：“臣抱罪即道，忧惶恐怖，不知刑罪当所限齐。……臣自知罪深责重，受恩无量，精魂飞散，忘躯殒命。”看到曹植如此卑躬屈膝写的表章，曹丕这才改封曹植为鄄城县侯，但依然严密监视。此后，曹植多次写信给曹丕，极其谦卑，希望能得到重用，以便在外“屏翰皇家，为魏藩辅”，但曹丕给予他的，只有一百五十个兵士，而且都是年过六十岁的老弱之人。

这件事一方面可称之为曹丕对付政敌的手腕，另一方面却是曹丕自断曹家的臂膀。曹丕的气度不及曹操，给曹氏江山埋下了致命的祸根。

---

[1] 见《世说新语·文学》。

可是，令人意料不到的是，心胸狭隘，气魄不及曹操、才华不及曹植，武功不及曹彰的曹丕，于继承魏王位的同年十月便做了一件惊天动地的大事。那就是改朝换代，废汉献帝为山阳公，自己称帝，成为魏的开国皇帝。那么，曹丕为什么敢这样做？又为何能够成功呢？

首启九品中正制

曹丕成为魏王后，决心干一番大事，于是紧锣密鼓地谋取皇帝宝座。

事实上，曹操在世时，经过多年的经营，中国的北方已稳固地掌控在他的手中，他已具备了称帝的实力。他之所以没有当皇帝，是觉得内外部条件还没有完全成熟。

在内部，他本人本是汉臣，而且一直打着兴复汉室的旗号打天下，这个核心的意识形态一直被他利用，取得很好的效果，然而，等他想改朝换代时，这也成为一个障碍。因为一旦改变，只能说明他确实是汉贼，是虚假之人，以此立国，非长远之道。

在外部，跟随他多年的首席谋士荀彧等人对汉室充满了依恋，虽遭他的强力打击，但反过来也使他有所忌讳。他以“唯才是举”的政策提拔了很多英才，却也对实力强大的世家大族多有打击和贬抑，他存在很多潜在的威胁；同时，刘备、孙权仍割据一方，对其虎视眈眈，曹操感觉机会没有成熟。

作为曹操的下一代，曹丕想当皇帝，条件显然已完备得多了。首先，曹操已为他打下了厚实的基础，排除了种种障碍，只要内部稳固，便有当皇帝的实力；其次，他从小只知效忠曹操，不像曹操那样与汉室有紧密的关系，世人对他的要求也会与曹操有所不同。再次，刘备、孙权交恶，双方之间的大战正在酝酿，根本无心进兵曹魏。这些均为曹丕称帝创造了条件。

然而，改朝换代毕竟是一件大得不能再大的事情，也是一件极为敏感极为危险之事，而曹丕之才实不及其父，一旦处理不当，极有可能使庞大的曹魏帝国转瞬间分崩离析。所以，在把自己的兄弟赶回封国后，曹丕要想成为皇帝，必须有更大力量的支持。在当时的情况下，必须获得实力强大的世家大族的普遍拥护。那么，怎样才能获得世家大族的普遍拥护呢？在这一问题的困扰下，一项影响深远的制度——九品中正制登上历史舞台。

曹丕当上魏王不久，他最重要的帮手之一陈群提议，实施九品官人法。曹丕马上采纳并予以全面实施，从此开启了依赖世家大族的先河，巩固并强化了门阀统治。

九品官人制是一种选官制度，因设置“中正”官进行人才评议和推荐，又被称为九品中正制。其内容大致为：各州郡设置“中正”官职，由其专门对该州郡的士人进行考察评议，并按照德行才能，将士人中的人才分为九品向上推荐，这些人才经过中央核实无误后，被任命为各级官员。九品的分法可看下表：

九品								
上品			中品			下品		
上上	上中	上下	中上	中中	中下	下上	下中	下下

即：先分出上中下三品，然后将这三品再各自分成上中下三品，加在一起便是九品。

如果单从形式来看，九品中正制似乎与汉朝的选官制度——察举制没什么不同。察举制即由地方长官在其辖区内考察、选取人才并推荐给上级或中央，然后经过试用考核，任为官员。九品中正制似乎只是由“中正”官员代替“地方长官”而已。

但实际上，九品中正制的最大特点是：中正的担任者都是世家大族的人士，他们最重视的是被品评者的出身和背景，而非才能和本领；能被评为上上品的士人，无一不是出身世家大族。这样便将汉朝选官时重视品行、才干，向重视出身、门第转移。也就是说，九品中正制是在制度层面，为世家大族垄断上层权力提供了支持，并在贵族与平民之间划了一道不可逾越的鸿沟。

出身与门第由此成为可以当官的第一要素。世家大族的人，想要当官，如探囊取物，非常容易；反过来，如果门第不高、出身不好，即便能力再强也难有出头之日。如此一来，曹丕一反曹操“唯才是举”的政策，使曹魏政权成为世家大族利益的最好保护者，岂能不得到世家大族的积极拥护？

客观地说，东汉时期，随着世家大族势力的发展，察举选官中已有重门第的倾向，实施“九品中正制”可视为这种倾向的升级，未尝不是顺应这股潮流。况且，“九品中正制”在实施之初也有不少好处，有利于把因战乱而到处流散的士人团结起来，选拔其中的精英为曹氏集团效力；有利于把民间存在的品评人物的潮流纳入官方的控制，便于曹氏集团的统治。然而，若以长远眼光来看则非常不利，这种倾向未尝不是东汉后期制度僵化、最终导致其灭亡的内在原因，所以曹操高举“唯才是举”的旗帜，要建立一个崭新的世界，而曹丕急于改变其父的用人政策，说白了，就是非常迫切地想要满足自己的欲望。

提议制定“九品中正制”的陈群，就是颍川大族出身，如果说他的目的是为了世家大族的利益，那么曹丕作为一个最高统治者，他本应该能够意识到治理国家最重要和最基础的是人才，而不是出身和门第。然而他仍旧成为“九品中正制”的真正创立者，一个最大的原因，就是他要最大程度地拉拢强有力的世家大族，以实现他父亲都没有实现的梦想——改朝换代！

谋取汉室魏文帝

汉献帝延康元年（220）六月，曹丕亲率十万雄兵离开邺城，南征讨伐孙权。不过，曹丕一点都不着急，领着队伍走走停停，直到七月下旬才抵达豫州的州治谯县（今安徽亳州）。谯县也是曹氏家族的故里，曹丕到了这里以后便停了下来，又是犒赏三军将士，又是慰问故里乡亲。还未打仗，却好像刘邦得胜归乡那样，一副“大风起兮云飞扬，威加海内兮归故乡，安得猛士兮守四方”的模样。曹丕的行为很是令人不解，然而，等他又率大军驻守在颍水北岸的一个小乡镇曲蠡达一月之久时，很多人便猜出了他的真正意图。他哪是要南征孙权呀，他的目标分明是汉献帝。曲蠡距汉献帝所在的许都仅五十余里，曹丕的十万雄兵驻扎在汉献帝的眼皮底下，既不前进，也不后退，他一定在等待着什么。

首先是左中郎将李伏看出了曹丕的心思，军队刚到曲蠡三两天，李伏便迫不及待地呈上一份奏章，恳请曹丕顺应天命当皇帝。曹丕读后，心中暗喜。可是，在批示中他却这样写道：“薄德之人，何能致此，未敢当也。”这显然不是他的心里话，所以他又来一招，命令将李伏的奏章和自己的批示传阅给众人观看。这样的暗示再明显不过了，所以众臣赶紧纷纷跟进，雪片般的奏章一份份上呈给魏王。如此声势浩大，在许都的汉献帝哪能不知，他本来就战战兢兢了，现在则如坐针毡，再也无法安坐了。

汉献帝当了32年的傀儡皇帝，不知道受过多少难以言说的屈辱，不知道多少次梦里都想兴复汉室，但如今，梦想如泡沫，根本没有一丁点实现的可能。罢罢罢，想想汉献帝起码也有中上等的资质，但时运不济，又有何办法？最后，汉献帝做出了痛苦的抉择，决定按照曹丕使者的暗示，以“禅让”的方式，将汉朝江山“友情转让”给曹丕。

“禅让”，以前出现在传说中的尧舜禹时代。因为舜非常贤能，可当大位，尧没有将王位传给自己的儿子，却传给了舜。舜也同样没有传位于儿子，而是将王位传给大禹。这样的故事，向来被世人传为美谈。然而，此次汉献帝将帝位“禅让”于曹丕却是被逼出来的。曹丕既要谋取汉室天下，还要获得一个名正言顺的美名。所以，汉献帝的任务便加重了数倍。

十月十三日，汉献帝召集身边的文武臣僚，正式宣布尚书卫觊代写的禅位诏书：

咨尔魏王，昔者帝尧禅位于虞舜，舜亦以命禹，天命不于常，惟归有德。汉道陵迟，世失其序，降及朕躬，大乱兹昏，群凶肆逆，宇内颠覆。赖武王神武，拯兹难于四方，惟清区夏，以保绥我宗庙，岂予一人获乂，俾九服实受其赐。今王钦承前绪，光于乃德，恢文武之大业，昭尔考之弘烈。皇灵降瑞，人神告徵，诞惟亮采，师锡朕命，佥曰尔度克协于虞舜，用率我唐典，敬逊尔位。于戏！天之历数在尔躬，允执其中，天禄永终。君其祇顺大礼，飨兹万国，以肃承天命。[1]

宣布完毕，汉献帝派御史大夫张音为特使，为曹丕送去正式的禅册与玺绶。退朝后，汉献帝久久不言，心想曹丕这次终于如愿了，而自己却亲手葬送了祖宗的江山，心中之痛苦可想而知。但他没有想到，这大好的江山想要送出去，还需经过数次折磨。

---

[1] 见《三国志·魏书·文帝纪》。

张音将禅册与玺绶呈送到曹丕所在的曲蠡行宫时，曹丕正外出打猎。得到汇报后，他只是对手下人说："你们回去告诉特使，我德行浅薄，不能接受禅让。我还要打猎，其他事情，等回宫后再说吧。"然后，骑着马便飞奔出去。张音在曲蠡一直等了五天才等到曹丕回宫，然而得到的回答仍旧是不接受。文武百官也联名上书劝谏，曹丕还是予以拒绝，甚至还责备："你们怎么这样羞辱我、逼迫我？"不过，曹丕虽有这样的举措，他手下的一些臣属已经开始为禅让仪式做各种准备了。

十月十八日，曹丕正式派出自己的特使，觐见汉献帝，上书辞让，并奉还禅册、玺绶。

汉献帝自然不是傻子，他知道曹丕要他配合着演戏，只好再次令张音将禅册与玺绶送给曹丕。没想到，曹丕仍然拒绝。

汉献帝知道曹丕要把戏作足，只好硬着头皮，第三次派张音奉禅册和玺绶到曲蠡。这一次，曹丕仍上书辞让，但是把玺绶留了下来。

曹丕的每一次拒绝，对汉献帝来说，都是向他胸口扎针，但事已至此，自己的性命都在曹丕手中，也只好继续陪着演下去。不仅要演下去，而且要更加诚恳地告诉天下人，禅让曹丕确实是自己心甘情愿的。

十月二十八日，汉献帝第四次公布禅让诏书，又特派代写诏书的尚书卫觊前往曲蠡，敦促曹丕接受。这一次，曹丕总算答应了。

在整个过程中，曹丕先后拒绝臣属们近二十次的劝谏，辞让三次禅诏，最后以天命所归，自己"实在是不得已"为名，才勉强接受汉献帝禅让，可谓心机深重。而且在这个时期，各地祥瑞不断报来，举国上下都营造出天命归于曹氏的氛围。

十月二十九日，受禅仪式隆重举行，在数万军兵的环卫下，在百官的拥戴下，身穿皇帝冠服的曹丕登上受禅坛，祭拜天地神祇，朗读《告天地神祇文》：

皇帝臣丕，敢用玄牡昭告于皇皇后帝：汉历世二十有四，践年四百二十有六，四海困穷，三纲不立，五纬错行，灵祥并见。推术数者，虑之古道，咸以为天之历数，运终兹世，凡诸嘉祥明神之意，比昭有汉数终之极，魏家受命之符。汉主以神器宜授于臣，宪章有虞，致位于丕。丕震畏天命，虽休勿休。群公庶尹六事之人，外及将士，洎于蛮夷君长，佥曰："天命不可以辞拒，神器不可以久旷，群臣不可以无主，万机不可以无统。"丕祗承皇象，敢不钦承!卜之守龟，兆有大横，筮之三易，兆有革兆。谨择元日，与群僚登坛受帝玺绶，告类于尔大神；唯尔有神，尚飨永吉，兆民之望，祚于有魏世享![1]

朗读完毕，由司仪官接过文书，在燎祭台燃起的熊熊大火中焚烧，预示着这些文字已呈送给上天。此时，曹丕正式成为大魏政权的开国皇帝，接受群臣、外来使者以及数万军民的朝拜。当三呼万岁的声音此起彼伏、响彻云霄时，曹丕志得意满，忍不住对身边的人说："虞舜、夏禹受禅的古事，我现在算是真正明白了。"

紧接着，曹丕改元黄初，尊父亲曹操为魏武帝，宣布大魏皇朝五座都城：中都洛阳，东都谯县，南都许昌，西都长安，北都邺县，然后分赏群臣，全国大赦，举国欢庆。从此，长达426年的汉王朝正式画上句号，魏文帝诞生，大魏政权建立，三国时代正式开启。

有人可能会问：魏文帝曹丕耗费如此大的心思，唱这样一出禅让的戏，有什么意义？我想，客观而言，其意义还是很大的。其一，以前的人们把忠于汉朝皇帝作为基本的价值观，如果生硬地取代汉政权，人们在观念上不好接受，民心容易不稳；其二，天命观在中国古代一直广泛存在，禅让就是让贤，这样的过程容易使政权平稳过渡，减少很多风险；其三，人们原来不是把汉献帝作为汉政权的象征予以服从吗？如今汉献帝自己把位置让出来，而且不止一次辞让，汉献帝都服从新皇帝了，那么，其他

[1] 见《三国志·魏书·文帝纪》。

人有什么理由不服从？其四，祥瑞的出现，体现着古人向来重视的天意；百官的劝谏，则代表着民心所向；反复出现的祥瑞和持久不断的劝谏，都能在无形中影响很多人的思想观念，经过反复的折腾后，曹丕当皇帝以及以魏代汉就会容易被世人接受。更何况，在这个折腾的过程中，曹丕还可以随时观察事态的变化，以便随时调整，不失为一种稳妥的方式。总体而言，曹丕刻意地以禅让的方式改朝换代，绝不只是虚伪和奸诈那么简单，而是显示出高超的政治手腕。

由于汉献帝在禅让过程中非常配合，曹丕很是满意。而且，他也要向天下显示禅让的合理性，所以特将汉献帝刘协封为食邑万户的山阳公，封邑为山阳县（今河南省焦作市东），并特许山阳公郊祭时仍可自称天子，向魏皇帝上书时也可不称臣。此后，刘协移居山阳，不受骚扰地又活了十四年，54岁时寿终正寝。

虽有文教度量狭

曹丕在位不过六年就去世了，年仅39周岁，是一位短命的皇帝。不过，在他治理国家时，不少措施还是可圈可点的。他很有政治眼光，擅于吸取历史的教训。东汉之所以灭亡，与藩镇（以董卓为代表）、宦官（以十常侍为代表）、后党外戚（以何太后、何进为代表）有很大的关系，所以曹丕专门制定国策，严格限制后党、宦官、藩镇的势力。

对于藩镇，曹丕虽然封他的众多弟弟为诸侯，但与对待曹植一样，不给他们多少实权。

对于宦官，曹丕严令，宦官之职不得超过诸署令（相当于最高只能到局级），只能在宫内负责各种杂务等事宜。

对于后党，曹丕特地于黄初三年（222年）九月下诏："夫妇人与政，乱之本也。自今以后，群臣不得奏事太后，后族之家不得当辅政之任，又不得横受茅土之爵。以此诏传后世，若有背违，天下共诛之。"[1]

对待时势的变迁，曹丕基本上有一个明晰的定位，就是把他父亲曹操的时代定位为革命时代，而将他自己引领的时代定位为文教时代。

革命时代，主要用枪杆子和马蹄子，摧枯拉朽、翻江倒海地推翻一切旧势力。

[1] 见《三国志·魏书·文帝纪》。

文教时代，则需要树立稳定而长久的社会价值观，以推崇礼仪制度、重视文化建设来实现国家的长治久安。

在这一基本定位的基础上，曹丕在历史上的贡献也主要体现在“文”的方面。

首先，他让满是废墟的洛阳重新展现勃勃生机，建造了辉煌壮丽的洛阳宫，重新将洛阳古都打造为整个国家的政治、经济、文化中心。

其次，他重新推崇和祭祀孔子，在孔子故乡重新修缮蒙受战火摧残的孔庙，并派百户吏卒守卫，还在孔庙外面广建新屋，安置各方学者。

第三，他重新立太学，制五经课试之法，置《春秋谷梁》博士，以儒家思想治国。

第四，由他本人亲自创意，组织众多博学之士，编纂完成中国第一部类书《皇览》，整理归纳出上千篇古文，分为四十多个部类，共八百多万字。这在当时是非常了不起的成就，并开启后世编纂类书之风。

第五，曹丕文采虽不及曹操、曹植，但博学多才，文风稳健，也是引领一代风流的文化大家。上行下效，整个魏国形成重视教育、重视文化的风气。

第六，曹丕非常重视部属对魏政权的忠诚度，重视臣僚的节操。三国时期的著名将领于禁，跟随曹操近三十年，为曹氏政权立下汗马功劳，曹操非常器重他，称赞他可以与古代名将相比，委之以重任。然而，在公元219年的襄樊之战中，于禁败给关羽后竟然投降，而跟随曹操时间远不及于禁的庞德却坚决不肯投降，大骂关羽而死。曹操因此哀叹：“于禁跟随我三十年，面临险境，怎么还不如庞德！”此后，关羽败亡，于禁入吴地，又由孙权遣还魏国。再回国时，于禁自然承受着巨大的心理压力，头发胡须都白了。旧主子曹操已死，他不知道曹丕会怎样对待他。令他没有想到的是，曹丕亲切地安慰了他，还封他为安远将军。这令他感激涕零。然而他更没有想到的是，他将受到更大的羞辱。在他拜谒曹操陵墓前，曹丕早已令人在墙壁上画出庞德不屈而死、于禁卑躬投降的场景。众目睽睽之下，于禁一见如此场景，羞愧万分，无地自容。苟延残喘几日后，于禁在痛苦中死去。有人会觉得曹丕很阴险，但曹丕本人可能另有深意，他要通过这样的设计，通过反面教材于禁，加强整个社会的忠诚意识和节操意识。

与文教方面的成绩相比，曹丕在军事上的作为就相当有限。

黄初二年（221）秋季，蜀汉皇帝刘备亲率八万水陆大军沿江东下，气势汹汹杀向东吴的孙权。本来，三国鼎立，蜀汉要与东吴结盟，方可抗衡强大的魏国。可是由于关羽被东吴所杀，荆州也被东吴夺取，蜀汉与东吴很快便由原来的盟友变为仇敌，一场大战不可避免地展开。这正是魏国实现全国统一的最佳机会，机不可失，失不再来，可是曹丕偏偏没能抓住这个千载难逢的良机。

当时，曹操时期的大将夏侯惇、曹仁、张辽、张郃、徐晃等人俱在，曹丕都给予厚待，这些人发誓效忠曹魏政权，可是他却没有让这些人在战场上充分发挥作用。曹丕的决策好像是非常正确的，就是要坐山观虎斗，然后渔翁得利。可是，即便蜀吴打到最关键的时候，曹丕也没有及时出手。分析其原因，主要还是曹丕喝了孙权的“迷魂药”。

孙权本来想与刘备讲和，但被刘备坚决拒绝，东吴面临灭顶之灾。在巨大的压力下，孙权迅速派使者觐见曹丕，不仅送去大量珍宝，而且极力吹捧曹丕，甘愿向曹丕称臣。曹丕见长期与父亲抗衡的孙权都向自己称臣，称得上登基以来最大的“政绩”，不由得喜上眉梢，感到自己的功业超过了父亲，心中涌起了强烈的不可抑制的荣耀感。在这个荣耀感的泡沫中，曹丕有点分不清好坏了，不仅封孙权为吴王，官任大将军，而且完全忽视了侍中刘晔的正确建议。刘晔称：“孙权占有江东，向来没有臣服之心。如今因为困难而派来使者，这样的臣服是难以令人相信的。东吴肯定外迫内困，我们可以趁其困顿，袭击而取之。一日纵敌，数世之患，这样的事不可以不察。”曹丕则堂而皇之地说：“人家来归顺我们，我们怎么可以不接受呢？”为了显示自己的决策英明，他不断地向孙权提出各种要求，索要江东的珍奇宝物。对此，孙权一一满足。孙权的部下因此极度不满，认为这样卑躬屈膝，有辱人格。孙权则开导说："这些物品，在曹丕看来是宝物，在我看来都是瓦砾。我以一堆瓦砾换来我东吴的江山，有何不可？"不过，对于曹丕要孙权送儿子到洛阳当人质，孙权则一拖再拖，一直拖到吴军大败刘备后仍不兑现。曹丕对此深为不满，因为这才是东吴称臣的最好表现，所以继续向孙权施加压力。然而，孙权在打败刘备后，马上又与刘备、诸葛亮讲和，双方再次结成联盟。这个时候，孙权也不怕曹丕了，断然与曹丕决裂。曹丕这才意识到自己被孙权玩弄了，恼羞成怒，于黄初五年（224年）秋季，亲自率大军南征东吴，但机会已经失去。曹丕船队进入长江后，正值江水盛涨之时，船体不好控制，曹丕也差点葬身鱼腹，不得已无功而返。第二年三月，曹丕再次兴兵南征，结果依然徒费功夫，只招来一肚子的晦气。不仅如此，曹丕还因度量狭隘，杀死了刚正清廉的大臣鲍勋。

鲍勋，兖州泰山郡平阳（今山东新泰市）人氏，西汉名臣鲍宣之后。鲍宣以直谏闻名于世，鲍勋继承了先祖的这一秉性，刚正清廉，尽忠直谏。曹丕为太子时，曹操任命鲍勋为中庶子，在东宫辅佐曹丕。其后，鲍勋出任魏郡西部都尉。曹丕的小舅子时为曲周县吏，因盗窃大量官布被鲍勋查获，依法应予处死。曹丕赶紧给鲍勋连写数封信，请鲍勋留情，而鲍勋终究不愿意徇私，最后把这件事向曹操汇报。这便与曹丕结下了梁子。曹丕当太子时，便暗中指示鲍勋的上司免去他的官职，但鲍勋依旧为官，等曹丕成为魏王、皇帝后，鲍勋的官职是驸马都尉兼侍中。曹丕为此很不爽，仍想借故报复鲍勋。鲍勋此人，只知公不知私，他也不管曹丕是否怨他，只知道尽忠职守。所以，他对已经成为皇帝的曹丕仍然直言进谏。曹丕想要大建苑囿，鲍勋认为不妥，便上书劝谏："今之所急，唯在军农，宽惠百姓。台榭苑囿，宜以为后。"曹操死去不到一年，曹丕便要外出游猎，这显然违背当时的孝道。鲍勋拼死拦住曹丕的车马，直言道："臣闻五帝三王，靡不明本立教，以孝治天下。陛下仁圣恻隐，有同古烈。臣冀当继踪前代，令万世可则也。如何在谅暗之中，修驰骋之事乎！臣冒死以闻，唯陛下察焉。”[1]曹丕气得暴跳如雷，将鲍勋的奏表撕得粉碎，继续游猎，返回后就将鲍勋外放为右中郎将。

不过，对于曹丕而言，鲍勋仿佛阴魂不散，总也赶不走。不久之后，曹丕的两位最重要的大臣陈群、司马懿共同举荐鲍勋为宫正（即御史中丞，类似于后来的中纪委书记），请其监察百官。曹丕不得已，只好同意。鲍勋当宫正后，百官忌惮，朝堂一片肃然，可以说，鲍勋有大功于曹氏政权。曹丕自然明白鲍勋的作用，可他心中仍存怨恨。偏偏曹丕第二次南征东吴时，百官均不敢有什么异议，而鲍勋仍然犯颜直谏，认为曹丕劳师远征，日费千金，国家虚耗，根本无法打击东吴的威风，所以不应该南征。曹丕再也忍不住心头的怒火了，马上将鲍勋降职处理。果然如鲍勋所言，曹丕第二次南征没有任何成果，灰溜溜地返回。但在这个时候，他不仅没有感谢鲍勋的忠言，反而更加怨恨，不久便找茬将鲍勋处死。当时很多大臣都为鲍勋求情，但曹丕终究没能按下心中的怒火，自毁长城。

不仅对鲍勋如此，对其他得罪过他的人也一样，曹丕都要想方设法进行报复。

曹丕虽然有一套治国的大政方针，可惜心胸狭隘。鲍勋其实是曹魏政权的忠臣，即便与唐太宗时期的魏征相比，也毫不逊色。然而，曹丕却不是唐太宗，因此，鲍勋不得不死，曹魏政权也就不可能像唐朝那样长久。

---

[1] 见《三国志·魏书·崔毛徐何邢鲍司马传》。

杀母立子有隐痛

黄初七年（226年）正月，曹丕前往许昌，还没有进城门，许昌南门无缘无故就自己崩塌了。这被视为不祥之兆，曹丕心生厌恶，不入许昌，重返洛阳。此后仅仅五个月左右的时间，曹丕便染上重病，即将死去。

曹丕当时不过39周岁，之所以这样快便病入膏肓，一因心胸狭隘，二因纵欲过度。

《世说新语》中讲了一个故事：曹操死后，曹丕把曹操的宫人全部招来伺候自己。曹丕病重时，他的母亲卞太后前来探病。卞太后刚进大门，发现服侍曹丕的人竟然多是曹操过去宠爱的宫人，便问："你们是什么时候来的？"宫人回答："为武帝（曹操）招魂时来的。"卞太后一听，连声叹息："确实该死呀！狗鼠都不吃剩下的东西！"[1]由此可见曹丕的荒淫无度。

说起来，曹操也是好色之人，但显然不及曹丕。曹军打败袁绍父子军队，夺取冀州后，曹操、曹丕父子都想到袁绍府中猎奇，19岁的曹丕抢先了一步，见到了姿貌绝伦的袁绍儿媳妇甄氏，并对她迷恋不已。曹操见此情景，只好让曹丕娶甄氏为妻。名士孔融对此十分鄙视，曾写信挖苦曹操："周武王伐纣，把妲己赏赐给周公。"曹操初看时，还以为孔融把

[1] 见《世说新语·贤媛》。

自己比作周武王，把儿子曹丕比作周公，所以挺高兴。只是对于周武王是否把妲己赏赐给周公，曹操总有疑问。他想：“孔融毕竟是大学者，也许真有这段典故。”过了一段时间后，曹操特地请教孔融，没想到孔融抢白道：“这不过是我想当然的杜撰。我是看到当今的事，推测古代的事而已。”曹操为此怀恨在心，后来找了个借口就把孔融杀了。

不过话说回来，曹丕能娶甄氏，实为曹家之福！甄氏出身富贵之家，9岁时便读书明理，并用兄长的笔墨写字。兄长规劝道：“女孩子家，应该学学女工，用书为学，难道想当女博士？”甄氏回答：“听说古代贤女，没有不学前世成败，以作为自己规诫的。不知书，从哪里知道？”在天灾人祸之时，甄氏又劝说母亲开仓赈济亲族邻里，广施恩惠。甄氏从小就有贤女之风，所以冀州被曹军平定后，甄氏本拟以死明志，后见曹丕确实真心对她，这才实心跟随，并为其生下一儿一女，倾力教养。她与曹丕的儿子便是曹叡，曹叡从小聪明睿智，在母亲的言传身教下知书达理，好学多识，深受曹操、曹丕的喜欢。

在很长的时间内，曹丕与甄氏的夫妻感情都非常好。尤其是曹丕未当魏王之前，甄氏总能在其不如意时给予很好的劝慰与温暖，可谓“患难夫妻”。然而曹丕一成为魏王，便欲望膨胀，不可遏制，甚至将父亲生前宠幸的女子都招来服侍自己，不仅有伤伦理，也使自己的身体变得虚弱。对此，甄氏自然十分不满，多次劝说，但曹丕根本不理，而且开始嫌她麻烦。

甄氏见事不可为，决意自己清修，少见曹丕，也落得一个眼不见为净。因此，曹丕在洛阳建造宫殿，并在那儿长住后，甄氏却留在邺城。

曹丕成为皇帝后，甄氏仍然对其不闻不问，只在邺城清修。

而在这个时候，曹丕却不能不将甄氏当回事。因为无论从哪个方面讲，曹丕成为皇帝后，甄氏都应被立为皇后。大臣们已经呈请建造皇后专用的宫殿长秋宫了，甄氏无论如何不应该跟皇帝两地分居了。

最后，在种种现实政治的需要下，曹丕特派使者到邺城去接甄氏，没想到甄氏仍然回绝，并上表陈述理由：

一、“妾闻先代之兴，所以飨国久长，垂祚后嗣，无不由后妃焉。故必审选其人，以兴内教。今践祚之初，诚宜登进贤淑，统理六宫。妾自省愚陋，不任粢盛之事。”意思就是说：统理后宫的皇后关系国家的长久，非得贤淑的女子才能胜任，我自己反省，觉得自己愚陋，不能胜任。

二、“加以寝疾。”就是我现在病得厉害。

三、“敢守微志。”就是我已经决意清修了，也想坚持下去。

整体而言，就是请曹丕另立高明。这实际上也是将了曹丕一军。

天下人无不知甄氏为曹丕正妻，如果另立他人，曹丕也怕天下人耻笑，所以再次派使者去接，结果仍遭拒绝。曹丕不得已，又第三次派出使者，他想这一次甄氏总该答应了，没想到仍然遭到拒绝。

这个阶段，正是曹丕刚登帝位、异常膨胀之时，他想天下都归他了，还有什么事不可为？可是，偏偏最应该听他话的甄氏却一再“打”他的脸，令他难堪。这种情况下，曹丕心胸狭隘的病又犯了，他不相信甄氏是真正病了，只认为她对自己心存怨气，再加上身边的妃嫔不断吹枕头风诋毁甄氏，曹丕最终动了杀心。

对于甄氏之死，《魏书》记载：“（曹丕）玺书三至，而后（甄氏）三让，言甚恳切。时盛暑，帝欲须秋凉乃更迎后。会后疾遂笃，夏六月丁卯，崩于邺。帝哀痛咨嗟，策赠皇后玺绶。”如果按照这种说法，曹丕还打算再次迎接甄氏，而甄氏却病死了，曹丕为此非常哀痛。

《三国志》中的记载有根本的不同：“黄初元年十月，帝践祚。践祚之后，山阳公奉二女以嫔于魏，郭后、李、阴贵人并爱宠，后愈失意，有怨言。帝大怒，二年六月，遣使赐死，葬于邺。”这便明确地记载了甄氏是被曹丕害死的。

这两种记载哪个正确？宋朝的裴松之为《三国志》做注解时做出公断：“臣松之以为《春秋》之义，内大恶讳，小恶不书。文帝（曹丕）之不立甄氏，及加杀害，事有明审。《魏史》若以为大恶邪，则宜隐而不言；若谓小恶邪，则不应假为之辞，而崇饰虚文乃至于是，异乎所闻于旧史。”如此而论，曹丕确实杀害了与他有多年夫妻情分的甄氏。而且，这件事成为他内心长久的隐痛。

甄氏死后，曹丕后宫再无劝谏之人，他也更加纵欲了，真是群花丛中，以一当百。而在征讨孙权不利、许昌城门崩塌后，曹丕内心烦闷，便不断纵欲来消解，这样即便有再好的宫廷补药，曹丕也是离死不远了。在临死之前，他还不得不处理好另外一件大事，那就是立太子之事，这件事仍然与甄氏有关。

甄氏在世时，曹丕拟立他与甄氏的儿子曹叡为太子，以便日后继承自己的大位。但甄氏被自己杀害后，曹丕便有了心病：把他的母亲都杀害了，还能立他为太子吗?

当然，无论如何，曹叡也是自己最心爱、最有才干的儿子，而且早在曹操在世时就说，曹家第三世就靠曹叡了，显然已暗定曹叡为曹丕的接班人。曹丕有些不好决断。他转而让19岁的曹叡认新立的郭皇后为养母，曹叡没有答应。曹丕很生气，就想立徐姬所生的儿子曹礼为太子。但这件事毕竟关乎国体，关乎曹氏的江山，而曹礼无论哪方面都无法与曹叡相比，曹丕只好先搁置此事。

曹叡的内心当然备受煎熬，后来不得不认郭皇后为养母，缓解了与父亲的紧张关系。之后，曹叡每日都到皇后面前问候起居，言谈举止十分有礼，渐渐地赢得了郭皇后的喜爱。郭皇后本人没有儿子，后来便把曹叡当亲儿子看待，母子间十分融洽。曹丕见了，便又想把曹叡立为太子了。

可是，无论曹丕还是曹叡，心中都有不好说出的隐痛。有一次，曹丕带着曹叡打猎。曹丕射中一只母鹿，令曹丕将跟随母鹿的小鹿射死。曹叡不愿意，而且哭着对父亲说：“陛下已杀其母，臣不忍复杀其子。”曹丕顿时默然，心中好生愧疚。

本来，曹丕早可以立曹叡为太子，但他迟迟不立。直到甄氏死后五年，他自己也快死的时候，才正式将曹叡定为自己的接班人。

这五年，对于曹叡来说是漫长的。他的内心有多少的隐痛，我们无法得知。

这样的隐痛是否对他的健康造成影响？他后来的英年早逝是否与此有关？我们都无法得知。我们只知道，这些事情切实地影响着曹氏的江山。

临终遗诏留后患

黄初七年（226年）夏五月，曹丕一病不起，心知自己在世不久，开始安排后事。

对于自己的安葬事宜，曹丕早在黄初三年（222年）就有安排。那年十月，曹丕自选首阳山东麓为自己的陵寝之地，而且作《终制》昭告臣子：

礼，国君即位为椑，存不忘亡也。昔尧葬谷林，通树之；禹葬会稽，农不易亩，故葬于山林，则合乎山林。封树之制，非上古也，吾无取焉。寿陵因山为体，无为封树，无立寝殿、造园邑、通神道。

夫葬也者，藏也，欲人之不得见也。骨无痛痒之知，冢非栖神之宅，礼不墓祭，欲存亡之不黩也，为棺椁足以朽骨，衣衾足以朽肉而已。故吾营此丘墟不食之地，欲使易代之后不知其处。无施苇炭，无藏金银铜铁，一以瓦器，合古涂车、刍灵之义。棺但漆际会三过，饭含无以珠玉，无施珠襦玉匣，诸愚俗所为也。

季孙以玙璠敛，孔子历级而救之，譬之暴骸中原。宋公厚葬，君子谓华元、乐莒不臣，以为弃君于恶。汉文帝之不发，霸陵无求也；光武之掘，原陵封树也。霸陵之完，功在释之；原陵之掘，罪在明帝。是释之忠以利君，明帝爱以害亲也。忠臣孝子，宜思仲尼、丘明、释之之言，鉴华元、乐营、明帝之戒，存于所以安君定亲，使魂灵万载无危，斯则贤圣之忠孝矣。

自古及今，未有不亡之国，亦无不掘之墓也。丧乱以来，汉氏诸陵无不发掘，至乃烧取玉匣金缕，骸骨并尽，是焚如之刑，岂不重痛哉！祸由乎厚葬封树。“桑、霍为我戒”，不亦明乎？其皇后及贵人以下，不随王之国者，有终没皆葬涧西，前又以表其处矣。盖舜葬苍梧，二妃不从，延陵葬子，远在嬴、博，魂而有灵，无不之也，一涧之间，不足为远。

若违今诏，妄有所变改造施，吾为戮尸地下，戮而重戮，死而重死。臣子为蔑死君父，不忠不孝，使死者有知，将不福汝。

其以此诏藏之宗庙，副在尚书、秘书、三府。[1]

《终制》可以称得上奇文。如果单以此文而言，曹丕可谓看透世事、看透生死之人。他命令他的臣子，在他死后要薄葬，藏之于山，不留痕迹，不带珍宝，不给盗墓贼以可乘之机、可取之物。他看透了“自古及今，没有不亡的国家，没有不被盗掘的坟墓”，所以提前做出最根本的防范，而且发下重咒，要求臣子们必须遵从，不得因为世俗的爱而伤害死去的亲人。如果有人胆敢不遵守他的《终制》，他将“戮尸地下，戮而重戮，死而重死”，“臣子为蔑死君父，不忠不孝，使死者有知，将不福汝”。如此安排和重咒之下，曹丕死后，安葬事宜一切遵从他的旨意。

曹丕对后宫中的女子也是颇为开明，在临终遗诏中命令：“遣后宫淑媛、昭仪以下归其家。”这样一来，便少了很多守寡的女人。

作为皇帝，曹丕临终前最主要的事当然还是安排朝政大事。其核心内容，除定下皇位的继承人为曹叡外，便是在人事上为曹丕选任辅政大臣。对此，《三国志》记载：“丙辰，帝疾笃，召中军大将军曹真、镇军大将军陈群、征东大将军曹休、抚军大将军司马宣王（指司马懿），并受遗诏

[1] 见《三国志·魏书·文帝纪》。

辅嗣主。”[1]《晋书》记载：“天子（指曹丕）疾笃，帝（指司马懿）与曹真、陈群等见于崇华殿之南堂，并受顾命辅政。诏太子曰：‘有间此三公者，慎勿疑之。’”[2]二者基本相同，并有互补，可作为信史。

曹丕安排的三位辅政大臣中，曹真是一位武将，也是曹操的族子，从小与曹丕生活在一起。他武艺超群，胆识过人，有一次被老虎追逐，回头射杀老虎，曹操非常赏识，派他统帅虎豹骑。此后，曹真在战场上屡立功勋。平定灵丘，被封为灵寿亭侯；在下辩击败刘备的别将，被拜为中坚将军；后来还被任命为征蜀护军，督徐晃等将打败刘备别将高翔。曹操到汉中作战时，则派曹真到武都迎接曹洪等人屯守陈仓。曹丕成为魏王后，任曹真为镇西将军，管理都督雍、凉二州的所有军务，因战功进封为东乡侯。黄初二年（222年），曹真被调回京都洛阳，出任上军大将军，督领中外的所有军事。后曹真又与夏侯尚等人讨伐孙权，击溃了屯驻于牛渚的守军，转拜为中军大将军，加给事中。曹真对曹氏父子忠贞不贰，是曹氏宗族的代表，且有勇有谋，屡经考验，可担当大任，因此，曹丕临终前选择辅政大臣时，曹真为首选。

第二位辅政大臣是陈群，就是那位提议实行九品中正制的官员。陈群出身世家大族，与孔融为友，颇有盛名。年轻时曾是刘备部下，劝说刘备不要东进，以防吕布在后面袭击。刘备不听，以致大败，深悔不听陈群之言。陈群后来避难徐州，成为曹操部下。有人向曹操推荐王模、周逵，陈群认为此二人没有德行，用之必败。曹操不听，后来王模、周逵果然因作奸犯科被处死，曹操转过头来向陈群道歉。曹丕当太子时，陈群与司马懿、吴质、朱铄号称“四友”，深受曹丕器重。曹丕当了魏王后，封陈群为昌武亭侯，并升迁其为尚书。在此之后，陈群便创建制九品官人制，帮助曹丕登上帝位，也为世家大族垄断统治权奠定了制度基础。由此，陈群

[1] 见《三国志·魏书·文帝纪》。

[2] 见《晋书·宣帝纪》。

深受曹丕重视，是世家大族的高层代表。曹丕选他辅佐新皇帝，其实也是在笼络世家大族。

按照《三国志》中所载，第三位辅政大臣为曹休。曹休与曹真一样，也是曹操族子，在战场上冲锋陷阵，屡立大功，被曹操赞为“千里驹”。曹丕讨伐孙权时，曾命曹休为征东将军，其他诸路均失利，而曹休军队则取得大捷，因此曹休更受曹丕重视，被拜为扬州牧，屯驻东南边境防止东吴进犯。他也是曹氏家族的代表人物，在地方与中央的曹真遥相呼应。

至于第四位辅政大臣司马懿，他与陈群一样，也是世家大族利益集团的代表。曹丕当太子时，他担任太子中庶子，是太子的亲近之臣。他的办法很多，曹丕“每与大谋，辄有奇策”，因此备受重视。曹丕称帝后，司马懿先后担任丞相长史、御史中丞、侍中、尚书右仆射、给事中、录尚书事等职，实际上是曹丕的大管家。曹丕南征东吴时，留司马懿居守洛阳，内镇百姓，外供军资，曹丕视其为汉初的萧何，非常信任，因此临终前也把他作为辅政大臣之一。

综上所述，曹丕的遗诏可谓考虑周详、安排合理。由曹氏家族的两名得力大将掌管中央与地方的军权，可保曹氏江山内部的安全，并抵御来自蜀汉与东吴的威胁；由世家大族的两位深谋远虑之士在制度与内政上把关，可保曹氏江山的稳定与长远。四位辅政大臣既能互相补益，又可互相制衡，曹丕的心机可谓深重。

然而，偏偏是这样一份考虑周详的遗嘱，为魏政权埋下了祸根。陈群将继续把九品中正制进行到底，世家大族的权势因此渐渐可与皇家权势抗衡。而司马懿更是一匹长期潜伏的狼，他将率领他的狼群，与虎相争。

“狼顾”之相动杀心

世人传说，司马懿有“狼顾”之相，就是上身不动，头却可以转动180度。这是一种凶残之相、反叛之相。有一次，曹操想验证一下，于是在司马懿离开时，突然令他回头。司马懿没有防备，果然身体不动，头却转了过来。曹操见后，心中讨厌。此后他又梦到“三马同食一槽”，如以谐音占梦，梦中之 “马”有可能是“司马”，梦中之“槽”，则可能是曹氏之“曹”。这样的不祥之兆，使曹操动了杀心。

司马懿其实是曹操想了很多办法才招来的人才。曹操唯才是举，既勇于破格提拔下层人才，也乐于重用世家大族中涌现出的人才。司马懿便是司马家族中的卓越人才。

《晋书》中记载，司马懿的先祖是三皇五帝中的高阳帝（颛顼）。夏商周时即为大族。秦汉之际，司马懿的先祖司马卯随项羽入关灭秦，被封为殷王，都河内。楚汉战争中，司马卯转投刘邦，汉以其封地为河内郡，司马家族以后便定居于此，世代相传。司马懿的高祖司马钧曾担任征西将军，但因与羌人作战失利，回朝后下狱治罪，自杀；这是司马家族中一次重大的挫折。影响所及，司马懿的曾祖司马量未曾出仕，一生没有大的作为。然而只是隔了一代，司马懿的祖父司马俊（司马量之子）便再次显达，官至颍川太守；司马懿的父亲司马防，则先后担任尚书右丞、洛阳令、京兆尹等要职，其八个儿子个个都有出息，被时人称誉为“八达”，司马家族名气大盛。司马懿是司马防的第二个儿子。

司马懿（179—251），字仲达，年少时便聪明刚毅，遇事当断则断，闻名一方。品评人物是当时最盛行的风气，南阳太守杨俊素以知人善任著称，见到未到20岁的司马懿，认定其绝非寻常之人。司马懿的兄长司马朗是汉末名士，以品行高尚、才能杰出著称于世，在其担任元城令、兖州刺史等官职时，也是颇有政绩。然而，他的朋友、担任尚书的崔琰却毫不隐晦地对他说：“君弟（司马懿）聪亮明允，刚断英特，非子所及也。”[1]

曹操向来对司马家族非常重视，而且很有好感。司马懿的父亲司马防曾荐举20岁的曹操担任洛阳北部尉，称得上青年曹操的伯乐。司马朗则在担任丞相主簿期间，与担任丞相的曹操近距离工作，深得曹操器重。所以，当曹操得知司马家族还有司马懿这样的人才时，自然想要收为已用。然而，令他没有想到的是，他不仅遭到了拒绝，而且在司马懿的软钉子之下无法发作。

司马懿的软钉子是什么呢？就是装病。他装的是不能正常起居和行动的风痹病（半身不遂）。曹操自然不会轻易相信，于是派人去看，发现司马懿果然躺在病床上，吃饭饮水都需要别人伺候。得到回报后，曹操还是不信，再次派人刺探，并授予计谋。于是曹操这次所派之人不仅从早到晚长时间观察司马懿，而且还拿着刀子突然刺向司马懿。结果是，无论来者有何举动，司马懿早把自己舍了出去，坚卧不动，一点破绽都没有露出。这样一来，曹操虽然明知司马懿是装病，心里窝火，但一时还真想不出好的办法。

司马懿为什么以非常举措拒绝曹操呢？不外乎以下几个原因：一，司马懿自视甚高，认为自己的智谋与韬略都在曹操之上，不愿意委身于其下。二，司马懿出身名门望族，在时人的眼光中，确实比曹操出身宦官之

[1] 见《晋书·宣帝纪》。

家要强百倍。三，曹操名为汉相，实为汉贼，这是当时有识之士的共识。司马懿从小服膺儒教，接受儒家经书教育，讲究君臣伦理，认为在曹操手下干活，是失节。四，与诸葛亮一样，司马懿同样关心时局，思得明主，以实现拯救苍生的梦想，曹操奸诈之名甚著，司马懿不认为他是明主。五，虽然自己的父亲、兄长都与曹操有旧，但司马懿胸怀天下，比父亲、兄长更胜一筹，自然也不愿完全依随父兄的足迹。六，以非常举措对付曹操及其派来的人，未尝不是一种试探与较量。事实证明，在这一场的较量中，司马懿赢了曹操。

不仅如此，司马懿还是个狠角色，在较量中不仅敢于"舍"自己，而且显示出狼一般的残忍。有一天下雨，他急于跑到外面搬书，被家里丫鬟看到，为防备丫鬟泄露自己装病的秘密，他竟然将该丫鬟杀死。

第一次较量失利后，曹操显然并不甘心。数年之后，也就是公元208年左右，曹操决定第二次召司马懿出山，担任文学掾。这一次，曹操决定不给司马懿任何可乘之机，直接发出命令："如果司马懿敢拖延，不必废话，逮捕入狱！"识时务者为俊杰，好汉不吃眼前亏，在曹操的强权和虎威下，司马懿心怀畏惧，规规矩矩前往曹操帐中效力。而一旦效力，他便忠心耿耿，长年累月，毫无保留地奉献自己的心血与智慧。

有人可能会问，司马懿狼子野心，果真能忠心于曹操和曹氏集团吗？从曹操在世的情况看，司马懿确实忠心耿耿。司马懿深知曹操的为人，自己非如此不能免祸，非如此不能安身，非如此不能日后展宏图。

即便如此，曹操在见到司马懿"狼顾之相"后，仍心生厌恶，并对已被封为太子的曹丕说："司马懿非人臣也，必预汝家事。"其言外之意就是，是不是应该早点把司马懿除掉。幸亏曹丕素来信任司马懿，而且多靠司马懿出谋划策，有所依赖，所以总是想方设法加以保护，司马懿才得以保全[1]。

---

[1] 见《晋书·宣帝纪》。

当然，单靠曹丕保护，还不足以挡曹操之虎威。要想脱离危险，必须靠自己。所以，司马懿更加勤于职守，夜以继日地工作，甚至割草放牧这些小事，都要亲自去做。他虽然聪慧，但从来不像杨修那样耍小聪明；他虽然有雄心壮志，但从来都是小心翼翼地把自己的理想置于曹操的权力“笼子”之内，最终使曹操放下戒备和杀心，这便达到了《晋书》中所说的“由是魏武意遂安”。

不仅如此，由于司马懿有战略眼光，考虑周详，富有远见，每每在重大问题上有奇策，受到曹操的高度重视，他的职务一再得到升迁。

“得陇望蜀”这个世人所熟悉的成语，正体现着司马懿的战略眼光。公元215年，曹操征讨割据汉中的张鲁时，司马懿已升迁为丞相主簿。在张鲁决定投降曹操之时，司马懿的目光已转向刘备割据的益州。他为曹操分析形势，认为：“刘备刚靠欺诈虏取益州，立足并不稳固，蜀人没有归附，刘备却远征江陵。这正是夺取益州的好时机，机不可失。而我方如夺取汉中，益州必然震动，乘势进兵，益州势必瓦解。”因此，他建议曹操不可丧失良机，应该得陇取蜀。结果曹操没有采纳司马懿的意见，还说：“人就是这么不知足，既得陇右，又想得蜀？”司马懿见曹操已有主张，自不会与他争执。但后来曹操虽然得到汉中，终究又被刘备夺取，由此看来司马懿确有远见，是一战略家。

劝曹操称帝，展现的则是司马懿的权谋之策。本文文首曾提及孙权向曹操称臣，劝曹操称帝，曹操认为孙权是想把自己置于众矢之的。可是在这个时候，司马懿仍劝曹操称帝，并说：“汉运垂终，殿下十分天下而有其九，以服事之。权之称臣，天人之意也。虞、夏、殷、周不以谦让者，畏天知命也。”[1]司马懿之所以如此，是深知曹操所想。荀彧本是曹操最重要的谋士之一，但不愿意曹操取代汉朝，最终被曹操毒死。司马懿不效仿荀彧，反而讨好曹操，由此可知他是一权谋家。

---

[1] 见《三国志·魏书·程郭董刘蒋刘传》。

在关羽大败曹将于禁、兵围曹仁于樊城时，曹操打算迁都，避其锋芒，司马懿的建议则展现了他政治家、军事家的眼光。他分析彼此形势，对曹操说："于禁等虽然战败，但因为是遭到水淹，而不是战守之所失，对整个战局没有损失。在这一局势下，如果我们迁都，不仅是向对方示弱，而且会造成民众的大不安，进而造成政局不稳，所以不能迁都。现在孙权和刘备，看似亲近，实则疏远。所以关羽得意，孙权肯定不乐意。丞相可以联合孙权，让他在后牵制关羽，那么樊城之围自然就化解了。"曹操听从司马懿的建议，孙权果然派兵袭击关羽，曹军也转败为胜。

由于司马懿十二年来一直忠心耿耿，从不逾越本职，没显示出丝毫的野心，特别是在曹操最后的数年岁月里，既投曹操所好，又能献出大计，对曹操帮助很大，最终使曹操改变了对司马懿的态度。临终前，曹操传位于儿子曹丕，仍让司马懿辅佐曹丕，实际上就是对司马懿的肯定。如果说曹操以刚猛的虎威谋取天下，那么司马懿则以狼性的持久与隐秘获得了安全，为日后图取大业奠定了基础。

曹丕对司马懿的态度，从一开始便与曹操截然不同，他一直重用司马懿，最终使司马懿真正进入王朝的最高管理层。曹丕临终前将司马懿定为辅政大臣，实际上也使司马懿与皇权更接近了。

好在，曹丕的继承人是一位有为的皇帝。

修改遗嘱埋祸端

对于曹丕的接班人曹叡而言，在位的13年几乎是他人生的全部，他所有的功业都在这个时期建立，而这些功业也耗掉了他所有的心血。

23岁刚刚即位，曹叡的王朝便遭到孙权、诸葛亮的联合进攻。在王朝几度遭遇危险的情况下，这位年轻人胸怀大略，褒礼大臣，沉毅好断，善直容人，不仅使王朝渡过难关，而且获得了新的胜利，他因此被贯上魏明帝的美称。

可惜的是，他活得时间太短了。魏景初二年（238年）十二月，他便一病不起，即便熬过春节，也不过36虚岁。

更可惜的是，他的临终遗嘱成为魏政权垮台的直接原因，为司马家族夺取大权提供了最好的条件。

本来，曹叡的遗嘱中并没有司马懿的名字。他没有儿子，于是定八岁的养子曹芳为皇位的继承人。八岁的孩子自然不可能处理朝政，又因曹丕时便禁止后宫干政，所以皇后、太后也无法垂帘听政。如此一来，朝中大事将由辅政大臣全权处理，其重要性可想而知。

据《三国志》《汉晋春秋》《资治通鉴》等史书记载，曹叡最初所定的辅政大臣为燕王曹宇、领军将军夏侯献、武卫将军曹爽、屯骑校尉曹肇、骁骑将军秦朗等人。这些辅政大臣中，又指定曹宇为首席辅政大臣，官任大将军。

曹宇是曹丕同父异母的弟弟，性格恭顺温和。曹叡从小就与这位叔叔很要好，认为曹宇深明大义，为人稳重踏实，将辅政大权教给他，曹叡感到放心，但曹宇谦恭地予以推辞。

夏侯献，曹操的族人，曾领兵伐蜀。

曹爽，前辅政大臣曹真的儿子，很小的时候，曹叡便非常喜欢他。曹叡临终前，曹真已死，曹爽也早已成人，先后担任散骑侍郎、城门校尉、武卫将军。

曹肇，前辅政大臣曹休的儿子，《三国志》中简单评价他“有当世才度”。

秦朗，曹操的继子，言行谨慎低调，很受曹操喜欢，也深得曹叡的宠信，经常询问他的意见。秦朗曾率军击败鲜卑军，有一定的战斗经验。

由此可见，曹叡最初拟定的辅政大臣，都是曹氏家族的人，他希望以此稳固曹氏江山。

可是，为什么他的遗嘱会发生改变？这与他的两位心腹重臣刘放、孙资有关。

刘放、孙资称得上魏国时期秘书阶层的高级代表。他们都在曹操身边当过秘书郎，到曹丕时成为“秘书长”，掌握机密；曹叡执政后，二人更受宠任，不仅是“秘书长”，而且被分别晋升为魏寿亭侯与关内侯。刘放善作书檄，曹氏三位皇帝的诏命，多数是刘放书写；孙资也特受曹叡重用，史称：“是时，孙权、诸葛亮号称剧贼，无岁不有军征。帝（曹叡）总摄群下，内图御寇之计，外规庙胜之画，资（孙资）皆管之。”由此可见刘放、孙资的权力之大。

不过，矛盾也在不断地积累，尤其是曹氏宗族的人，见到刘放、孙资如此权重，免不了嫉妒憎恨。曹叡在世时，他们无法出手。如今曹叡即将死去，而遗嘱中的辅政大臣都是曹氏宗族的人，他们便以为机会来了。

有一天，夏侯献与曹肇看见皇宫中有鸡栖息于树上，便不无讽刺地说："此亦久矣，其能复几！"[1]说完后相对而笑。皇宫中的鸡，就是暗指刘放、孙资。

刘放、孙资自然都是非常聪明的人，他们深知夏侯献、曹肇一旦成为辅政大臣，则自己的身家性命难保，于是谋划怎样改变曹叡的遗嘱。

此时的曹叡依然对刘放、孙资非常信任，但曹宇等人均在曹叡身边，刘、孙二人没有单独的机会劝说曹叡。所以，他们只能不断探听消息，随时等待机会。

十二月甲申日，曹叡的气息微弱，曹宇下殿呼曹肇商量事情，没有返回。曹叡身边只剩下曹爽一人。刘放得知这个消息，知道机会来了，马上把孙资叫来。孙资还有点迟疑，刘放则说："我们都要被投入鼎镬中煮了，还有什么不可？"当即快步走入大殿，来到曹叡面前，哭泣着问："陛下气微，若有不讳，将以天下托付给谁？"曹叡很奇怪，反问："你难道不知道要用燕王吗？"刘放早想好如何对答，便说："燕王辞让，是他自己知道不能担当大任。"见曹叡似有认同，刘放接着说："陛下忘记先帝诏敕，藩王不得辅政。"曹叡一听，问："燕王不行，谁可以担当？"刘放怕曹叡起疑心，见曹爽就在身边，马上建议以曹爽替代燕王。曹叡本来就把自己家族的曹爽作为辅政大臣，听刘放这么一说，便问曹爽："你能担当这件大事吗？"曹爽没料到会有这样的变化，顿时汗都流出来了，紧张得不知如何对答。刘放见状，悄悄地走到曹爽身边，向他耳语道："臣以死奉社稷。"曹爽一下子得救了，马上大声重复了一遍。曹叡表示同意。这并不是刘放、孙资的主要目的，他们更大的目的是推荐司马懿也当辅政大臣，曹叡正担心曹爽一人没法胜任，于是再次点头。刘放、孙资大喜，马上出去宣布此事。

此时，曹肇就在大殿外，他知道改变遗嘱的事情，马上进入大殿，哭泣着向曹叡劝谏。如此一来，曹叡主意又有改变，命令曹肇停止前诏。刘

[1] 见《三国志·魏书·诸夏侯曹传》。

放、孙资并未走远，他们见曹肇离开宫殿，赶紧再次回到曹叡身边，劝说曹叡依照他们的建议。曹叡此时的精力与神智肯定有限，于是又同意了刘放他们的意见。

刘放觉得光口说还不行，必须把这件事坐实，于是便说：“应该为手诏。”希望曹叡把这件事书写下来。曹叡回答：“我疲倦极了，不能写。”刘放便爬到床上，握着曹叡的手，强写了遗嘱，然后便拿着这道圣旨出殿，宣布：“有诏免燕王曹宇等官，不得停留宫中。”曹宇、曹肇、夏侯献、秦朗知道大势已去，流着泪离开。这便是魏明帝改变遗嘱的经过。

刘放、孙资为什么一定要举荐司马懿？一是要避免曹肇、夏侯献的迫害；二是司马懿已成为世家大族的利益代表，与他们同属一个利益集团；三是刘放、孙资与司马懿政见相近，私交甚厚，而且司马懿最大的功劳——平定辽东的公孙渊，与孙资密不可分。当时除了皇帝曹叡，朝臣们大多反对讨伐公孙渊，只有孙资力排众议，帮曹叡定下大计，这样才有司马懿的功成名就。但更主要的原因则是，当时能担此重任的大臣，无论从职位、功劳、能力哪方面看，司马懿都是最合适的人选，而且也最能被皇帝曹叡接受。

那么，曹叡为什么能接受司马懿当辅政大臣呢？

忍死而待魏明帝

前文已讲，曹丕为曹叡留下四位辅政大臣，他们分别是曹真、陈群、曹休、司马懿。这四人不仅赢得了曹丕的信任，也以他们的实际行动有力地支持了曹叡。

先说曹真。历史上真实的曹真与《三国演义》中的曹真截然不同。《三国演义》中，为了突出诸葛亮，把与诸葛亮打仗的曹真描写成屡战屡败、气量狭小的将军，最后竟被诸葛亮气死；为了突出司马懿，又把曹真的战功安在司马懿的头上。因为这是小说，我们不能对这些情节较真。但我们要了解真实的历史，就应知道，曹真是一位了不起的人将，不仅两次打败诸葛亮的大军，而且度量大、品德高，对曹叡政权的贡献极大。

太和二年（228年）正月，诸葛亮以讨伐汉贼为名，率大军首次北伐，兵出祁山，声势浩大。南安、天水、安定三郡马上背叛曹魏，投向诸葛亮。这给刚组建不久的曹叡政权带来巨大的威胁。这个时候，曹真接到曹叡命令，督诸军到达郿城，并派张郃于街亭击败蜀将马谡，诸葛亮被迫退军。曹真又亲率大军，迅速平定已经背叛的三郡，使得曹军士气大振。在这种情况下，曹真并没有被胜利冲昏头脑，而是清晰地判断出，诸葛亮必然还要率军从陈仓攻魏，于是派将把守。第二年春天，诸葛亮果然率军将陈仓围住，定要拿下此城。但由于曹真安排在前，城中已有充分的准备，诸葛亮第二次无功而返。这便是曹真两次败诸葛。

太和四年（230年），曹真到洛阳朝见曹叡，被任命为大司马，赐剑履上殿，入朝不趋。曹叡向他征求军事大略，曹真建议："蜀兵连年出征，侵犯我边境，我军应转被动为主动，讨伐蜀地，数道并进，可以攻克。"曹叡认为可行，命曹真率大军西讨。只是天公不作美，曹军出征时，赶上了连续三十多天的大雨，沿途的栈道也断绝了，曹真只好返回洛阳，不久病逝。

曹真不仅忠心辅佐曹叡，而且对下属也总是尽力关照，每次出征时，他都与将士们同甘共苦。如果朝廷派给的军赏不足，曹真就把自己的家财分给将士，所以将士们都愿为他效力。

曹真死后，曹叡发下诏令："大司马蹈履忠节，佐命二祖，内不恃亲戚之宠，外不骄白屋之士，可谓能持盈守位，劳谦其德者也。其悉封真（曹真）五子羲、训、则、彦、皑皆为列侯。"由此可见曹叡对曹真的肯定与赞誉。

至于陈群，"九品中正制"的设计者，他成为曹叡的辅政大臣后，继续加强制度建设和人才品评。他虽然是世家大族的代表，但没有一丁点儿称帝的野心，只致力于将世家大族的人才源源不断地输送给曹魏政权，以实现双赢。所以，他忠诚地拥护曹叡，并不忘儒臣本色，时常提醒曹叡要任贤用能，要重视道德教化，很多建议都被曹叡采纳。陈群病逝于青龙四年（236年），谥号靖侯。曹叡追思陈群的功德，特地分给陈群户邑，封一子列侯。

另一位辅政大臣曹休，在曹叡即位不久，便率军击败东吴大将，获得很多降兵，受到曹叡的嘉奖，增邑四百，晋升为大将军。然而太和二年（228年），曹休与东吴大都督陆逊在石亭作战时大败，上书谢罪，曹叡不仅没有惩罚他，反而派人劝慰，并赐予很多的礼物。曹休深感惭愧，不久背生恶痈，死于洛阳。曹叡加其谥号为壮侯，并让他的儿子曹肇继嗣。

到曹叡临终前，四位辅政大臣中，唯一健在的只有司马懿。

司马懿对曹叡政权的主要贡献有三个：一是杀掉孟达，二是成功地阻止了诸葛亮后期的北伐，三是平定了辽东的公孙渊。

第一件事情发生在曹叡刚当皇帝不久。孟达本是刘备的部下，担任宜都太守，由于关羽败走麦城时曾向孟达求救，但孟达见死不救，关羽因此被杀。孟达害怕刘备报复，于是投降曹魏，被曹丕任命为新城（今湖北房县）太守。曹丕死后，孟达感觉曹叡对自己不好，而且刘备已死，便想再次投靠蜀汉。诸葛亮当时已在西线发兵，也想利用孟达在东线上分散魏军力量，于是答应孟达归降。可是，诸葛亮深知孟达性格，怕他反复无常，所以故意向曹魏泄露了消息，以此逼迫孟达马上攻打曹魏。

司马懿当时正驻守在宛城（今河南南阳），得知孟达想要叛变的消息后非常重视，但他并没有急于派兵征伐，而是仔细分析当时的形势与孟达的心理，决定先稳住局面。于是他特地写信给孟达，认为关于他背叛的消息必定是诸葛亮造谣。孟达倒也没有完全相信司马懿，但这封信确实起到了麻痹他的作用。他给诸葛亮写信，说：“即便司马懿知道我的打算，也没什么可怕的。等他向朝廷报告后，再出兵过来，至少一个月的时间，我正好用这个时间加固城墙，补充粮草，然后以逸待劳，等司马懿粮草不足时突然袭击，定能取胜。”

其实，这个时候，孟达仍然是迟疑的，有人劝司马懿观察一下孟达的行动再说，但司马懿决意在孟达迟疑之际迅速出兵。他没有按正常程序先汇报朝廷后再出兵，而是边出兵边上报朝廷。他要的就是出其不意，攻其不备，要打孟达一个措手不及。所以，孟达以为司马懿需要一个月的时间才能到达新城，没想到司马懿率军日夜兼程，仅八天时间，就像神兵一样降临在新城城下，然后排山倒海地向未完工的新城发动进攻。连续攻打十六天后，守城部将开门投降，司马懿冲进城去，毫不留情地杀掉孟达，为曹魏消除了一大祸害。

第二件事，便是司马懿与诸葛亮的较量了。这件事因《三国演义》的传播，在中国可谓妇孺皆知。不过，很多读者只把它看作司马懿与诸葛亮两人在军事上的较量，实际上，魏明帝曹叡也发挥了巨大的作用。

太和五年（231年）春夏之交的时候，诸葛亮率八万大军第五次北伐，此时曹真病故，魏明帝便派司马懿迎击。诸葛亮用兵如神，此次又吸取以前因粮食不足而败退的教训，研制出新型运输工具“木牛流马”，以便于粮食运送。而且他特地选在麦子将要成熟的季节出兵，就是要因地制宜，随时抢收当地麦子。司马懿自然要殚精竭虑地考虑应敌方案，决定采取以防守为主的战略，应对诸葛亮的进攻。

一开始，司马懿派郭淮等将与诸葛亮作战，结果被诸葛亮打得大败，而且蜀军大胜后又收割了很多麦子做军粮。接着，司马懿与诸葛亮两军相遇于上邽以东，这次，司马懿吸取教训，引兵守险，不与交战。相持一段时间，诸葛亮以退兵的方式引诱司马懿出兵，待魏军快要逼近时，蜀军突然掉头，要杀魏军一个措手不及。没想到司马懿比兔子还谨慎，一见蜀军回头，马上登山扎营，仍然坚守不战。如此几个反复，魏军将领便对司马懿很不满意了，甚至讥笑他害怕蜀军像害怕老虎一样，也不怕天下人笑话！

时间一长，司马懿也觉得难受了，又害怕军心不稳，于是命大将张郃率一支部队从背后袭击蜀军，自己则亲率主力，正面攻击蜀军大营。这却正中诸葛亮和蜀军的心意，大将魏延迅速出兵，猛击魏军。魏军不是对手，赶紧撤退。司马懿有了这个教训后，便再也不管蜀军的挑战和谩骂了，只是坚守不出，甚至摆出一副看你能奈我何的赖皮姿态。

过了一段时间，蜀军再次撤退，司马懿判断，这一次蜀军确实粮尽退兵，于是命大将张郃追击。张郃认为“归军勿追”，但司马懿不听。张郃不得已出兵，而诸葛亮早布下埋伏，张郃死于乱箭之下。

此次较量，虽然死了大将张郃，但司马懿毕竟成功地阻拦了诸葛亮的大军，迫使其撤军，这便是胜利。可是，如果没有魏明帝曹叡的信任和决策，司马懿根本不可能与诸葛亮相持。《魏书》记载：“初，亮（诸葛亮）出，议者以为亮军无辎重，粮必不继，不击自破，无为劳兵；或欲自芟上邽左右生麦以夺贼食，帝（魏明帝）皆不从。前后遣兵增宣王（司马懿）军，又敕使护麦。宣王与亮相持，赖得此麦以为军粮。”也就是说，这场战争的胜败，最主要的是粮食，魏明帝深知战情，不仅为司马懿增兵，更保护了司马懿所需的军粮，迫使诸葛亮最后撤军。以此而论，魏明帝确实是司马懿的好上司，是他们共同阻击了诸葛亮的这次进攻。

这次大战后，司马懿判断诸葛亮回去后一定会做更充分的粮食准备，三年内不会北伐，于是上表魏明帝，建议迁徙农民到上邽，大力兴建当地的水利农业设施，准备阻击诸葛亮的再次进攻。魏明帝当即同意。

三年后，也就是青龙二年（234年），诸葛亮果然率十万大军，发动了更大规模的北伐。与此同时，诸葛亮还事先派使者到东吴，约孙权同时出兵。于是在东线，孙权也亲率十万大军北进。此次战役与往常不同，蜀、吴都动用了最多的兵力，志在必胜，然后平分天下。在此危急关头，魏明帝再次派司马懿迎战诸葛亮，自己则亲率大军征吴。

司马懿吸取上次的经验教训，一直以坚守不出的策略对付诸葛亮。诸葛亮也打破常规，不断挑战，后来每天派兵到魏军寨前大骂，甚至派人给司马懿送去妇人衣服进行侮辱。魏军军心不稳，司马懿也好像忍无可忍了，上表魏明帝请战。魏明帝派出特使辛毗监军，严令司马懿只需牵制蜀军，继续坚守不出。其实司马懿与魏明帝达成了共识：一方面司马懿能忍常人难忍之事，但需要通过皇帝的严令维护司马懿的权威，使将士们明白不是司马懿胆小，而是国家战略需要，另一方面，二人都清醒地意识到，非如此不能击退诸葛亮。

此次会战，司马懿与诸葛亮对峙达百日之久，诸葛亮最终积劳成疾，病死于五丈原。魏明帝、司马懿再次获得胜利。与此同时，魏明帝亲率大军东出后，孙权不战而退，东西两线全部获得胜利。从此以后，蜀、吴再没有大规模的联合行动。

军事上的默契配合，必然有效地增进彼此的感情。魏明帝对司马懿的信任度与日俱增。

司马懿第三大功劳是平定辽东的公孙渊。自公孙渊的祖父公孙度开始，辽东名义上臣属大魏，实际上是独立王国。因其实力不小，曹操、曹丕都对其睁一眼闭一眼，只要你称臣就行了。可是，到魏明帝的时候，公孙渊首鼠两端，一方面接受魏的爵位，一方面又与孙权联系，给魏政权带来了威胁。魏明帝于是采取行动，派遣幽州刺史带兵前去，征公孙渊到洛阳。公孙渊知道情况不好，发兵反击魏军，然后自立为燕王。

魏明帝决心兵发辽东，但挑来挑去，三军大帅的最佳人选非司马懿莫属。此时的司马懿已高居最高军事首领太尉之职，年龄也已60岁，这在那个时代算是很大的年龄了，早该养老享福了。所以魏明帝决定起用司马懿时，还有些不好意思，说："本来不想麻烦您，可是辽东必须平定，所以只好请您出马了。"司马懿身体很好，又是作战经验非常丰富的老帅，而公孙渊也不是诸葛亮，所以司马懿有必胜的信心，估算一年内即可平定辽东。

双方兵力均为数万，旗鼓相当，但司马懿通过直捣对方老巢襄平的战术，将对方大军引出营垒，然后野外攻击，大破敌军。首战告捷后，司马懿率军包围襄平。胜败在此一举。

当时正是七月，一个多月不停地下雨，水深数尺，将营帐淹在其中。三军将士恐慌，想要迁移营帐。司马懿严令："敢有言迁徙营帐者，斩！"都督令史张静违反此令，司马懿马上将其斩首，军中由此安定。公孙渊的军士趁下雨出城砍柴牧马，司马懿手下请求出击，被司马懿拒绝，他故意示弱，以此麻痹对手。

雨水一停，司马懿大军全面发动强攻，而且昼夜不停，不给对方一点喘息的机会。城内粮食已尽，人相食，死者甚多，公孙渊的部将杨祚等人投降。城内愈发不稳定。至此，司马懿已胜券在握。公孙渊派相国王建、御史大夫柳甫拜见司马懿请降。司马懿认为公孙渊并无诚意，当即将二人斩首，加强攻势，很快便将襄平攻破，斩杀公孙渊父子。司马懿入城后，更是非常残忍地将城中15岁以上的七千多男子全部杀掉。此后，司马懿先派人将捷报快马加鞭上报朝廷，自己则率领大军班师回朝。

平定辽东后，举朝上下，没有任何人的功劳可与司马懿相比。这件事影响着魏明帝最后的决策。

本来，他选新皇帝的辅政大臣时并没有考虑司马懿，但当刘放、孙资劝他改变遗嘱时，他也感到辅政大臣中应该有司马懿。司马懿是老一辈辅政大臣中唯一还健在的，功勋卓著，从不恃功自傲，也从未表现出任何非分之想，是绝对忠于曹叡的大臣，称得上最可依托的人。如果没有重臣辅佐，光靠没有多少实战经验的曹爽等曹氏族人，显然难以支撑一个新的王朝。

想到这些，曹叡决定用人不疑，不再考虑司马懿是否可能威胁到曹魏政权。于是不顾曹宇的劝阻，再次写下诏书，催司马懿快速赶回。

临终前，魏明帝曹叡最想见到的人竟是司马懿，他竟然希望以自己最大的诚意促使司马懿死心塌地全力辅佐新皇帝。

很短的时间，路途中的司马懿连续收到皇帝的两份诏书，后一封还是魏明帝亲笔手书，司马懿怀疑京城有变，他就像一匹闻到血腥的狼，盯准了目标，飞速赶回京城，进入嘉福殿，来到魏明帝身边。

如果不是等司马懿回来，魏明帝曹叡恐怕早就咽气了。只是因为有大事托付，曹叡强忍着最后一口气不死。

见到司马懿，曹叡终于要完成最后的使命了。他挣扎着拉住司马懿的手，召来8岁的养子曹芳、9岁的养子曹询，然后日视曹芳，嘱咐司马懿："朕忍死待君，君与曹爽辅佐少子。"又令曹芳上前抱司马懿的脖子，说："此是也，君谛视之，勿误也！"

司马懿顿首流涕，向曹叡保证："陛下不见先帝属臣以陛下乎？"意思就是，要像辅佐曹叡一样，尽心竭力地辅佐新皇帝。

临终前，曹叡对司马懿说了最后一句话："还能见到你，我没有遗恨了！"[1]

---

[1] 见《三国志·魏书·明帝纪》。

露出獠牙司马懿

曹氏与司马氏注定会有扯不清的恩怨。

不能说司马懿对魏明帝没有深厚的感情。

但也不能说有了感情就没有残酷的政治角逐。

司马懿年轻时候装过一次病，是用来对付曹操的。他装得很像，刺客把刀都架到他脖子上了，他仍然还能装下去。但曹操知道他是装病。

年老的时候，也就是魏明帝死后九年（248年），70岁的司马懿再一次装病，这次装病是演给曹爽等人看的，曹爽等人能否被瞒过去？读者诸君不妨也跟着看看。

这年冬季，司马府传出消息，老司马病了，而且糊涂得不得了。大将军曹爽感到很爽，但唯恐“老不死”有诈。曹爽的同党李胜要到荆州任刺史，曹爽便派他以辞行为借口，到司马府一探虚实。司马懿见有客人来，便吩咐两个侍婢，把自己从病床上扶起来，然后要衣服穿。侍婢于是给他递衣服，他想接过来，但身体太弱，手颤颤抖抖，竟把衣服掉在地上。他又指着嘴，说渴了。侍婢便端过粥来喂他喝，他用嘴去接，不料身体又是一颤，没接好，粥撒得满襟都是。李胜说：“大家都说您旧病发作，哪想到竟会如此？”司马懿上气不接下气地回答：“唉，不行了……年老沉疾，死在旦夕。”歇了歇之后，司马懿又对李胜说：“君将去并州上任，并州接近胡人，你好自为之呀。唉，恐怕不能再相见了。”李胜是荆州人，他要去荆州上任，对他而言就是回本州上任，于是纠正道：“我要回本州，不是并州。”司马懿侧着耳朵，认真听李胜纠正，但听了以后，还是错乱地说：“你刚到并州，要努力自爱呀。”李胜再次纠正：“是本州，不是并州。”司马懿点点头，说：“我年老，心思恍惚，有点听不懂你的话。你回到并州，要好好建立功勋。今天与你相别，便是生死相别了。我要让我的儿子司马师、司马昭和你结为朋友。”说着，竟然老泪纵横，一副行将逝去的伤感之情。李胜也不由得长叹。返回后，李胜便对曹爽说：“司马懿的病完全不可能恢复了，令人伤感。”曹爽等人一听，大喜，以后再不防备司马懿。

那么，曹爽为什么要防着司马懿？司马懿又为什么要装病给他们看？

原来，自魏明帝死后，新皇帝曹芳年龄太小，朝政大事都由辅政大臣全权处理。辅政大臣只有曹爽、司马懿二人，辅政的次序则是曹爽在前，司马懿在后。

论功勋、论声望、论能力，曹爽都无法与司马懿相比；但在职务上，司马懿为太尉，主管军事；而曹爽则是大将军、都督中外诸军事、录尚书事，掌管朝廷所有的军政大权，位在司马懿之上。

开始的时候，曹爽对司马懿很是推崇，待之以父辈之礼，朝廷有什么事情，都要与司马懿商量，不敢自专。而司马懿也以礼待之，称赞曹爽是魏朝的肺腑，遇事也总把曹爽置于自己的前面。在曹爽的主持下，二人各领三千人，轮流在殿内值班。可惜，这样的合作局面并没有维持多久。

由于曹爽没有多少实战经验，无论视野、理论、资历、阅历，还是气度、能力、定力、实践，哪方面都远不及司马懿。这在处理实务时暴露无遗，给曹爽带来了巨大的压力。而更大的压力来自司马懿背后的力量，在九品中正制实施以来，世家大族的权力几乎无所不在了，而司马懿是这一利益集团的最高代表，其势力简直可以跟皇族抗衡了。曹爽不是傻瓜，他要用自己一把手的权力，增强自己的势力，分解司马懿的权力，并进行改革。

没过多久，曹爽便采用亲信丁谧的计谋，奏明皇帝，发布诏书："太尉体道正直，尽忠三世，南擒孟达，西破蜀虏，东灭公孙渊，功盖海内。昔周成建保傅之官，近汉显宗崇宠邓禹，所以优隆隽乂，必有尊也。其以太尉为太傅，持节统兵都督诸军事如故。"这样便把司马懿从太尉升为太傅。这一举措，表面上对司马懿更加尊崇，而实际上，尚书奏事时原本是由曹爽、司马懿一起处理，司马懿地位提高之后，这些事情便先由曹爽一人处理，由此达到独揽朝政大权的目的。曹爽的这个小动作，怎么能瞒得过司马懿，但他没有表示任何不满。对司马懿而言，现在还不是摊牌的时候，而且曹爽也没有动他最看重的军权。

曹爽揽政后，加紧培植自己的力量。他也知道军权的重要性，所以把弟弟曹羲任命为中领军，曹训为武卫将军，掌握宫廷宿卫大权；又将弟弟曹彦任为散骑常侍、侍讲，参与宫中大事。其他弟弟，也分别任命为列侯侍从，可以出入宫廷禁地。

安排亲属的同时，曹爽又把自己的亲信安排到中央与地方。他先将何晏提拔为仆射，卢毓提拔为廷尉，以邓飏、丁谧为尚书，毕轨为司隶校尉，孙礼为扬州刺史，李胜为荆州刺史……提拔这些人的同时，自然就会趁势排挤掉一些人，打击一些世家大族。

曹爽最迫切的事情，是尽快取得大的政绩，并得到更多的军权。在当时，想达到这两个目的的最佳手段就是率军出征，然后建立功勋，如此既可以扬名天下，增加自己的权威，也可以乘机将军权揽过来。正始五年（244年），曹爽亲任总指挥，任夏侯玄为征西将军，调集六七万军队进攻蜀汉。 司马懿认为不妥，予以劝说，曹爽当然不会听从。他亲自前往长安，令大军穿越骆谷，向蜀地进发。蜀汉方面得知后，马上派军队占据有利地形，将谷口封锁，使魏军无法前进。曹爽没有什么打仗经验，更没有很好地考虑和安排好军队粮食的运输工作，致使牛马骡驴多死，随行之人号哭于道路。最后，一场兴师动众的出征不了了之，曹爽不得不班师回营。这自然有损于曹爽的威信。

曹爽等人又想在内政方面进行改革。他们看到了九品中正制的一些弊端，就按照夏侯玄的主张进行改革，实行中正与地方官一起选士的政策，试图打破世家大族垄断的局面。客观地说，他们这些人还是很聪明的，然而，改革只是个幌子，并没有深入进行，而聪明的背后则是浮华与腐化。

曹爽重用的人，都是有才名而急于富贵者，他们趋炎附势，生活奢靡。魏明帝在世时，非常讨厌这些人的浮华作风，所以故意打压他们，不予重用。曹爽反其道而行之，因为他也是这样的人。曹爽打仗不行，纵情娱乐则是内行。他骄奢淫逸，不知节制，不仅衣服饮食都与皇帝一样，还把皇宫的珍宝拿到自己家中，把魏明帝的七八位才人拉到自己家中，又让吏、师工、鼓吹、良家女子三十二人专门为他作乐，整日与何晏等人行酒作乐。他所重用的何晏等人，虽有才华，但品行不好，心胸狭窄，还爱涂脂抹粉，处处仗势欺人，喜欢听奉承的话，附会他们的就会被提拔，忠言劝谏的只会受到打击。如此一来，对曹爽等不满的人越来越多。就连他们的家属也深感不安。何晏的妻子由于丈夫行为不端，忧虑地对母亲说："晏为恶日甚，将何保身？"[1]曹爽的弟弟曹羲也看不过去了，屡次劝谏，曹爽根本不听。曹羲为之涕泣不止，已预感到大祸临头。

对曹爽等人不满的人越多，对司马懿寄予希望的人也就越多。可是这个时候，司马懿却生了重病，行将不起，更不用说与曹爽争锋了。

正如前文所写，司马懿是在装病，而装病的开始，就是他真正谋划的开始。他看到曹氏已无精英，潜藏在心底的一个念头再次翻滚而出。

之前，因为司马懿在朝，曹爽等人还有点约束，等他们确定司马懿已老糊涂，再也不能对他们构成威胁之后，便变得无法无天了。为了恣意妄为，曹爽等人也不怕担上谋反的罪名，竟然把皇后的母亲郭太后也迁出了永宁宫。此后，朝政大权完全掌握在曹爽一伙手中，曹爽感到再没有什么

[1] 见《三国志·魏书·诸夏侯曹传》裴松之注引《魏末传》。

可顾忌的了，经常带着他的兄弟一起出城游玩。担任大司农的桓范曾提醒曹爽："大将军总理万机，众兄弟掌握禁兵，不适宜同时外出。如果你们都外出了，一旦有人在里面关住城门，谁还能进来？"曹爽大咧咧地回答："谁敢呀？"

还真有人敢！这些人正是司马懿和他的儿子们。

司马懿称病麻痹曹爽的同时，暗中指挥他的两个儿子司马师和司马昭，招募了三千人的敢死部队，日夜操练，随时准备出击。

当时，司马师、司马昭都在军中，掌握着不少兵力，具有相当的实力。他们从小受到父亲的严格训练，都跟随父亲打过仗，受过战争的洗礼，性格中都有像狼一样的持久力与狠劲。所以，对付曹爽的行动，将由他们父子共同完成。

正始十年（249年）正月初六，按照祖制，皇帝曹芳要到洛阳城外九十里的高平陵祭拜先皇，曹爽和他的几个弟弟都跟随出去。据说，这一天太白袭日，很不吉利，但曹爽他们没有任何的防备。

司马懿则早已谋划此日政变，但他事先没有透露任何消息，直到前一天晚上才告知两个儿子——明天行动！他还暗中观察了两个儿子的反应：司马师沉稳镇定，与平常没有什么两样；司马昭的心理素质则不够好，辗转反侧，无法入睡。

等曹爽他们出城后，司马懿马上行动，他找到了被曹爽迁出永宁宫的郭太后，述说曹爽的罪状，请求太后发旨，废掉曹爽兄弟。这自然正合郭太后心意，郭太后当即同意司马懿事先拟好的罢免曹爽的诏书。有了太后的旨意，司马懿讨伐曹爽便有了正当的名义，一切行事都方便多了。

他的儿子司马师当时正担任中护军，很早就率兵屯驻在司马门下，再加上司马昭的力量以及三千敢死队，司马懿有了最基本的军事保障。他以迅雷不及掩耳之势，派军队关闭洛阳的各个城门，另派一支军队占据武器库；他召来司徒高柔，让其假节行大将军事，占据曹爽军营；又派太仆王观行中领军事，占据曹羲的军营。城内一切安排妥当，稳稳地控制在自己人手里后，司马懿亲自率大军出城迎接，驻扎洛水浮桥，然后派人呈送皇帝曹芳一份奏表，数落曹爽各种欺君败典的罪行，请皇帝罢免曹爽。这份奏表自然落在曹爽手中，一见之下，他顿时惊慌失措，不知如何是好。

大司农桓范劝曹爽兄弟护送皇帝到许昌，然后征四方兵以自卫。而曹爽已经吓破了胆，深知自己不是司马懿的对手，所以无论恒范如何分析形势，他都没有听进去。

司马懿对曹爽了解很深，他也不强攻，而是采取了诱降的措施，先派侍中许允、尚书陈泰，劝说曹爽早日归罪，接着又指洛水发誓，让曹爽信任的尹大目转告曹爽，只是免除他的官职而已。

曹爽想了一夜，最后投刀于地，说："司马公只不过是想夺我的大权。我回去以后，还可以作富家翁。"他决意向司马懿低头。

恒范见曹爽这么幼稚，哭着说："你父亲曹真是那样厉害的人物，怎么生下你们这样如同猪狗的兄弟？我怎么也想不到会和你们一样，遭受灭族之祸。"

恒范的判断完全正确。曹爽还抱着回去当富家翁的奢望，但司马懿何等凶残，哪会容他。开始时，司马懿自然是按照誓言只免除了他的官职，但没过几天，便找出曹爽、何晏等人试图造反的罪证，将他们全部杀掉，夷灭三族。

三千多人死于司马懿刀下，很多都是曹氏宗族的人，这件事就发生在将近20岁的皇帝曹芳和郭太后的眼皮子底下，他们领教到司马懿的狠辣与凶残，也意识到司马懿另有野心。

此时的司马懿迅速地由忠心的辅政大臣，变成令皇帝胆战心惊的胁迫者。

就像当年汉献帝封曹操为丞相一样，曹芳也赶紧封司马懿为丞相。但司马懿并不贪这个名义，坚决推辞。曹芳又向司马懿加九锡之礼，司马懿也坚决不接受，他把两个儿子留在军中，自己则依然回到府中养病。朝中每有大事，皇帝曹芳便不得不亲自去找司马懿讨主意。

司马懿虽然控制了朝廷，但他没有断然废除曹魏政权，也不接受任何赏赐，而继续以养病的名义回到府中，这样的举措客观上稳定了当时的局面，也有利于司马氏稳步取代曹氏政权。在很多人眼中，司马懿仍旧是皇帝的辅政大臣，只不过很强势而已。

不过，兖州刺史令狐愚，司空、假节都督扬州诸军事王凌，手中掌握着不少地方武装，他们认为曹芳受制于司马懿，实在太窝囊，不堪为皇帝，决定另立曹操的儿子曹彪为主（曹植已在魏明帝时期死去）。还没有起事，令狐愚就病死了，事情只好暂时放下。两年后（251年），东吴军队堵塞了滁河，王凌便打算以防吴为借口发兵。司马懿有所察觉，让皇帝下令，不答应王凌的上奏。王凌决意行动，派将军杨弘将废立皇帝的事情告诉兖州刺史黄华，希望黄华与他一起行动。没想到杨弘、黄华将此事联名告诉司马懿。司马懿于是再次从“病房”出来，率大军亲自讨伐王凌。

为了抢占先机，司马懿不顾七十多岁的高龄，率部队急行军，九日后便到达王凌的驻地。王凌措手不及，没有办法，只好乘船出迎司马懿谢罪。司马懿以六百名步骑送王凌返回京城。王凌自知必死，到项县时，望见贾逵祠，不由得悲从中来。曹操在世时，王凌曾与杨修、贾逵共掌丞相府日常事务，被称为“三主簿”。如今，贾逵（174—228，字梁道）已死，受到人们供奉，而王凌已近八十岁，却被押解到京城受死。他忧虑魏政权的命运，大呼：“贾梁道！王凌固忠于魏之社稷者，唯尔有神，知之。”[1]然后便吞毒药自尽。

对于此事，司马懿继续运用了铁血手段，将与王凌有牵连者，均夷灭三族。王凌、令狐愚已死，剖棺陈尸于附近市上三日。

司马懿还利用这件事残酷打击曹氏宗族，王凌想拥戴的曹彪被赐死；其他曹氏王公，都被迁徙到邺，并被人严密监视，严禁彼此来往。可怜这些王公贵族，本该是曹氏江山最尊贵的人，却早在曹丕当政时便被剪除了

[1] 见《三国志·魏书·王钟丘诸葛邓钟传》裴松之注引《晋纪》。

羽毛，魏明帝时，仍然只是供养着他们，不给他们任何实权。如此，一旦司马懿露出他的狼子野心，露出青面獠牙时，这些人根本无法反抗，不管老幼，都成为邺城中被监禁的“新移民”。

司马懿晚年虽然只是执政两年，但对曹氏势力的打击，招招击在要害，可谓老辣狠毒。

不过，在夜深人静之时，司马懿也不能不面对自己的良心，想起曹操、曹丕、曹叡，想起自己刚刚杀掉的曹氏老臣王凌，以及已被世人供为神仙的贾逵……

公元251年6月，司马懿真正病重了，总是梦见贾逵、王凌追着他，纠缠着他，怎么也无法摆脱。这么纠缠了两个月左右，司马懿死于噩梦。

杀友废帝司马师

司马懿临终前，授意皇帝曹芳，由自己的长子司马师接替自己的位置。如此，44岁的司马师便以抚军大将军的身份辅政，第二年又升任为大将军，加侍中、持节都督中外诸军事、录尚书事，将军政大权揽于一身。

司马师（208—255），字子元，有风采，性格沉稳刚毅，胸有大略。年轻时雅有风采，与夏侯玄、何晏齐名，美誉播于天下。何晏自视甚高，但对司马师很是佩服，常称赞："惟几也能成天下之务，司马子元是也。"[1]认为司马师有治国平天下的能力。何晏与司马师想必私交甚好，也必有惺惺相惜的诗书酬答，然而一旦遇到残酷的政治角逐，好友也成仇敌，何晏三族都被司马师之父司马懿所杀，司马师自是帮手。

司马师执政后，继续沿着父亲的足迹，为司马氏最终谋取天下而奋斗。他深知前面障碍极多，不能着急，便继续稳稳地充当曹氏朝廷的"管家"，稳扎稳打扩充自己的势力。他摆出一副完全为朝廷办事的模样，命百官举贤才，明少长，恤穷独，理废滞。任诸葛诞、毌丘俭、王昶、陈泰、胡遵都督四方，王基、州泰、邓艾、石苞典州郡，卢毓、李丰掌选举，傅嘏、虞松参计谋，钟会、夏侯玄、王肃、陈本、孟康、赵酆、张缉参与朝议。这样的人事安排，表面上任官唯贤，实际上则将司马氏的势力

[1] 见《晋书·景帝文帝纪》。

充分地扩充到官僚队伍当中，如王昶、陈泰、王基、州泰、邓艾、石苞、卢毓、傅嘏、王肃，都是司马氏党人。但也继续保留曹氏的力量，像诸葛诞、毌丘俭、李丰、夏侯玄、张缉都是曹氏党人。如此，便形成曹氏、司马氏两家力量大体均衡的官僚班子。由于司马师统领着官僚队伍，而曹芳只有皇帝的虚名，所以总体而言司马氏的力量已超过了曹氏。

司马师也是个狠角色，比他的父亲有过之而无不及。名士李熹博学多才，司马懿曾请他做自己的属官，李熹借病推辞。而司马师请李熹担任自己的从事中郎时，李熹二话不说就来了。司马师问他什么缘故，他回答："先君以礼见待，熹得以礼进退。明公以法见绳，熹畏法而至。"[1]其他人也是如此，对司马师怀有畏惧之感。如此，司马师威权更重，曹氏集团的大臣备感压力，他们决定铤而走险，谋废司马师。

主谋者为中书令李丰与皇后之父光禄大夫张缉。他们都是曹氏集团的核心人物，对司马师又恨又怕，最后决定废除司马师，以太常夏侯玄为大将军。

夏侯玄在士人中有非常高的威望。他风采斐然，与司马师、何晏齐名；又有韬略，带兵打仗也是好手。司马懿发动高平陵政变时，夏侯玄正担任征西将军。政变后，夏侯玄因与被诛杀的曹爽关系密切，被征回洛阳。不过，他的实权虽被解，但数次升职，还被封为高高在上的太常之职。这与夏侯玄的另一层身份也有关系。他虽然是曹氏党人，母亲是曹爽的姑姑，父亲夏侯尚与曹丕友情极笃，但夏侯玄也与司马氏有着很近的关系。他不仅曾是司马师的好朋友，更因妹妹夏侯徽嫁给司马师，成为司马师的大舅子。由夏侯玄身上，我们也可以看出，当时的曹氏、司马氏两大家族其实有着太多的纠缠、太多的恩怨。

曹爽死后，夏侯玄为了避免司马懿加害，深居简出，"不交人事，不蓄华妍"。司马懿死后，有人就对他说："可以不用忧虑了。"夏侯玄叹

[1] 见《晋书·李熹传》。

息一声："司马懿还能以晚辈待我，司马师、司马昭终究不会容我。"所以，当李丰等人决定废除司马师、拥戴夏侯玄时，夏侯玄爽快地答应了。而就在他们将要动手的时候，司马师先发制人。

原来，司马师早在各处布下了眼线，外松内紧地严密监视着曹氏党人，李丰、夏侯玄的一举一动都被他了解得一清二楚。他不动声色地请李丰到他的大将军府，不容李丰多说，便令手下卫士将其砍杀。然后，司马师将与此事有关的张缉、丰子韬等人也一一抓捕杀害，并夷三族。对于夏侯玄，司马师也没放过。他自己不去审理这位既是故友又是大舅子的特殊犯人，而是让廷尉钟毓审理。在牢中，夏侯玄软硬不吃，绝不承认有罪。钟毓无法向司马师交差，转而求夏侯玄帮忙。夏侯玄正色责备道："我有何辞？你要是无法交差，就自己给我写吧！"最后，钟毓自己拟造了一份供词，让夏侯玄看，夏侯玄只是扫了一眼，微微点了一下头。钟毓心中有愧，竟然哭了起来。夏侯玄最终被司马师杀害。面对刽子手，他"颜色不变，举动自若"，实为奇男子。他的家属自然也受牵连，被司马师夷三族。

李丰、夏侯玄事件，自然也与皇帝曹芳有关。司马师现在还不可能杀掉或废除皇帝，他只是逼着曹芳废掉皇后。曹芳自然非常痛苦，怒气上冲，决心干掉司马师。如果想干掉司马师，就须先干掉带领大军的司马昭。

当时，司马师的弟弟司马昭正担任征西将军，即将出兵，与蜀军作战。临出征前，司马昭带领军队从许昌到洛阳，在城西的平乐观接受皇帝的检验。曹芳的亲信便给曹芳出主意，要他在司马昭上殿辞别时，发诏令杀之。曹芳同意，并拟好了诏书。然而，等事到临头时，曹芳看着威风凛凛的司马昭，又见司马师充满威严地盯着自己，竟不敢有任何举动。这件事很快被司马师探知，他决定废除曹芳。

本来，曹丕在世时，便严禁后妃干政。但司马懿父子很会利用太后，因为毕竟太后是皇帝的母亲，身份至为尊贵。所以，司马懿利用郭太后的旨意废除了曹爽，取得了高平陵政变的成功。司马师想要废除曹芳时，也决定模仿当年父亲的举措，利用太后，行废立皇帝之事。

据《三国志》记载，司马师派郭太后的叔叔郭芝入宫，请郭太后批准此事。当时，皇帝曹芳正与郭太后对坐。郭芝见后，便对曹芳说："大将军欲废陛下，立彭城王曹据。"曹芳面如土色，站起来走了出去。郭太后很不高兴。郭芝劝说道："太后没能好好管教儿子，现在大将军决心已下，又率大军在外把守。现在只能依照他的意思，还有什么话可讲！"郭太后心中一震，但仍然说道："我要见大将军，有话跟他说。"郭芝态度强硬："有什么可见的？马上把皇帝玺绶取来！"郭太后见无法通融了，只好派人去取玺绶。

见太后已经答应，郭芝马上出来告知司马师，司马师大喜，当即宣布已拟定好的"太后诏书"，称曹芳荒淫无度，亵近倡优，品行不端，不配当皇帝，从此驱逐出宫，仍为齐王。当皇帝之前，曹芳曾被封为齐王。被废之后，司马师仍让曹芳回原来的封地。这样，当了15年皇帝的曹芳，不到一个小时的时间，就被自己的臣子赶出皇宫。郭太后与数十位大臣与他告别，无不涕泣，但终究无可奈何。

把曹芳赶出洛阳之后，司马师一颗心踏实了，于是按计划走第二步棋，向太后要皇帝玺绶，要立彭城王曹据为皇帝。曹据是曹丕的儿子、曹叡的弟弟，郭太后应称呼他为季叔。司马师觉得曹据没什么本事，正好当他的傀儡。但这一次，因为直接关系太后的地位甚至性命，所以郭太后坚决不同意立曹据为皇帝，她说："彭城王是我的季叔，他要当皇帝，我算什么？况且，我们的明皇帝（曹叡）难道就没有后嗣了吗？我以为高贵乡公曹髦，既是文皇帝（曹丕）之孙，又是明皇帝弟弟之子，应该立他为皇帝。"司马师废除曹芳的目的已经达到，立曹髦还是曹据，对他来说没有什么关系，而且他还要稳住局面，继续利用太后，所以，便答应了太后的要求。

嘉平六年（254年）十月五日，年仅14岁的曹髦正式登基，改年号为正元，朝政大权仍牢牢地掌握在司马师手中。

忍受极痛谋社稷

正元二年（255年），年仅48岁的司马师，在废立皇帝不到一年，便一命呜呼，而且死前忍受了难以想象的痛苦。

这与一场地方队伍的叛乱有关。

正元二年正月，镇东大将军毌丘俭、扬州刺史文钦率淮南军队作乱，目标直指司马师。此二人都与曹爽、夏侯玄、李丰友善，曹爽等人被司马父子杀害后，他们便感觉很不安全，于是决定先下手为强。他们也觉得打太后的旗号好使，便伪造了郭太后的诏书，列出司马师十一条恶行，与将士们歃血为盟，誓师北上。他们还寻求更多的支持，毌丘俭主动将自己的四个儿子作为人质送到东吴，希望东吴发兵。

这一叛乱，声势浩大，毌丘俭、文钦都是名将，所统叛军达五六万人，他们渡过淮河，占领项县（今河南项城），引起朝廷强烈的震动。

偏偏司马师刚刚割治眼瘤，创口很大，根本不适宜出征。他与大臣们商议，多数人认为可派遣其他将领去平叛。而河南尹王肃、尚书傅嘏、中书侍郎钟会则劝司马师亲自前往。司马师有所迟疑，傅嘏晓之以利害，再次劝说："淮、楚兵劲，俭等负力远斗，其锋未易当也。若诸将战有利钝，大势一失，则公事败矣。"[1]就是说，现在正是敏感时期，对方很

[1] 见《三国志·魏书·王卫二刘傅传》注引《汉晋春秋》。

强大，不容小瞧，如果别的将领出战，一旦失利，那你的大事也就成问题了。

傅嘏的话点到了司马师的命门，他再顾不得眼痛了，猛然站起，愤然说道："吾请舆，疾而东。"就是说，我就是坐着车，也要马上出征。

出征之前，司马师征询问王肃计策。王肃回答："当年关羽率荆州大军，在汉滨降服于禁，于是有北向争天下之志。后来孙权袭取关羽将士们的家属，致使关羽士众瞬间瓦解。现在淮南将士的父母妻子都在内州，应马上派兵控制住这些家属，叛军必有像关羽军队那样的土崩之势。"司马师一听，依计而行。

司马师又向光禄勋郑袤问计，郑袤说："江、淮将士虽然勇猛，但不能长久。应多挖深沟多建高垒，让他们一时无法得逞，挫掉他们的锐气。"司马师点头。

司马师做事确实沉稳，他先找到打败对手的关键，做到胸有成竹，然后出征则必胜。

出发之前，司马师先安顿好大本营。他的弟弟司马昭时任卫将军，司马师临行前又令其兼中领军，统领主力军队，留镇洛阳。后方安顿妥当后，司马师安心出征。

到了前线，司马师便按郑袤的计策行事，果然挫掉对方将士的锐气，再加上对方将士的亲属都被司马师控制，不断有人前来投降。

司马师又派兖州刺史邓艾率兵万余，日夜兼程，进驻乐嘉城（今河南商水东南），故意示弱，诱敌深入。司马师自己也从汝阳率军悄悄来到乐嘉。两军合于一处，兵力非常强。对此，文钦并不知情，他把军队分成两路，乘夜色发动攻击。司马师大喜，便要将文钦等人收入囊内。

但这个时候，发生了一件司马师没能预料到的事情。文钦有个儿子，名叫文鸳，勇力绝人，有万夫不当之勇。此人率众杀入后，司马师军队虽有准备，仍然抵挡不住。鸳军鼓噪进攻，声势极猛，司马师的军队受到极大的冲击，司马师十分惊骇。

惊骇之余，突然间，那只刚刚割治过眼瘤的眼珠竟然崩了出来，令司马师疼痛万分。

这个时候，战斗正进入白热化的阶段，司马师生怕自己的状况影响军心，于是强忍着疼痛钻到被子里面，使劲地咬着被褥，不发出任何声音。由于疼痛难当，被子都被他咬破了。

天明后，文钦看到司马师的军队众多，知道上当了，赶紧撤退。司马师马上令大军追击，文钦军队大败。

毌丘俭听说文钦败了，知道大势已去，丢下部队，一个人逃向淮南，结果被安风津都尉发现，遭到追杀。

此后，毌丘俭、文钦的将士纷纷投降，文钦逃往东吴，淮南因此平定。

由于司马师准备充分、判断准确、计谋得当，平定淮南并没有费多大力气。然而，司马师带病出征，在眼珠崩出时，强忍常人难忍之痛，虽然保证了战斗的胜利，自己的伤口却没能得到及时处理。

班师返回途中，路过许昌时，司马师病情恶化，不治身亡。

临死前，司马师留下遗嘱，让弟弟司马昭统领三军。

司马家族继续向皇权逼近。

舍身一搏又一曹

司马昭专权的时代，皇帝曹髦因不愿当傀儡，用自己的生命向司马昭发动进攻，曾赢得一片赞誉之声，被称为血性男儿。但笔者不这么认为，曹髦凭一时冲动，以皇帝之尊行匹夫之勇，称不上什么勇敢，却加快了曹氏政权的灭亡。

曹髦本来给曹氏集团的人以很多的希望。当年司马师废除曹芳，然后把曹髦从外地迎接到洛阳。百官迎拜于西掖门南，曹髦下车还礼答拜。礼宾官员说："当皇帝的不必回拜臣子。"曹髦回答："我现在还没有登基呢，也是人臣。"其回答得体，一亮相，便给群臣一个知书达礼的好印象。进城到达皇宫大门时，曹髦令人把车停住，然后下来，步行入宫。礼宾官员又说："按照旧礼，皇帝的车可以进去。"曹髦又得体地回答："我受皇太后征召，还不知所为何事。"当时曹髦才14岁，如此举止，一下子令群臣欣悦，连司马师都不敢小瞧了。登基后的第三天，曹髦派侍中为使者，持节分别到四方郡县，观察风俗，慰劳军民，调查受冤枉的百姓和失职的官员，彰显出一定的天子之风。

迫于司马师的威权，曹髦小心谨慎地与司马师搞好关系，下诏赞美司马师的功劳超过商代的伊尹、周初的周公，又授予其超规格的赏赐，让其用天子专用的黄钺，入朝后不必像其他大臣那样小步快走，向皇帝上奏折时也不用报姓名，可以佩带宝剑穿着鞋子上朝。如此举措后，曹髦与司马师之间建立起相对和谐的君臣关系。

司马师死后，曹髦想借机摆脱司马家族的控制。因为司马师死在许昌，他的弟弟司马昭前往许昌奔丧。曹髦马上诏令，司马昭镇守许昌，不必到洛阳了。司马昭哪能听从，直接领兵回到洛阳，把军队布置在皇宫周围，自己进宫向皇帝请安。逼迫之下，曹髦只好让司马昭接替司马师之职，为大将军，录尚书事。此后，曹髦、司马昭之间，曹氏力量与司马氏力量之间，便或明或暗地较量起来。

正元二年（255年）正月甲子，东吴大将孙峻统领十万大军来到寿春，进攻魏国。亲曹派大将诸葛诞率兵将其击退，而且斩首东吴左将军留赞，将捷报传到京城。曹氏集团的人因此扬眉吐气，诸葛诞也被晋封为征东大将军。

司马氏集团的大将不甘落后。当年八月，蜀汉大将姜维率军前来进攻，并将雍州刺史王经打败。司马昭马上派出邓艾等人抗击姜维，之后，又请已任太尉的司马孚做后继，姜维最终退还。如此，司马氏集团也松了一口气。

双方的较量继续进行。

曹髦聪明好学，努力提高自己的素质，给很多人留下深刻印象。甘露元年（256年）正月十日，曹髦临幸太学，当场向各位儒家经师博士提问，涉及《周易》《尚书》《礼记》等各方面的学问。

曹髦首先问与《周易》有关的问题：“圣人幽赞神明，仰观天文，俯察地理，作了八卦；后来，后圣又增为六十四卦，所有爻数大义，无不具备。可是，为什么夏朝时有《连山》，商朝时有《归藏》，周朝时又有《周易》，这是什么缘故？”易学博士淳于俊回答：“伏羲根据燧人氏画的图形制作了八卦，神农推演为六十四卦，此后，黄帝、尧、舜都顺应时代，或质朴简洁或文采斐然，有所变化。所以，易，就是变易的意思。称为《连山》，就好像云气出于山中，连接天地；称为《归藏》，就是说万事无不归藏于其中。”淳于俊的回答令身边的学者们很满意，大家都认为此人确实博学多才。然而他们没有想到，曹髦竟问了这么一个问题：“如果是伏羲根据燧人氏的图形作了《周易》八卦，那么孔子在《周易·系辞》中为什么不说是燧人氏死后由伏羲氏制作呢？”这一问，足见曹髦熟知《周易》，而且善于独立思维，刨根问底。这个问题，淳于俊回答不上来。

曹髦继续问下一个问题：“孔子作《周易》中的彖与象，汉代郑玄作注，虽然是不同的圣贤，其所阐释的经义是一样的。可是，为什么如今的《周易》中，彖、象与经文并不相连，而郑玄作注时却要合在一起？”淳于俊回答：“郑玄之所以合在一起，是为学习的人提供方便，让他们在查阅时方便快捷。”曹髦又问：“如果郑玄将彖、象与经相合，是为了便于大家学习。那么，孔子为什么不这样做呢？”淳于俊回答：“孔子担心自己的解说会与文王之意相乱，所以不合，这是圣人以不合为自谦。”曹髦继续刨根问底：“如果说圣人以不合为谦虚，那么郑玄也是圣贤，为什么他就不自谦呢？”淳于俊满头大汗，诚惶诚恐地说：“古义弘大精深，皇帝之问深奥悠远，不是下臣所都能知道的。”

曹髦并没就此作罢，又问：“《周易·系辞》中说：‘黄帝、尧、舜垂衣裳而天下治’，可是伏羲、神农之世并没有衣裳，那么，他们治天下有何不同？”这又是一个淳于俊从未想过的问题，他勉强回答道：“伏羲、神农那个时候，人少禽兽多，所以取禽兽的羽毛和皮，就足够人们用了。到了黄帝的时候，人开始比禽兽多了，所以开始制作衣裳，以满足已经变化了的需求。”曹髦又问：“乾为天，但后来又以金、玉、老马作比喻，为何？”这一次，淳于俊松了一口气，从容回答：“圣人取象，或远或近，近取诸物，远则天地。”[1]如此，君臣间对于《周易》的问答，以和谐的场面告一段落。

---

[1] 见《三国志·魏书·三少帝纪》。

此后，关于《尚书》《礼记》的问答也大致如此。在这个过程中，曹髦实现了他的政治目的，在大臣们面前树立起一个好学深思的圣明皇帝的形象。

司马昭也不闲着，继续支援迎战蜀汉的力量。当年五月，司马氏集团的重要成员邓艾，在上邽大破蜀汉名将姜维，这是一场更大的胜利，捷报传到京城，司马昭的威权也就跟着变大。曹髦因此不得不予以奖赏，大将军司马昭加号大都督，奏事不名，假黄钺。司马家族另一成员司马孚，则由太尉升为太傅。不过，没过多久，曹髦也提升拥曹派大将诸葛诞为司空。

显然，经过司马懿、司马师的努力，到司马昭时期，司马氏的力量已明显压过了曹氏，操纵着魏朝的实权。但无论如何，当皇帝的还是曹氏成员，而拥护曹氏者的力量仍不容小瞧。

诸葛诞，便是横在司马昭前面的一块硬石头。要想实现取代曹魏的目标，此石头必须搬掉。为此，司马昭软硬兼施。

首先，面对诸葛诞这样拥有重兵的实力派，司马昭当然想让他为自己效力。所以，他试图把诸葛诞拉拢过来，特派亲信贾充前往慰问，同时试探诸葛诞。

按照司马昭的吩咐，贾充问诸葛诞："京都洛阳的诸位贤者，都愿意曹魏将皇位禅让出来，君以为如何？"

诸葛诞一听就来气了，厉声责骂贾充："你难道不是贾豫州的儿子吗？"

贾豫州，就是以忠于曹魏著称并被立祠祭奠的贾逵，也是让司马懿做噩梦而亡的那个人，是曹魏集团不死的精神领袖。然而，他的儿子贾充却成为司马昭的心腹，劝司诸葛背叛曹魏集团。

诸葛诞十分痛恨，继续教训贾充："你们家世代受朝廷恩惠，难道你就愿意把天下转给别人吗？我不能接受，如京都有难，我当以死相救！"

话讲到这个份儿上，贾充还能有什么话？他只好返回洛阳，告诉司马昭。

贾充一走，诸葛诞坐不住了，知道司马昭必然对付自己，必须赶紧应对。于是，他倾其财物，开仓赈济，笼络人心，又像当年司马懿父子一样，训练数千人为“敢死队”。然后，他又以东吴派兵来攻为借口，上奏朝廷，请求为他增加十万将士。他的这些举措和意图，当然瞒不过司马昭。司马昭接受贾充的意见，名义上提升诸葛诞为三公之一的司空，实际上调他回洛阳，以解除他的兵权。诸葛诞当然也洞悉司马昭的心思，干脆一不做二不休，起兵对抗司马昭。

诸葛诞比司马师时代的毌丘俭更为厉害。他不仅拥兵十余万，而且联合了东吴。东吴知道诸葛诞颇有实力，认为这正是东吴灭魏的大好时机，所以给予很大的支持，首先派已投降过去的文钦率军支援诸葛诞，然后又派将军朱异率军北上。

对此，司马昭不能不重视，他亲率26万大军，以压倒性的优势打败东吴的援军，将诸葛诞、文钦等人围在寿春，一直延续数月，致使城中粮食不足，产生内讧。诸葛诞与文钦发生争执，一怒之下斩杀文钦，文钦之子文鸯、文虎投降，而诸葛诞也在突围之时死于乱军之中。

诸葛诞之死，是司马氏集团的巨大胜利，原本心存希望的曹氏集团受到致命打击。司马昭专横跋扈，皇帝曹髦备受打击，十分烦躁，最后决定亲自出手。

甘露五年（260年）五月的一天，天气闷热，20岁的曹髦不甘心当傀儡皇帝，将侍中王沈、尚书王经、散骑常侍王业召入宫中，一见面就愤而大喊：“司马昭之心，路人所知也。吾不能坐受废辱，今日当与卿等自出讨之。”三人一听，大惊失色。王经赶紧说：“当年鲁昭公因不能忍受大臣季氏，冲动处事，结果败走失国，被天下人耻笑。现在，大权均在司马门下，为日已久，朝廷四方之人都不顾君臣大意，反而愿意为其效力，已经不是一日。况且我们的宿卫空缺，兵甲寡弱，陛下靠什么资本征讨？还不是想要治病却加深疾病吗？祸害无法预测，请陛下三思！”但曹髦正在气头上，哪肯听王经的劝阻，当即从怀里掏出已拟好的黄素诏令，投掷在地上，大声道："行之决矣！即便死，何所惧？何况，还不一定死呢！"[1]然后便入内向皇太后辞行，准备行动。

王沈、王业可能已是司马昭安插在曹髦身边的暗探，或者是贪生怕死，他们马上飞跑着去报告司马昭，让司马昭做好准备。

曹髦到里面跟皇太后打了个招呼，便集合身边宿卫、官僮数百人，出云龙门，擂响战鼓，呼喊着便冲向司马昭的府中。途中遇到司马昭的弟弟司马伷，司马伷试图阻拦，曹髦令左右呵斥，司马伷率众奔离。这一下，曹髦胆子更大了，以为他毕竟是当今皇帝，没人能奈何得了他，于是，率领手下继续前进。

一会儿，队伍便到达南阙，中护军贾充已率军队在此阻拦。曹髦挥舞着宝剑，大喊着冲上前去。太子舍人成济着急地问贾充："事情紧急，怎么办？"贾充高声喝道："平日蓄养你们，就是为了今日。有什么可问的？"成济一听，当即上前，一刀结束了曹髦的性命。

在中国历史上，敢在完全弱势的情况下，由皇帝亲自持剑向权臣问罪的，罕有其人，曹髦因此受到很多赞扬。这是一次宁为玉碎不为瓦全的抗争，却也是一个年轻人一时冲动下演出的闹剧。当年曹髦刚当皇帝时，钟会曾评论其"才同陈思（曹植），武类太祖（曹操）"[2]，这恐怕也是只知其表，不知其里，曹髦如何可以和曹操相比？曹操兵败赤壁后还能大笑，曹髦哪有那样的胸襟。如果说，曹操之死奏响了曹魏政权的得胜之鼓，那么，曹髦死前一搏，只是为曹魏政权唱响了一曲无奈的挽歌。

事发之后，司马昭觉得夺取政权还没到火候，便把成济当了替罪羊，杀之以谢天下。

郭太后深恐司马昭对她不利，赶紧贬责曹髦，称其不仅要害司马昭，而且也想入宫害太后，诏令："此儿既行悖逆不道，而又自陷大祸，重令

---

[1] 见《三国志·魏书·三少帝纪》注引《汉晋春秋》。
[2] 见《三国志·魏书·三少帝纪》注引《魏氏春秋》。

吾悼心不可言。昔汉昌邑王以罪废为庶人，此儿亦宜以民礼葬之，当令内外咸知此儿所行。”[1]

对此，司马昭等人假模假样地为曹髦求情：“臣等之心实有不忍，以为可加恩以王礼葬之。”[2]司马昭派儿子司马炎北迎曹氏家族的最后一位皇帝到洛阳。此人叫曹奂，是曹操的孙子，曹宇的儿子。

[1] 见《三国志·魏书·三少帝纪》。

[2] 同上。

恩怨了结又一朝

曹奂当了皇帝后，马上讨好司马昭，晋升其为相国，封晋公，增加两郡的封地，加上原先的封邑共十个郡，赐以九锡的殊礼。但司马昭坚决推辞，此事暂时搁置。此后的四年，司马昭着力办了两件大事。

第一件大事是实施意识形态领域的高压政策，主要针对知识阶层中的名士。

司马氏家族本身就是通诗书的世家大族，司马懿、司马师等年轻时就是名士，司马昭了解名士的舆论对于一国民众的深远影响，更明白意识形态对于一个王朝的重要性。当篡夺曹魏政权已开始倒计时的时候，拉拢和打压知识界的精英人士，便成为司马昭工作的重中之重。

东汉时期，知识分子以清流为代表，他们标榜正义，品评人物，其舆论不仅关系到各级官员的升迁与声誉，更影响着整个王朝的兴衰。东汉末年的两次党锢事件，严重地打压了清流，也使得东汉最终陷入灭亡的境地，使得整个中国进入分崩离析的三国时代。知识分子也深受其害，思想潮流发生转变。尤其在司马氏与曹氏展开激烈的政治角逐时，表面上大谈礼教，而实际上多行权术，很多知识精英便不愿再涉足政治，遂以清谈玄学代替清流儒学，引领了一代潮流。

知识界的精英中，最有名的当属竹林七贤。

竹林七贤包括嵇康、阮籍、山涛、王戎、向秀、阮咸、刘伶七人，他们常聚于竹林之下，肆意畅饮，以清谈为乐。其中，七人中最有风范的当属嵇康、阮籍。《千字文》中的“嵇琴阮啸”，就是指嵇康擅长弹琴、阮籍善于口啸，这在五千多年的中国历史上都是非常有名的，更不用说当时的文艺界。他们更是卓尔不群的思想家、文学家。《晋书》记载：嵇康“善谈理，又能属文，其高情远趣，率然玄远”。对于阮籍，则称其“志气宏放，傲然独得，任性不羁而喜怒不形于色。博览群籍，尤好《庄》《老》。嗜酒能啸，善弹琴。当其得意，忽忘形骸”。他们显然都有玄谈任性的共同点，然而，他们又都是对时代风气最为敏感的人，看似嗜酒放荡，实则内心里充满了苦闷。

一日复一夕，一夕复一朝。
颜色改平常，精神自损消。
胸中怀汤火，变化故相招。
万事无穷极，知谋苦不饶。
但恐须臾间，魂气随风飘。
终身履薄冰，谁知我心焦。[1]

这是阮籍所写的《咏怀》第三十三首，正是他们在复杂而压抑的政治环境中战战兢兢如履薄冰的内心的写照。他们表面上只在竹林谈一些无关紧要的玄学，喝一些只入自己肚皮的浊酒，远离政治风波，其实，他们又一直处在政治、文化的漩涡地带。因为他们有强大的影响力，司马氏集团便盯上了他们。

《晋书·张华传》记载，阮籍见到张华，叹道：“王佐之才也。”就这么一句评价，张华便“声明始著”，由此可见阮籍的影响。

[1] 转引自林庚《中国文学简史》。

至于嵇康，钟会这样对司马昭说："嵇康卧龙也，不可起，公无忧天下，顾以康为虑耳！"就是告诫司马昭，你要得天下，不能不防着嵇康。这自然是钟会想害嵇康。但在当时，嵇康的言行文章，确实能够对司马氏集团产生潜在的威胁。

随着篡位步伐的加快，司马氏收拢意识形态的力度也不断加强。他们高举儒家礼教，但由于要篡位，不能提倡"忠"的观念，于是转而提倡"以孝治国"的价值观。而在提倡礼教的背后，则是权术运行下的思想控制。对此，嵇康内心有着极其强烈的抵抗。本来，他也做过中散大夫等官，但在司马氏掌权后，他便不再愿意当官。其放浪形骸、大谈老庄的行为，本身就是对礼教消极的抵抗，更何况，嵇康眼睛里不揉沙子，时间一长，免不了大喊"礼岂为我设耶！"，并"以《六经》为芜秽，以仁义为臭腐"，写下《大人先生传》等文章，讥讽那些假行礼仪者，不过为裤裆里的虱子，"饥则啮人，自以为无穷食也。然炎丘火流，焦邑灭都，群虱死于裈中而不能出，汝君子之处区内，亦何异夫处裈中乎？"[1] 这显然在影射现实，引起了司马昭的注意。但司马昭也知道嵇康的影响力大，一开始想设法把嵇康拉拢过来，从而增强司马集团的声誉。嵇康听到风声，赶紧离开，三年音信全无。之后，好友山涛（字巨源）又举荐他当官，嵇康非常生气，特写《与山巨源绝交书》，其实也是公开与司马集团决裂。然而，嵇康最终还是没能躲开司马集团，甚至还招来了杀身之祸，因为他得罪了司马昭身边的司隶校尉钟会。

早年嵇康曾与向秀在大树下打铁，钟会很想和嵇康拉上关系，便带人前去拜访。但嵇康只顾埋头打铁，很长时间都没有理会他。这让自视甚高的钟会很没面子，最后只好很无趣地离开。知道他要离开了，嵇康这才停下手头的活，问："何所闻而来？何所见而去？"钟会回答："闻所闻而来，见所见而去。"如果我们现在看这个故事，会感到嵇康还是给了钟会

---

[1] 转引自林庚《中国文学简史》。

面子，而且两人的对话也很不错。然而，钟会是个小人，他因此怀恨在心，一定要除掉嵇康，于是不断在司马昭面前说嵇康的坏话。有些坏话非常有杀伤力，比如说嵇康“言论放荡，非毁典谟，帝王者所不宜容。宜因衅除之，以淳风俗”。这就把嵇康的言论完全放在司马昭的对立面。司马昭最终借故杀害了嵇康。

临刑前，三千名太学生联名上书，要求释放嵇康，并请嵇康做他们的老师。这样一来，反而更加坚定了司马昭杀嵇康的决心。他就是要杀一儆百，以高压姿态铲除不同的声音。

在此前后，竹林七贤中的山涛、王戎、向秀主动投靠了司马氏；阮咸、刘伶虽然仍旧任性放达，做一些奇奇怪怪的事情（比如阮咸曾与几只猪一起喝酒，刘伶爱在酒后表演“裸体秀”），但不再有什么攻击礼教的声音，而且也担任过官职；阮籍以前曾大醉六十天，以躲避司马昭为儿子向他家的求婚，但最后，还是被迫为司马昭写了一篇《劝进表》，写完之后一两个月，阮籍痛苦地离开人世。

就这样，司马昭完全控制了当时的意识形态，为司马氏篡夺曹氏江山铺好了最后的台阶。

与此同时，司马昭着手他的第二件大事，发动战争，灭掉蜀汉。

蜀汉一直是魏国的劲敌，诸葛亮去世后，姜维仍然经常发动对魏的战争。然而，当司马昭的力量不断强大后，魏蜀之间的形势也在发生彻底的改变。景元四年（263年）九月，司马昭征集了近20万的大军，由征西将军邓艾、雍州刺史诸葛绪、镇西将军钟会各带数万人马，兵分三路进攻蜀汉。

战争期间，蜀军曾借助剑阁天险，一次次击退魏军主力，双方陷于胶着状态，魏军差点撤退。

好在名将邓艾发奇兵，绕开剑阁，从阴平出发，行无人之地七百余里，凿山通道，奇迹般地到达了江油。江油蜀军不战而降，邓艾接着率领大军攻克绵竹，兵临成都。成都空虚，而刘备之子刘禅贪生怕死，在众大臣的劝说下很快投降。如此，立国四十三年的蜀汉政权最终被司马昭军队所灭。

在此之后，虽然发生一些波折，邓艾被钟会陷害而死，钟会又在姜维的鼓动下，试图起兵造反，但入蜀的魏军将士很快便杀掉了钟会与姜维，司马昭的大军最终胜利而归，并押回了刘禅以及一批投降的蜀汉大臣。

这场战争的胜利，使司马氏的军威空前强大，也使其拥有了空前强大的向心力、凝聚力、威慑力。

既然连长期独立的蜀汉政权都被司马氏灭掉，那么，长期被架空的曹魏政权又有什么理由继续保存下去?

咸熙二年（265年）五月，已被封为晋王的司马昭设置皇帝的仪仗，出入起居都按天子的规格。他的王妃被称为王后，儿子司马炎被称为太子，其余的王子、王女、王孙都用爵号称呼。此时，司马昭已成为实际上的皇帝了，就等着曹魏最后一位皇帝曹奂禅位给他。然而，也许是太多的谋算会耗费一个人太多的体力、脑力和健康，当司马昭离皇位只差一个仪式的时候，他却因病不治身亡，时年55岁。死前遗嘱，令他的儿子司马炎继承王位，总领百官。

由于司马氏已完全掌控了全局，建立了一个庞大而严密的政治体系、军事体系、意识形态体系，具有强有力的维护世家大族的制度保障，所以，司马昭虽死，曹魏政权却没有任何隐患。

当年十二月，魏帝曹奂非常配合地以禅位的方式，将皇位转给司马炎。西晋建立。

司马炎成为皇帝后，追尊祖父司马懿为宣皇帝，伯父司马师为景皇帝，父亲司马昭为文皇帝，其他司马家族的成员各有封赏。

对于曹氏家族的成员，司马炎也依照当年曹丕对待汉帝家族那样，封魏帝曹奂为陈留王，邑万户，居于邺宫。曹氏诸王改封为县侯，全部被供养起来。

如此，曹氏家族基本上退出历史舞台，曹氏、司马氏两大家族的三世恩怨也最终画上一个句号。

说起此书的写作，倒有不少事情可讲。

2007年的一天，在王春瑜先生的推荐下，那荣利先生邀我撰写《解读皇帝遗嘱密码》。我们一致认为，皇帝的遗嘱往往在历史节点中发挥着重大作用，看似简短或微小，然而，它们就像关键时刻决定历史命运的神奇按钮，按动它或者毁坏它，整个历史进程就会发生翻天覆地的变化，无数人的命运也会跟着发生变化。由皇帝的遗嘱写起，进而解开历史谜团、获取历史智慧，是有意义、有价值的研究。此后，我便抓紧时间完成书稿。此书在2009年由天津古籍出版社出版，由于时间的关系，我只是浅层次地剖析了秦始皇、汉高祖、汉武帝、唐太宗、武则天、宋太祖、成吉思汗、康熙八位皇帝的遗嘱，而未能对中国历代皇帝的遗嘱进行全面的深入解读。

出版《解读皇帝遗嘱密码》的当年，中央电视台科教频道“子午书简”栏目推荐此书，并做了六期专题节目。又过了一年，中央电视台法律频道陈德鸿主编、李民德编导找到我，希望做专题讲座，于是便有了2012年7月在“法律讲堂·文史版”所讲的“始皇遗嘱密码”。而在做这个讲座的过程中，我才发现，原来我在书中所写的内容远远不够深入，很多历史问题根本没有意识到，更不用说解读了。比如，铁血宰相李斯篡改秦始皇遗嘱的深层原因是什么？为什么秦始皇假遗嘱竟能令扶苏马上自杀？为什么秦始皇的其他儿女面对杀戮竟没有丝毫反抗能力？秦始皇的遗嘱对秦朝以及中国的历史究竟产生哪些巨大的影响？在民德兄的不断督促下，短短的五集讲座，每一集的稿子都一再修改，有的甚至改十几次。这个过程持续了多半年时间，对我而言，非常艰苦，但也确实促使我对很多问题进行深入而新鲜的探索，获益很多。做完这期历史讲座后，我依然觉得里面还有很多内容可以挖掘。从这种历史关键时刻的关键细节处，不仅能见到当时的剑拔弩张、风云变幻、帝王政治、集团利益、家国民生，也可以看到制度的变迁以及变迁背后的复杂情况，看到意识形态对历史进程的推动与阻碍，甚至进一步理解历史发展大势与历史发展规律……于是我便在讲座内容的基础上继续增加和修改内容，由浅入深地加入了秦朝时期分封制与郡县制的变化以及此变化与秦朝兴亡的关系；加入了由李斯与扶苏的分歧而引出的秦朝的儒法斗争。这样我便感到内容更加充实了，也有了实实在在的历史新养料。

2012年起，我加盟中央电视台与中国社科院联合制作的一百集纪录片《中国通史》的剧本创作。两年多的时间，我从夏王朝觅踪、商代文化、诸子百家、两汉经学、三国鼎立、辽金文化一直写到明朝内阁制度，一共写了二十八集剧本，同时我也是第一集——“中华道路”的撰稿与编剧。在这个过程中，我对中国的历史全貌有了进一步的认识，也越发想写一部有自己独特价值的中国通史。那么，从哪儿着手呢？这个问题长期萦绕在我的脑海。有一天，我赶着上火车，生怕买不着车票，上火车前又生怕路上堵车不能按时到达火车站。而当我坐到座位上以后，心里一下子就踏实了。这使我突然意识到，尽管买车票、上下车的时间都很短，但在整个旅途中，它们的重要性往往超过了中间所有的过程。如果把历史比作一段旅途，那么那些关键时刻往往就是上、下车的时刻，上哪辆车决定着你所要去的方向，而皇帝遗嘱常常就像那张决定行程方向的车票。由这车票着手，解读历史节点，进而提纲挈领地讲述中国历史的整个过程，这不就是一部新颖的中国通史吗？

这便是之所以撰写此书的大致经过。它虽然有一些《解读皇帝遗嘱密码》中的影子，但所有的内容都经过了再次深入的解读。例如秦始皇遗嘱，原来只有五六千字，现在却有五万字之多。原本只是浅层次的解读，现在却有了从权谋到人性、从制度到思想的多层次解读。而周武王遗嘱、刘备遗嘱等，则均是全新的内容。“谋取天下的虎狼——曹氏、司马氏的三世恩怨”，更是将众多帝王的遗嘱与事件放在一起阐述，有了新的尝试与不一样的探索。

不同皇帝的遗嘱均有各自不同的特点，从不同侧面影响着天下大势，也不同程度地塑造着中国人的性格，其影响一直延续到现在。

我也试图以此来写一部视角不同、切入点独特的中国通史，这一本即从夏商周一直写到西晋建立。有心的读者在阅读时，就能体会到我的这种思路。

最后感谢李向晨先生，他提出的不少问题与观点，都引发我进一步思考与研究。感谢张万文先生的编辑与支持，使此书能够顺利呈现在读者面前。

参考文献

第一章

《诗经选译》，姚奠中译．商务印书馆，2013年。

《诗经全译》，唐莫尧注，袁愈荌译．贵州人民出版社，1996年。

《今古文尚书全译》，江灏，钱宗武译注．贵州人民出版社，1990年。

《尚书译注》，李民，王健译注．上海古籍出版社，2012年。

《仪礼》，彭林译注．中华书局，2012年。

皇甫谧等．《帝王世纪·世本·逸周书·古本竹书纪年》，齐鲁书社，2013年。

司马迁．《史记》，中华书局，2007年。

朱熹．《四书章句集注》，中华书局，2014年。

钱穆．《周公》，九州出版社，2011年。

李学勤．《夏商周文明研究》，商务印书馆，2015年。

许倬云．《西周史：增补二版》，生活·读书·新知三联书店，2012年。

喻中．《风与草：喻中读<尚书>》，北京大学出版社，2011年。

第二章

荀况．《荀子全译》，蒋南华，罗书勤，杨寒清注译．贵州人民出版社，1995年。

司马迁. 《史记》，中华书局，2006年。

司马光. 《资治通鉴》，岳麓书社，1995年。

吕思勉. 《秦汉史》，上海古籍出版社，1983年。

袁仲一. 《秦兵马俑探秘》，浙江文艺出版社，2011年。

《商君书》，石磊译注. 中华书局，2011年。

徐连达，朱子彦. 《中国皇帝制度》，广东教育出版社，1996年。

张分田. 《秦始皇传》，人民出版社，2003年。

李开元. 《复活的历史——秦帝国的崩溃》，中华书局，2007年。

孙立群. 《解读大秦政坛双星——吕不韦与李斯》，中华书局，2007年。

柏杨. 《柏杨曰——读通鉴·论历史》，中国友谊出版公司，1999年。

第三章

司马迁. 《史记》，中华书局，2006年。

班固. 《汉书》，中华书局，2006年。

司马光. 《资治通鉴》，岳麓书社，1995年。

韩兆琦. 《史记精讲》，中国青年出版社，2008年。

艾其来. 《孙子兵法精义》，中国广播电视出版社，1991年。

葛剑雄. 《千秋兴亡——中国历代王朝兴衰录·大汉王朝》，长春出版社，2013年。

臧知非. 《大汉高后——细说吕后》，2007年。

史杰鹏. 《刘邦传》，中华书局，2012年。

第四章

司马光. 《资治通鉴》，岳麓书社，1990年。

班固. 《汉书》，中华书局，2007年。

王子今. 《汉武英雄时代》，中华书局，2005年。

柏杨. 《中国人史纲》，中国友谊出版公司，1998年。

崔瑞德，鲁惟一.《剑桥中国秦汉史》，中国社会科学出版社，1992年。

第五章

陈寿.《三国志》，裴松之注. 中华书局，2007年。

诸葛亮.《诸葛亮集》，中华书局，2012年。

常璩.《华阳国志》，齐鲁书社，2010年。

司马光.《资治通鉴》，岳麓书社，1990年。

吕思勉.《三国史话》，中华书局，2011年。

何兹全.《三国史》，人民出版社，2011年。

第六章

陈寿.《三国志》，裴松之注. 中华书局，2007年。

房玄龄.《晋书》，中华书局，1996年。

司马光.《资治通鉴》，岳麓书社，1990年。

范晔.《后汉书》，中华书局，2007年。

刘义庆.《世说新语》，中华书局，2014年。

方北辰.《曹丕——文豪天子》，北京大学出版社，2013年。

孙立群.《从司马到司马——西晋的历程》，中华书局，2011年。

《三曹诗选》，孙明君注. 中华书局，2005年。

张大可.《三国史》，商务印书馆，2013年。

郭建.《中国历代王朝兴衰录·三国两晋南北朝》，人民出版社，2013年。

何兹全.《三国史》，人民出版社，2011年。

吕思勉.《三国史话》，中华书局，2011年。

林庚.《中国文学简史》，北京大学出版社，1995年。

张旭华.《九品中正制研究》，中华书局，2015年。